黄木岗综合交通枢纽
建造技术与风险控制

朱旻 包小华 刘继强 陈湘生 主编

中国建筑工业出版社

图书在版编目（CIP）数据

黄木岗综合交通枢纽建造技术与风险控制/朱旻等主编.—北京：中国建筑工业出版社，2023.7
ISBN 978-7-112-28874-8

Ⅰ.①黄… Ⅱ.①朱… Ⅲ.①城市交通—交通运输中心—建筑工程—深圳 Ⅳ.①U491.1

中国国家版本馆CIP数据核字（2023）第115251号

本书以黄木岗枢纽工程建设为例，以期对后续类似工程提供借鉴意义。本书共分为5章。第1章是黄木岗综合交通枢纽概况与风险评估，系统介绍了项目工程概况、原规划的不足、新设计理念的优越性以及改造过程中所遇到的难题；第2章是枢纽超大基坑紧邻既有结构施工风险控制，在概述黄木岗基坑工程主要风险点的基础上，对基坑施工方案进行了仿真和优化，并提出了紧邻既有车站和钢便桥的保护措施；第3章是黄木岗枢纽地下V型柱施工风险控制，系统介绍了国内外首次在地下空间中应用的大倾角鱼腹形V型柱结构体系的施工方案，对V型柱-临时钢管柱体系转换风险进行分析，并开展了全过程智能感知和预警；第4章是黄木岗枢纽桥梁快速拆除技术，包括临时钢便桥与立交桥拆除两部分，其中，在城市繁华区拆除既有的四层复杂立交桥时综合采用了BIM模型和倾斜摄影等信息化技术，大大提高了施工效率与安全性；第5章是既有车站大体量改造风险控制技术，从概况、施工方案、现场监测与风险控制措施角度分别进行了阐述。

责任编辑：曹丹丹　王砾瑶
责任校对：党　蕾
校对整理：董　楠

黄木岗综合交通枢纽建造技术与风险控制
朱　旻　包小华　刘继强　陈湘生　主编
*
中国建筑工业出版社出版、发行（北京海淀三里河路9号）
各地新华书店、建筑书店经销
北京建筑工业印刷有限公司制版
北京中科印刷有限公司印刷
*
开本：787毫米×1092毫米　1/16　印张：17　字数：330千字
2023年6月第一版　　2023年6月第一次印刷
定价：95.00元
ISBN 978-7-112-28874-8
（41169）

版权所有　翻印必究
如有内容及印装质量问题，请联系本社读者服务中心退换
电话：（010）58337283　QQ：2885381756
（地址：北京海淀三里河路9号中国建筑工业出版社604室　邮政编码：100037）

本书编委会

主　编：朱　旻　　包小华　　刘继强　　陈湘生
编　委：陈登伟　郭双喜　郑朋兴　姬利伟　池　浩
　　　　苏　栋　洪成雨　费建波　王　军　夏长青
　　　　马　宁　黎　威　艾鹏鹏　丁慧文

前　言

我国正处在大踏步前进的城市化阶段，城市建设迎来巨大的发展期，人口增加和城市规模扩大加重了城市交通负担。现有交通设施无法承受不断膨胀的交通总量压力。城市综合交通枢纽建设不但可提高居民的出行效率，而且可以改善区域的综合交通环境，提高周边区域的交通可达性和城市的整体品质。虽然我国城市综合交通枢纽发展迅猛，但起步较晚，许多二线城市目前还没有规划或者正在规划建设综合交通换乘枢纽，而已建成的综合交通换乘枢纽也大多存在以下两点不足。第一点是整体布局缺乏科学性，没有充分预留今后的发展空间，各种交通方式之间缺少沟通协调，布局松散，旅客换乘距离长、时间久，换乘枢纽的整体运行效率低下。第二点是设施布局方法不完善。目前城市综合交通换乘枢纽的内部设施布局设计方法多是基于轨道交通换乘站的规划设计方法。综合交通换乘枢纽是集多种交通方式于一体的换乘枢纽，轨道交通换乘站只是综合交通换乘枢纽的一部分。

黄木岗综合交通枢纽，是打造"站城一体化""交通一体化""功能一体化"高品质城市发展空间的重要功能节点。它解决了上述综合交通换乘枢纽存在的两点不足，其历经4年建设，是国内首次大规模采用地铁车站、桥梁、隧道一体化建设的超大型综合枢纽工程。本书以黄木岗枢纽工程建设为例，通过分析片区发展需求、现状以及存在问题等，提出以公共交通为导向的高品质开发（Quality Oriented Development，QOD）的设计理念，阐述了如何利用建设综合交通枢纽和城市更新的契机改善片区空间结构，将城市功能融入城市轨道交通综合枢纽建设中，以期对后续类似工程提供借鉴意义。黄木岗综合交通枢纽建造过程中，从超大异形基坑紧邻既有结构施工、地下V型柱结构体系建造、快速拆除桥梁、既有车站大体量改造等领域开展理论研究和技术攻关，形成了系统的建造和风险控制技术体系，充分保证了黄木岗枢纽建造过程的安全、绿色、高效。

本书共分为5章，第1章是黄木岗综合交通枢纽概况与风险评估，系统介绍了项目工程概况、原规划的不足、新设计理念的优越性以及改造过程中所遇到的难题；第2章是枢纽超大基坑紧邻既有结构施工风险控制，在概述黄木岗基坑和主要风险点的基础上，对基坑施工方案进行了仿真和优化，并提出了紧邻既有车站和钢便桥的保护措施；第3章是黄木岗枢纽地下V型柱施工风险控制，系统介绍了国内外首次在地下空间中应用的大倾角鱼腹形V型柱结构体系的施工方案，对V型柱－临时钢管柱体系转换风险进行分析，并开展了全过程智能感知和预警；第4章是黄木岗枢纽桥梁快速拆除技术，包括临时钢便桥与立交桥拆除两部分，其中，在城市繁华区拆除既有的四层复杂立交桥时综合采用了BIM模型和倾斜摄影等信息化技术，大大提高了施工效率与安全性；第5章是既有车站大体量改造风险控制技术，从概况、施工方案、现场监测与风险控制措施角度分别进行了阐述。

在本书的编写过程中，得到了深圳大学苏栋教授、洪成雨副教授、费建波助理教授的指导，深圳大学王军博士、夏长青博士、邱桐、李鹏宇、辛志超等为本书的撰写和校对提供了大量帮助，在此表示衷心的感谢！感谢国家自然科学基金重大项目（No. 52090084）、深圳市科技创新委项目（20220810144837004）对本书出版的大力支持！中铁南方投资集团有限公司、中铁隧道局、中铁西南院、中国铁路设计集团有限公司等单位的领导和专家提供了大量专业资料，在此表示诚挚的谢意！由于作者水平有限，书中难免有疏漏之处，敬请广大读者批评指正！

目 录

第1章 黄木岗综合交通枢纽概况与风险评估 ·· 1

1.1 黄木岗综合交通枢纽概况 ·· 2
    1.1.1 黄木岗枢纽规划站址环境 ·· 2
    1.1.2 黄木岗枢纽原有规划情况 ·· 3
    1.1.3 黄木岗枢纽规划设计新理念——基于 TOD 模式的 QOD 理念 ··········· 5
    1.1.4 黄木岗枢纽改扩建方案 ·· 9
1.2 黄木岗综合交通枢纽施工风险评估 ·· 14
    1.2.1 评价方法 ·· 14
    1.2.2 风险因素分析 ·· 16
    1.2.3 新建 14 号线黄木岗车站风险评估 ·· 20
    1.2.4 既有 7 号线改造工程风险评估 ·· 27
    1.2.5 钢便桥的风险评估 ·· 29
    1.2.6 风险评估结论 ·· 37
    1.2.7 风险应对建议 ·· 38

第2章 枢纽超大基坑紧邻既有结构施工风险控制 ··································· 41

2.1 黄木岗枢纽基坑工程主要风险点概述 ·· 42
    2.1.1 基坑工程概况 ·· 42
    2.1.2 地质与水文地质条件 ·· 43
    2.1.3 整体施工方案 ·· 48
    2.1.4 风险因素分析 ·· 49
2.2 黄木岗枢纽基坑变形风险评估 ·· 53
    2.2.1 有限元模型建立 ·· 53
    2.2.2 材料参数 ·· 55
    2.2.3 分析工况 ·· 72

2.2.4　结果分析··72
　　2.2.5　施工变形监测···78

第3章　黄木岗枢纽地下Ⅴ型柱施工风险控制···85

3.1　黄木岗枢纽地下Ⅴ型柱概况···86
　　3.1.1　Ⅴ型柱设计概况···86
　　3.1.2　Ⅴ型柱施工方法···89
　　3.1.3　重难点分析···101

3.2　黄木岗枢纽地下Ⅴ型柱体系转换···102
　　3.2.1　Ⅴ型柱体系转换方案··102
　　3.2.2　有限元模型···106
　　3.2.3　计算结果分析··113
　　3.2.4　结论与建议···124

3.3　Ⅴ型柱体系转换风险监测预警··125
　　3.3.1　体系转换监测方案··125
　　3.3.2　整体变形监测分析··133
　　3.3.3　体系转换全过程分析···139

第4章　黄木岗枢纽桥梁快速拆除技术···155

4.1　黄木岗多层立交桥的快速拆除技术···156
　　4.1.1　前言··156
　　4.1.2　工程概况··156
　　4.1.3　施工方法概述··157
　　4.1.4　工法特点与适用范围···158
　　4.1.5　基于BIM技术的施工流程···159
　　4.1.6　材料与设备···160
　　4.1.7　操作要点··161
　　4.1.8　监控量测与分析··170
　　4.1.9　安全、环保措施以及效益分析···171

4.2　临时钢便桥的快速拆除技术···174
　　4.2.1　前言··174
　　4.2.2　工程概况··174

    4.2.3 施工方法概述 179
    4.2.4 操作要点 182
    4.2.5 监控量测方案与数据分析 201
    4.2.6 安全保障措施 205
    4.2.7 环境保护管理措施 206

第5章 既有车站大体量改造风险控制技术 211

5.1 工程概况 212
5.2 改造原则和方案 216
5.3 工程要点 220
    5.3.1 全封闭围挡施工 220
    5.3.2 站台板拆除 222
    5.3.3 临时钢立柱架设 222
    5.3.4 围护、侧墙拆除 224
    5.3.5 顶板拆除 225
    5.3.6 新建行车隧道 226
5.4 风险点监测 226
    5.4.1 监测方案 226
    5.4.2 监测数据分析 227
    5.4.3 机器视觉技术在监测中的应用 232
5.5 风险控制措施 234

附 录 239

附录A V型柱－临时钢管柱体系转换变形中区监测原始数据 240
附录B V型柱－临时钢管柱体系转换变形西区监测数据 246

参考文献 258

第 1 章

黄木岗综合交通枢纽概况与风险评估

1.1 黄木岗综合交通枢纽概况

随着我国人口的持续增长和城市规模的不断扩大,城市轨道交通建设发展蒸蒸日上。由于城市建设发展初期未对地下空间进行精细化规划与设计,早先开发的地下空间仅能满足自身在片区内承担的功能,而未充分考虑枢纽地下空间与周边建筑地下空间的衔接和联结。随着社会不断发展进步,人们在追求出行便捷的基础上,还追求生活舒适、生活美感以及满足自身需要的其他使用功能,这是原先建设的枢纽地下空间所难以提供的。因而,需要通过改扩建的方式增大地下空间规模,并拓展其承担的功能[1~3]。

在规划设计城市轨道交通枢纽的改扩建工程时,需要站在城市发展、片区提升的角度考量。一方面要做到安全高效,由于地下空间资源十分宝贵,不仅要协调地下空间横向与竖向空间布置,还要将枢纽与周边城市片区、轨道交通网络相互连通,以预留城市未来的发展空间;另一方面要做到统筹协调,需要整体统筹、开发与建设城市枢纽地下空间不同功能分区的利用与布局,这需要合理布局空间与周边环境资源,节能减排,并且坚持以人民为中心的发展思想,营造更人性化、更富有人情味的城市空间。

为此,本章在以公共交通为导向的发展模式(TOD模式)基础上提出考虑使用者以生活质量为导向的发展理念(QOD理念),并将其应用在深圳黄木岗枢纽的改扩建规划设计中,这是枢纽规划与应用过程中很有意义的一次探索、创新与实践。

1.1.1 黄木岗枢纽规划站址环境

黄木岗综合交通枢纽地处深圳市福田区中心东部,位于笋岗西路、泥岗西路、华富路、华强北路五岔路口,其在早晚高峰期时交通繁忙。枢纽地下敷设三条地铁线路,既有 7 号线是沿华强北路和泥岗西路南北方向地下铺设,在建 14 号线的地下敷设沿华富路和泥岗西路东北、西南方向,而规划 24 号线的地下敷设走向是笋岗西路的东南方向(图 1-1)。黄木岗综合交通枢纽作为一个三条地铁线路交会的换乘枢纽站,是深圳市福田区中心东部重要的换乘节点,主要承担轨道换乘和片区服务的功能,其出行与常规公交和出租车接驳。

黄木岗综合交通枢纽东南方向周边有长城花园、深圳市实验学校初中部、深圳市福田区百花小学;枢纽西南方向上有小区住宅楼、福田区税务局园岭税务所;枢纽东北方向上有深圳市体育馆、深圳游泳跳水馆、体育大厦等,其中体育大厦为 21 层办公楼，其他为低矮体育建筑，突发人流量较大；枢纽西北侧主要为市二医院和银华大厦，其中医院门诊部为 6 层办公楼，银华大厦为 23 层办公楼，医院客流量较大，门前非常拥挤；枢纽东南侧主要为学校用地，其中实验教学主楼为 10 层高楼，其他为 13 层小区住宅楼，人流量适中。综上，以黄木岗枢纽中心点为圆心的 500m 为半径的圆形区域里，主要以居住、交通、教育、体育运动以及医疗卫生为主，并兼顾有行政办公、商业、餐饮用地。

图 1-1 黄木岗综合交通枢纽轨道交通线路图

1.1.2 黄木岗枢纽原有规划情况

1. 立交与交通设施布置复杂

现有黄木岗枢纽位于五岔路口的重要位置处，现状立交数量多，且走向不同。由于枢纽周边地块的道路接口设置得不合理，其与地面环岛的距离较远，且其周边地块的通达性差，故地面环岛的出行效率低。同时，现状立交与周边地块开口处产生冲突，在早晚高峰期进口容易拥堵，片区内出行效率较低（图 1-2、图 1-3）。现状立交以及交通设施未考虑周围居民的出行，黄木岗地铁车站距离附近的公交车站较远，乘客在地铁与其他交通工具之间换乘时需要绕行较远的距离，这降低了乘客在黄木岗片区内的出行效率。

图 1-2 现状立交走向

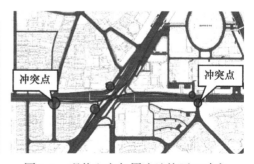

图 1-3 现状立交与周边地块开口冲突

2. 现状立交割裂周边片区

黄木岗立交的现状是数量多，且走势复杂，将整个紧密联系的片区割裂。原有步行设施的供需关系错配，周围居民与行人出行不便，需要绕行较远距离才能前往周边建筑设施进行办公、锻炼或游玩（图1-4）。黄木岗地铁车站建筑结构形式两端宽、中间短，四个出入口主要联系周边四个主要人流方向，但其受黄木岗立交对片区割裂的影响，相互之间没有直接联系。

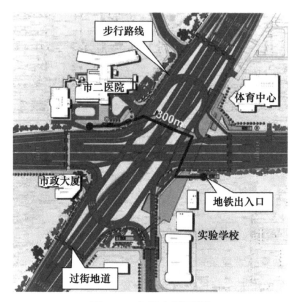

图1-4 人行交通不便

3. 基于既有车站的枢纽扩建狭窄压抑

受既有黄木岗立交的影响，黄木岗地铁车站目前是两端宽、中间窄的形式，其使用功能和乘客在车站内的舒适程度都受到一定的影响，因此需要对现状黄木岗立交采取大规模桩基托换工程。然而立交桥的桩基础会对地下枢纽的建设空间与位置产生影响，即黄木岗枢纽在平面和竖向空间布局上产生割裂，地下枢纽内的换乘通道狭窄而迂回，整个枢纽空间分布凌乱。这给予使用者一种压抑、不明朗的感受，难以体现出地下空间基于使用者的美感与空间舒适感（图1-5）。

4. 黄木岗枢纽片区有商业方面的缺口

现状黄木岗地铁车站的400m辐射范围内以居住、医疗、文体为主，各类基础设施丰富，周围居民可就近参与文体活动，并获得相关医疗服务。但黄木岗片区的商业条件较为初级，不能满足片区内的居民对商业、娱乐、休闲的需求，故片区内的居民需要到距离片区较远的地方进行购物、饮食、休闲等活动。

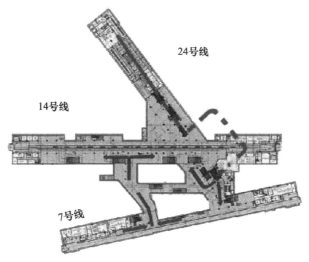

图 1-5　换乘通道狭窄

1.1.3　黄木岗枢纽规划设计新理念——基于 TOD 模式的 QOD 理念

1. TOD 模式基本理论

以公共交通为导向的发展模式（TOD 模式）理论始于美国，由建筑师 Harrison Flake 提出。Michael Bernick 和 Robert Cervero 定义 TOD 模式是以公共交通站点为中心，用地布局紧凑，功能混合的社区，他们提出的"3D 原则"，即 Density（密度）、Design（设计）、Diversity（多样性），得到广泛认可与应用[4]。

TOD 模式主要具有三种尺度特性。第一种尺度为空间尺度，TOD 模式所考虑的范围是以公共交通站点为中心，以适于步行的距离为半径的圆。Peter Calthorpe 认为半径范围为步行 5~10min 的路程，即 1/4 英里（400m）至 1/2 英里（800m）[5]。第二种尺度为土地开发利用尺度，TOD 模式提倡将居住、商业、文体、办公、公共使用空间等具有不同功能的用地混合开发利用，以满足居民对商业、娱乐休闲等的需求，减少居民不必要的出行。开发用地以公共交通站点为中心向四周逐渐递减，这能提升公共轨道交通的利用率，将周边用地效益增至最大化[6]。第三种尺度是交通系统尺度，枢纽设计避免采用复杂迂回的道路，而采用直接、多数的街道联系各街区，将周围片区里的商业区、公园、文体活动区、公共轨道交通站点汇聚，为步行、自行车、机动车创造出良好的出行环境。

2. TOD 模式在城市枢纽应用的经验

根据对 TOD 模式的理解与特征分析，TOD 模式在城市枢纽当中应用的优越性可总结如下。

（1）空间布局合理

公共轨道交通站点在整个片区当中起到汇聚人流、功能集聚、复合多种交通组织的作用。城市枢纽的横竖方向空间布局要考虑到从外面向枢纽内汇集而来的人流在空间内的行动范围，民众出行所涉及的各类交通组织的设计与布局，以及城市枢纽地下空间里民众出行所需要涉及休闲娱乐等不同功能设施的布置与设计。城市枢纽与周围环境之间的布局与联系能够相互弥补空间与功能上的不足，将一些周围环境里所不具备的一些功能设施放置于枢纽当中，可以汇聚周围人群，同时提升不同区域之间民众的交流与联系，并便捷民众的出行以及交通换乘。

在日本东京站，由于站内的步行通道和出入口的多向组织方式，整个车站内的横向空间格局呈现"田"字形的形式（图1-6）[7]。站域内车站与丸之内、银座等周边地区衔接而形成连片的商业街和四通八达的步行街走廊。竖向布局是由商业街、停车场以及管线专用廊道组成的地下三层竖向立体结构，整个地下空间与东京火车站和周围大楼连通。因此，来自各个方向的乘客都能以最短的步行距离进入车站，在车站发生紧急情况下，站内的乘客亦能够在最短的时间内向离自己最近的出口方向迅速疏散至安全位置[7~9]。

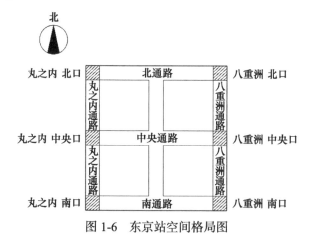

图1-6　东京站空间格局图

北京南站整个车站的空间布局由地上两层和地下三层组成的五层空间结构组成，地面一层用于地面入口，地面二层的候车厅采用高架层建筑形式，地下一层为出入口、中转大厅和停车场，地下二层和三层为北京地铁4号线和14号线车站（图1-7）。三维立体的构造方法使一个车站枢纽包含了多种交通运输方式，方便乘客轻松换乘不同类型的交通工具[10]。

（2）合理利用土地资源，打造周边产业建设

地上空间的发展建设需要大量的地面土地资源，而土地资源随着地上空间的连年

发展而逐渐减少。因此，需要合理的城市规划将公共轨道交通及其站点布设在地下，利用好地下空间、节省地上空间。

建设城市枢纽，能促进周边地块产业的完善，以公共轨道交通站点为中心，根据周围片区的主导功能划分不同区域，建设相互联系、互不影响的产业，将不同区域所具有的独特文化整合成一个片区的特色。日本的新横滨站能很好地体现其周边的产业建设，它的发展依靠的不仅是交通运输业，还有城市支柱 IT 产业，同时在城市发展过程中为避免增加城市单一产业结构的风险，新横滨规划了分别主导 IT 高新科技、商务办公、体育竞技、医疗健康的四个特色区域，不同区域之间既相互独立又紧密联系，不同城市之间同质化的竞争降低。新横滨站的周边产业建设形态紧凑，功能多样复合，这使得新横滨站能够与周边片区拥有良好的融合与发展[11, 12]。

图 1-7 北京南站空间布局图

3. TOD 模式在城市枢纽中应用存在的问题

（1）未充分考虑周边居民居住的幸福程度

在城市枢纽的开发过程中，TOD 模式主要聚焦于不同交通种类的汇集，以提升周围民众的生活便捷和舒适程度。但不同产业、交通的汇聚带来的庞大客流量和噪声可能会干扰城市枢纽辐射范围内居民的学习、工作、生活等活动。此外，区域内存在的餐饮业可能产生卫生、公共安全方面的问题。

（2）缺少空间美感

在城市枢纽的建设过程中，往往考虑枢纽在城市片区中所承担的功能，弥补片区中产业方面的不足，却未充分考虑民众对于城市之美的追求。虽然枢纽满足使用功能，但其并没有与周围环境相互融合。受周围建筑物地下结构的影响，有些枢纽地下建设空间狭窄，光源不充足，缺少美感，给予人较差的感官体验。

（3）缺少城市枢纽与片区深入融合协同

基于 TOD 模式的枢纽设计着重于多功能的混合交互，虽能实现民众对各类功能设施的高效使用，却忽略了对不同类功能设施的合理规划，未体现高品质的空间布置与利用，这导致城市枢纽和片区无法融合协同成为整体，影响了民众使用相应设施的舒适程度。

4. QOD 理念

在"以公共交通为导向的开发模式理论（TOD 理论）"的基础上，综合考虑枢纽所在片区范围内居民的生活质量，"以生活质量为导向的发展理念（QOD 理念）"应运而生。

（1）生活质量（Quality of Life，QOL）

生活质量是生活在片区内的居民和行人在生活、生产、游玩等活动过程中关心的部分，与片区内的政治环境、社会环境、经济环境、文化环境、自然环境息息相关，并在片区内的健康与卫生、学校与教育、娱乐与消费、居住与公共服务等多个方面都有体现。

（2）以生活质量为导向的发展（Quality Oriented Development，QOD）理念

以生活质量为导向的发展理念（QOD 理念）内容如下：一是以居民生活质量为导向，以公共轨道交通枢纽为核心，对周围片区内土地进行功能和使用方面的优化与合理利用，以方便居民生活和出行；二是综合利用枢纽与周围片区的地上与地下空间，创造利于民众慢行、休闲娱乐、轨道交通出行的舒适而便捷的空间，建造高质量绿色景观，将地上与地下空间、片区与城市枢纽有机融合起来，形成互联互通的整体，激活片区活力，提升居民幸福程度，促进片区繁荣发展。

5. QOD 理念的特征

（1）提升交通便捷程度且优化慢行系统品质

从交通系统的尺度出发，应以民众的生活质量为导向，合理利用城市枢纽与周围片区地面与地下空间，地上、地下进行一体化规划、设计与开发。通过合理布置空间，实现路面交通、轨道交通与其他出行方式的融合，形成互不影响的空间一体化，以提升出行效率。

从慢行系统的尺度出发，应构建便于民众出行的地上、地下慢行系统，连通城市道路轨道交通、周边片区地块。通过合理布设智能化道路交通系统，增加民众步行与行车的安全性与便捷性，减少不必要的道路绕行与拥堵缓行，以提升居民生活的舒适度与出行幸福感，丰富民众的精神生活、物质生活和文化生活。

（2）城市枢纽设计具有美感、富有温度

设计时，地上结构的造型应与周边环境、各类建筑物的造型、样式相匹配。合理设计地下空间结构，使阳光照射进地下空间，让绿色扎根于地下空间，应注意两点，一是

减少过多的照明，以有效节能减排；二是引入阳光照射与绿色植被，可以减少地面与地下空间的割裂感，这样民众可以在地下空间里感受到温度和绿色自然，增强幸福感。

（3）城市枢纽设计与周边片区融合发展

城市枢纽建设需要与周围片区的发展相结合，不同枢纽的周边环境特征不同，需关注不同地块的民众对周边环境的需求以及地块里所具备的既有产业与可能的发展趋势，贴合片区的实际情况进行精细化规划设计，并有效结合新建建筑与片区内既有建筑，加强枢纽与周边片区的联系，促进片区发展，使整个片区更具活力。

1.1.4 黄木岗枢纽改扩建方案

1. 优化道路轨道交通

黄木岗枢纽周边地块的开口位置与设置的现状地面环岛距离较远，导致整个片区内的出行效率较低。因此，需拆除黄木岗既有立交系统，并改造立交规模，以拉大与北环立交的距离，然后改善北环进口的车流组织，将地面高架桥简化成单拱桥梁。通过采用南北向桥梁、地面平交、东西向隧道的"一桥一隧，平面转向"交通组织方式，分别解决东西方向和南北方向的过境车流，缓解早晚上下班高峰期的拥堵现状。将华强北路从海馨苑北侧提前接入华富路，枢纽周围原有的五岔路口因此简化成为四岔路口。连接地下车道和市二医院地下车库，并分隔进出市二医院的车流与通行立交的车流，以改善市二医院交通拥堵的现状（图1-8）。在道路交通方面，增设信号灯控路口系统、行人感应系统、动态指引斑马线等先进的智慧交通系统，加强行人出行时的便捷性与安全性，提升人们的出行效率。

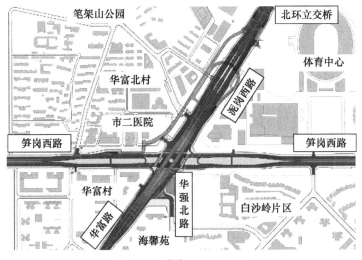

图1-8 道路交通规划图

将桥、路、隧与黄木岗地下综合交通枢纽连接,形成站桥一体的交通系统,匹配道路交通能力与交通需求,并优化市政交通接驳,以达到地上地下空间不同交通出行方式快速转换的目的(图1-9)。对于需要就医的人群而言,进出市二医院的车流量得到缓解,进出医院更加方便;出行的人群能够很便捷地换乘黄木岗枢纽与周边公交车站等不同交通方式,所需换乘时间大大降低,提升了外出效率。

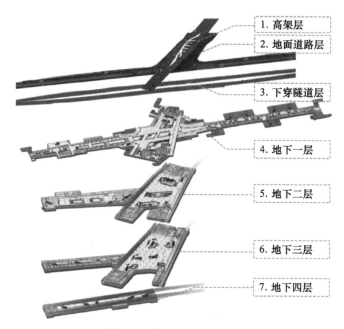

图1-9 枢纽竖向布局图

2. 设置慢行系统串联周边地块

黄木岗枢纽作为片区慢行网络的核心,周边设有下沉广场,连接枢纽出入口地面和地下,形成连续性慢行路径。地面慢行空间顺接体育中心南门、梅岗路、中心公园、过街天桥等地(图1-10),地下慢行系统在华富村、市二医院、体育中心处与地面慢行系统连接(图1-11)。地下过街通道、地上慢行流线以及地上过街天桥形成了立体高效的慢行体系,构建了以黄木岗枢纽为核心、对外延伸的慢行接驳网络。

黄木岗片区以枢纽为核心,笋岗西路下方地铁沿线空间适合进行商业开发。枢纽的东西向连通中心公园片区以及体育中心片区,以公共服务空间和慢行系统为主;枢纽的南北向地下空间为城市慢行系统通道,兼顾公共服务空间,主要连通体育中心两侧和市政大厦板块。通过"一核多点"的规划理念,建立地面地下无障碍的慢行系统,并将周围片区的多个城市区域融合起来(图1-12)。

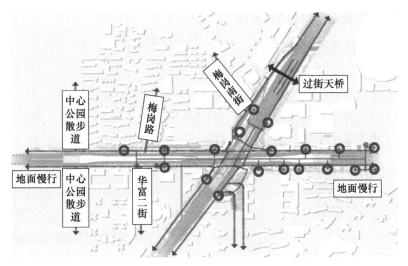

图 1-10　地面慢行系统

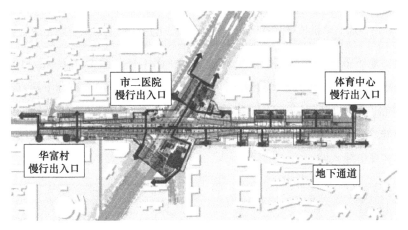

图 1-11　地下慢行系统

图 1-12　地铁枢纽与周边衔接

3. 设计城市枢纽造型与立体空间

将现状黄木岗立交拆除，采用"一桥一隧"的形式简化原有地面高架桥，提升片区交通运行效率。同时，采用双索面单脊拱的桥梁设计方案，该方案有两方面优点：一方面是稳定性好，能较好地与黄木岗枢纽的附属设施结合，并有效提升民众的出行效率；另一方面是桥梁造型简洁内敛，曲线优雅且富有张力，与周边城市环境相呼应，提升了黄木岗片区内的城市景观，增加了空间层次感（图1-13、图1-14）。

图1-13　地上单拱桥梁示意图　　　　图1-14　地上单拱桥梁建造后实际图

同时，地下下沉车道采用鱼腹形布置方式（图1-15、图1-16），沿24号线方向的中庭采用斜柱布置，在中庭地下各层，上端曲线排列的下沉车道和下端直线排列的24号线站台自然形成了柱网。同时，在地下车道鱼腹形布置的中间处设置天窗，实现引光入城。通过在地下一层下沉广场中建立室内绿化，保留并不断延续城市自然生态底蕴，实现引绿入城。

图1-15　地上单拱桥梁鱼腹形布置实际图（一）

图1-16 地上单拱桥梁鱼腹形布置实际图（二）

4. 城市枢纽与片区融合发展

由于黄木岗片区存在商业缺口，故需要提升黄木岗片区生活配套的商业服务。根据东、西两侧不同地块的片区情况、商业缺口、客流量、地块联动及消费意愿等因素开发地下商业。东侧地块主要以参加体育设施相关人群和百花片区的家庭型居民为主，主要包含在校学生、学生家长、日常体育爱好者以及观看比赛演唱会等大型活动的人群，因此将东侧方向的地下空间以"潮流运动"为主体进行布置开发，联系拓展商业活动和周围活动，增加民众对运动和健身的积极性。西侧地块主要以居住、办公、医疗、登笔架山的相关人群为主，主要包含公司职员、医疗就诊、公园休闲等人群，其行为特征相对安静，因此将西侧方向的地下空间以"休闲生活"为主题布置，通过采用以餐饮、零售、生活服务等商业业态联系周围片区的民众（图1-17）。

采用动静结合的方式，结合城市公共空间与地下特设商业空间，以更好地服务周围居民与民众的生活活动所需。依据片区主要生活人群的行动特征，划分动与静的不同主题，以更好地融入周围片区，减少对周围居民产生的不良影响，创建出一条集社交生活、创意体验和贴心服务为一体的服务式地下商业街，更好地促进整个片区的发展。

要使未来建设的城市枢纽与周边片区更好地融合，要坚持以人民为中心，积极采用如V型柱、鱼腹形天窗布置等新建筑形式，倡导节能减排、高质量融合发展的思想，还需要对枢纽周边自然环境、社区人文、经济发展等给予更多关注，进一步提升自然、文化、科技、生活、能源等多方面的交融，从片面地追求速度规模转向注重质量效益，推动高质量发展，并探讨如何通过城市枢纽与周围片区多方面融合，以满足人民日益增长的美好生活需要。

QOD 理念的规划思想值得推广、借鉴与应用，在深圳先行示范区进行探索，为同类城市枢纽与周边片区融合协同设计提供参考，同时 QOD 理念内容的深化与具体应用过程中的保障与落实还需要进一步探索与研究。

图 1-17　枢纽片区示意图

1.2　黄木岗综合交通枢纽施工风险评估

1.2.1　评价方法

本书主要采用作业条件风险性评价法进行风险评价。作业条件风险性评价法是以三个因素指标的乘积来评价系统人员伤亡危险的大小，其计算公式如下：

$$D = L \times E \times C \tag{1-1}$$

式中，D 为风险性分值；L 为发生事故的可能性大小；E 为人体暴露于风险环境中的频繁程度；C 为一旦发生事故会产生的损失后果。

当 L 的取值用概率来表示时，发生绝对不可能事件的概率为 0，而必然发生事件的概率为 1。但在作系统安全考虑时，不存在绝对不可能发生的事，所以人为地将"发生事故可能性极小"的分数定为 0.1，而必然要发生的事件的分数定为 10，将介于这两种情况之间的情况取若干中间值，如表 1-1 所示。

1.2 黄木岗综合交通枢纽施工风险评估

L 的取值 　　　　　　　　　　　　　　　　表 1-1

分数值	事故发生的可能性
10	完全可以预料
6	相当可能
3	可能，但不经常
1	可能性小，完全意外
0.5	很不可能，可以设想
0.2	极不可能
0.1	实际不可能

人员或设备出现在风险环境中的时间越长，风险性越大。规定连续暴露在风险环境时 E 取 10，而罕见地出现在风险环境时 E 取 0.5。同样，将介于两者之间的情况 E 取若干中间值，如表 1-2 所示。

E 的取值 　　　　　　　　　　　　　　　　表 1-2

分数值	频繁程度
10	连续暴露
6	每天工作时间内暴露
3	每周一次，或偶然暴露
2	每月一次暴露
1	每年几次暴露

事故造成的人身伤害变化范围很大，对伤亡事故来说，可涵盖极小的轻伤直到多人死亡的严重后果。由于范围很大，所以规定 C 的取值范围为 1～100，轻伤时 C 为 1；当事故造成 10 人以上死亡的后果时，C 为 100；其他情况 C 的数值均在 1～100 之间，如表 1-3 所示。

C 的取值 　　　　　　　　　　　　　　　　表 1-3

分数值	发生事故产生的后果
100	10 人以上死亡
40	2～9 人死亡
15	非常严重，1 人死亡
7	重大，伤残
3	严重，重伤
1	轻伤（引人注目，需要救护）

可根据式（1-1）计算 D 的值。关键是如何确定对各分值和总分的评价。根据经验，可参照表 1-4 中方法划分风险等级，但应注意划分风险等级是凭经验判断，难免带有局限性，不能认为是普遍适用的，应用表 1-4 时，需要根据实际情况予以修正。

D 的划分　　　　　　　　　　　　　　　表 1-4

D 值	危险程度	风险等级
>320	极其危险，不能继续作业	一级
160～320	高度危险，需要立即整改	二级
70～160	显著危险，需要整改	三级
<70	一般危险，需要注意	四级

1.2.2　风险因素分析

1. 前期工程与征拆工作

本工程坐落于笋岗西路、泥岗西路、华富路、华强北路交叉路口，车流量大，交通繁忙，特别是市二医院进出车辆多，经常发生拥堵，交通疏解难度大（图 1-18）。地下管线密集，主要有 220kV 输电线路 2 回路、110kV 输电线路 1 回路（图 1-19）、通信管线共约 500 条缆线，其中有 7 条军缆，25 条中国电信长途，DE300 中压燃气管线 3260m，DN600～DN1000 的给水管，DN1000～DN1200 的污水管，1.6m×1.8m 雨水箱涵，以及 DN600～DN1000 的雨水管等。本项目需配合第三方进行电力、通信管线迁改（图 1-20）。电力迁改审批程序复杂，长途、军用缆线割接程序复杂，尤其是长途缆线需上报省电信进行报批，迁改周期长。中压燃气管线分 6 期迁改，协调难度大；给水排水管线错综复杂，迁改难度大（图 1-21）。绿化迁移树木约有 452 棵，主要树种有秋枫、琴叶榕、大棉、蒲葵、散尾葵、羊蹄甲、南洋楹、小叶紫薇、杜英等，涉及树木的品种多。

图 1-18　市二医院进出交通拥堵照片

图 1-19 现状电力管线布置图

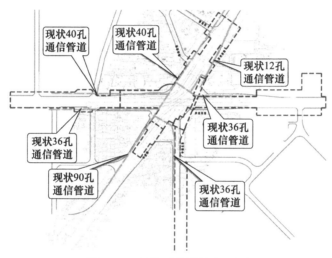

图 1-20 现状通信管线布置图

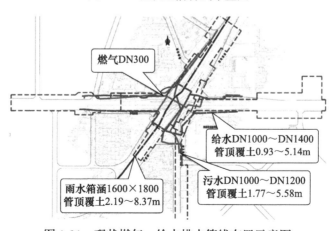

图 1-21 现状燃气、给水排水管线布置示意图

交通疏解、管线迁改、绿化迁移等前期工程与工程主体施工交替进行，持续周期长；同时，各项前期工程涉及面广，权属和相关部门多，互相交叉关联施工组织协调难、不可控因素多。因此，抓好前期工程与征拆工作，是项目取得良好开局的关键。

2. 地铁车站施工和防护措施

本工程新建的14号线、24号线黄木岗站与既有7号线黄木岗站三线换乘，如图1-22所示。既有地铁7号线黄木岗站C出口及过街通道侵入本工程，枢纽主体围护结构施工前，需对其进行拆除；部分换乘节点未前期预留，需对地铁7号线黄木岗站台层及站厅层结构进行改造接驳。如何在施工期间兼顾既有7号线的正常运营和施工安全，减少施工对周边环境的影响，是本项目施工重点。

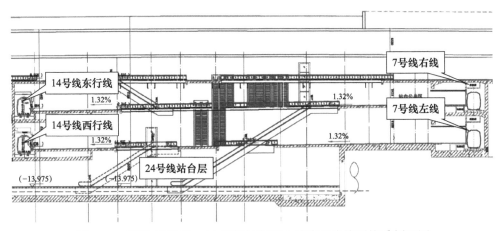

图1-22 新建14号线、24号线与既有7号线三线接驳换乘剖面图

3. 地铁沿线施工

本工程位于闹市区，地面车流量大，交通繁忙；周边建筑物密集，主要有市二医院、市政设计大厦、深圳市福田区税务分局、深圳市实验学校、中城体育大厦、深圳游泳跳水馆、长城花园小区、海馨苑小区等；施工对市二医院的交通出行、对市二医院和实验学校的噪声及扬尘等影响较大；新建14号线、24号线与既有7号线黄木岗站三线换乘，工程涉及既有7号线黄木岗站改造，施工过程可能会由于不可预见的因素而对既有7号线的运营设施产生影响（图1-23、图1-24）。

施工不可避免会在泥浆、渣土外运及机械运行过程中产生声响、振动、粉尘等环境污染；同时，地面管线改迁、交通疏解会对地面行车、行人、商铺、医院、学校及周边居民带来较大影响。在施工期间，如何采取有效措施将施工对本工程周边既有运营设施及建（构）筑物的安全影响降至最低，对周边环境的影响减至最小，与周边环境相适应，和谐共建，做好环保、文明施工，是本工程管理的重点，亦是央企应有的社会责任感。

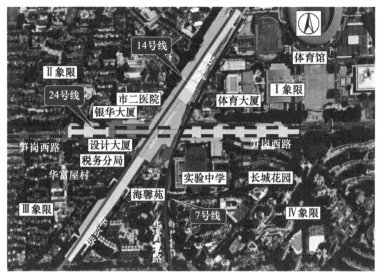

图 1-23　本工程周边主要建（构）筑物

图 1-24　深圳实验中学与市二医院

4. 不良地质条件

本工程中的不良地层主要为素填土层、粗砂层、粉质黏土层和全风化岩层、强风化岩层等。素填土层成分复杂，土质不均，主要成分为黏性土、砂砾、碎石，工程性质较差，易造成局部基坑坍塌及不均匀沉降。粗砂层具有含水量高、自稳性差、流动性强等特点，连续墙及钻孔桩施工过程中极易出现槽（孔）壁坍塌、导墙变形、偏孔等现象，开挖基坑时，易发生坑底涌泥、桩间突泥、基坑侧壁失稳坍塌等现象，对基坑安全稳定造成较大影响。粉质黏土层与全风化岩层、强风化岩层整体属于松散结构体，在饱和状态下开挖松弛形成临空面及受扰动后，易软化变形，强度、承载力降低，渗透性增大，易产生涌泥、涌砂、侧壁失稳、围岩失稳坍塌等危害。中风化岩层、微风化岩层围护结构施工困难，施工进展缓慢，对工期影响大。

5. 站后工程的施工组织和协调

黄木岗综合交通枢纽站后工程包括常规机电、供电、通信、综合监控、安防、导向及装饰装修等多个专业的施工，以及与在建14号线的轨道、接触网、信号、AFC、屏蔽门等多界面的协调配合。本站后工程具有空间小、工期短、穿插多、接口密、标准高的施工特点，站后工程施工质量将直接影响交通枢纽工程的安全稳定运行，做好施工组织和协调工作是本工程重点之一。

6. 监测和数据处理、传输

本工程对实施主体及受影响的重要建（构）筑物全面采用自动化监测，特别是在既有7号线黄木岗车站、7号线位于泥岗西路及华强北路地下空间段的区间、市二医院、市政设计大厦、税务福田分局、体育大厦等重要建（构）筑物实现可靠应用。本工程位于深圳市中心区，周边电磁信号复杂，对无线传输信号干扰大，自动化监测周期长，仪器长时间连续工作，施工场地环境复杂，因此对监测元器件、监测设备的可靠性要求高。

7. 钢管柱的定位

本枢纽主体结构采用盖挖逆作法施工，其中间立柱是盖挖逆作法结构中最主要的受力构件之一，尤其钢管柱作为永久中立柱，定位的精确性直接影响主体结构的质量。因此，钢管柱的定位及垂直度控制是本工程的难点。

8. 超宽超深基坑的施工

本工程基坑开挖最大长度约679m，最大宽度约153m，最大深度约38m，基坑开挖面积大，深度深；基坑局部位于素填土、粗砂、粉质黏土等地层，地下水埋深浅，易造成局部基坑坍塌及不均匀沉降；基坑紧邻既有7号线、市二医院、市政设计大厦、税务福田分局、体育大厦等重要建（构）筑物，周边环境敏感，对基坑自身的稳定及周边沉降控制要求高，安全风险高。

9. 施工高峰期渣土运、弃的组织与管理

本工程渣土外运共计约196万m^3，其中施工高峰期每天渣土外运、弃置约9300m^3，高峰期渣土外运量大。受淤泥、渣土收纳场不足的影响，土石方外运社会单位资源及环保要求严格的影响，深圳地区4～10月特殊的雨季影响，以及项目周边交通拥堵的影响，渣土的运输、扔弃将成为制约工程进度的重点因素。

1.2.3 新建14号线黄木岗车站风险评估

1. 工程背景

14号线黄木岗车站沿华富路和泥岗西路地下敷设，为南北走向，地下三层叠侧车站，与既有 7 号线同台换乘。

2. 主要设计方案与工法

14 号线黄木岗车站主体结构部分考虑既有 7 号线保护，采用盖挖法施工，既保证下部基坑整体开挖的连续性，又能利用顶板作为上部桥桩施工作业面。盖挖法施工利用主体结构各层板作为支撑，本工程 14 号线黄木岗车站基坑长 262m，标准段宽 44.6m，最宽 81.3m，地下三层，坑深约 30m；采用地下三层叠侧车站，底板厚 1.3m，地下二层板厚 0.6m，地下一层板厚 0.6m，顶板厚 1m，地下一层层高 7.76m，地下二层层高 7.73m，地下三层层高 7.9m。主体结构分为三个部分，分别为北基坑（每层 7 段板），中间基坑（每层 4 段板），南基坑（每层 8 段板）；其中，除负一层板采用地模外，其余部分采用矮支架进行结构板块施工，侧墙采用模板台车，黄木岗综合交通枢纽工程 14 号线黄木岗车站剖面如图 1-25 所示。

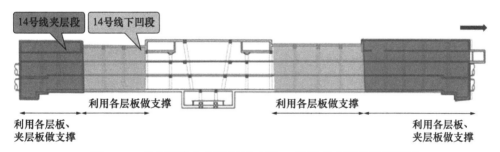

图 1-25 黄木岗综合交通枢纽工程 14 号线黄木岗车站剖面图

3. 周边条件及控制因素

（1）周边建筑物

本工程位于深圳市繁华城区，周边建筑物密集，主要有临时钢便桥、市政设计大厦、中城体育大厦、既有 7 号线车站等重要建筑物（图 1-26）。

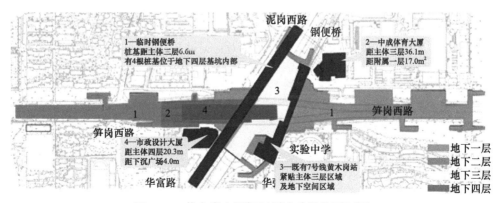

图 1-26 黄木岗交通枢纽周边建筑物平面图

（2）周边管线情况

本工程的主要管线为高压电力管线（220kV清中甲乙线2回路、110kV上中线1回路）和通信管线（48孔管线2处，12孔管线1处），会影响黄木岗枢纽围护结构施工。

（3）既有钢便桥

既有钢便桥位于主体结构西侧，桩基为直径1.8m钻孔灌注桩，桩基距主体三层6.6m，4根桩基位于地下四层基坑内部（图1-27）。

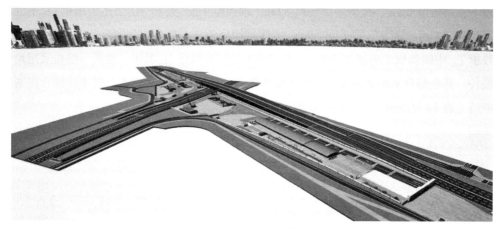

图1-27 钢便桥效果图

4. 水文地质条件

（1）工程地质

4号线黄木岗车站地质情况：14号线黄木岗车站为地下三层站，底板埋深约30m。从上至下的地层依次为素填土、砾质黏性土、全风化花岗岩、强风化花岗岩、中风化花岗岩、微风化花岗岩。中风化花岗岩抗压强度为30.9～59.3MPa，平均强度为46.9MPa，标准值为39MPa，微风化花岗岩抗压强度为40.0～92.4MPa，平均强度为60.4MPa，标准值为54.6MPa（图1-28）。

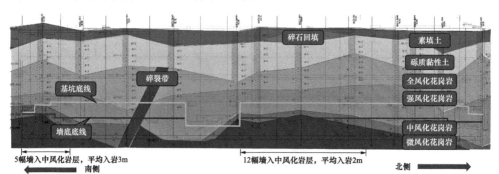

图1-28 14号线黄木岗车站地质剖面图

（2）不良地质情况

砂土液化：本枢纽施工范围内夹有部分砂层，无液化。

填土：场地回填土成分复杂，土质不均，主要成分为黏性土、砂砾、碎石，属于较不稳定土体。填土的分布区域和厚度有很大的不均匀性，并且工程性质较差，易造成局部基坑坍塌及不均匀沉降，影响施工方法的选择。

残积土与风化岩：枢纽范围内主要分布花岗岩的残积土及全风化岩层、强风化岩层，残积土和全风化岩层整体上属于松散结构体，在饱和状态下开挖松弛形成临空面及受扰动后，易发生软化变形，强度、承载力降低，渗透性增大，易产生涌泥、涌砂、侧壁失稳、围岩失稳坍塌等危害；强风化岩层也存在饱和状态下受扰动易软化问题，但程度相对较轻。花岗岩风化岩中常存在不均匀风化现象。

（3）水文条件

沿线地下水主要有三种类型：第一类为第四系松散岩类孔隙水，主要赋存于冲洪积砂层和残积砂砾黏性土层中；第二类为基岩裂隙（构造裂隙）水，主要赋存于块状强风化、中等风化带及断裂构造裂隙中，略具承压性；第三类为岩溶水，主要赋存于可溶性岩（碎屑灰岩、灰岩）中。测得地下水位埋深0.1~40.0m，高程为-1.31~122.15m。根据地区经验、平原地区地下水位的年平均变化幅度为0.5~2.0m，台地地区年平均变化幅度为3~5m，山岭地区年平均变化幅度为5~10m，抗浮设计水位取至地表。

5. 气候条件

深圳市气候属于亚热带季风气候，热量丰富，日照时间长，雨量充沛。气候和降雨量随冬、夏季风的转换而变化，冬季无严寒，夏季湿热多雨，一年内有冷暖和干湿季之分，具有雨热同季、干凉同期的特点，但降水和气温的年季变化较大，灾害性天气也较多。

6. 安全风险辨识及分析

（1）设计风险

14号线黄木岗站基坑的设计风险主要在于上述不良地质条件的开挖施工风险。围护结构易产生大的水平位移、渗漏、失稳破坏，坑底隆起、流砂、涌水，坑内土体滑坡。

（2）地质水文风险

14号线黄木岗站主要的地质风险因素详见表1-5。

（3）环境风险

周边建（构）筑物为14号线黄木岗站施工主要风险源。主要的环境风险因素详见表1-6。

地质风险因素统计表　　　　表1-5

序号	风险描述	辨识分析
1	开挖深度范围内地层主要为素填土、砾质黏性土、全风化花岗岩、土状强风化花岗岩、块状强风化花岗岩、中风化花岗岩。基坑底板位置的地层为块状强风化花岗岩、中风化花岗岩	粉质黏土层与全风化岩层、强风化岩层整体上属于松散结构体，饱和状态下开挖松弛形成临空面及受扰动后，易软化变形，强度、承载力降低，渗透性增大，易产生涌泥、涌砂、侧壁失稳、围岩失稳坍塌等危害
2	表层为素填土、杂填土、砂砾等不良地质	围护结构开挖槽壁失稳坍塌
3	围护结构止水效果差带来的风险	基坑侧壁涌水、涌砂；基坑大变形；基坑沉陷；基坑甚至坍塌

环境风险统计表　　　　表1-6

序号	风险描述	辨识分析
1	钢便桥	位于主体结构西侧，桩基为直径1.8m钻孔灌注桩，桩基距主体三层6.6m，4根桩基位于地下四层基坑内部
2	既有7号线	地下三层结构，围护结构采用1500@1700钻孔桩或1.2m地下连续墙（以下简称"地连墙"），紧贴主体三层结构与地下空间
3	体育大厦	框架结构，基础为人工挖孔桩，西侧22层，桩端置于强风化岩石上，容许承载力为2500kPa。东侧21层，桩端置于微风化岩石上，容许承载力为9000kPa。距离主体三层结构36.1m
4	市政设计大厦	框架结构，基础为人工挖孔灌注桩，一共有五种桩，两种抗浮墩。桩长共有两种，短桩长12m，持力层为砾质黏性土；长桩长22.5m，持力层为强风化花岗岩。容许承载力为2500kPa
5	基坑内电力与通信管线	高压电力管线南北贯穿基坑内部，通信管线东西贯穿基坑内部

（4）施工风险

14号线黄木岗站基坑主要的施工风险因素详见表1-7。

施工风险因素统计表　　　　表1-7

序号	风险描述	辨识分析
1	盾构机吊装相关施工	起重设备倾覆、构件坠落
2	围护结构施工	槽段暴露时间过长，泥浆质量不合格，引起槽壁坍塌。中间钢管柱、钢筋笼起重吊装操作不合规，引起设备倾覆，构件坠落
3	矮支架施工	矮支架坍塌，未铺设安全防护网，未穿戴安全背带，结构倒塌，造成人员高处作业坠落
4	侧墙模板台车施工	临边防护不到位，未穿戴安全背带，造成人员高处作业坠落
5	土方开挖施工	土方滑塌，垂直升升过程中渣土掉落、坠物伤人
6	钢筋笼吊装	起重设备倾覆、构件坠落

7. 安全风险评估

新建 14 号线黄木岗车站风险评估统计如表 1-8 所示。

风险评估统计表　　　　　　　　　　　　　　　　　　表 1-8

序号	作业活动	作业条件风险性评价法				风险级别	预控措施
		L	E	C	D		
1	深基坑工程	4	6	15	360	Ⅰ	采取坑内降水措施。 必要时，地基采取换填或者加固措施。 基坑开挖强调分段、分层均衡开挖。严格控制单步开挖深度，严禁超挖。土方开挖放坡应按"时空效应原理"分块开挖，支撑架设与土方开挖密切配合。 对影响基坑安全的项目进行监测，提出变形控制值和变形速率控制值，并采取三级管理体系，对存在异常的情况及时报警，并采取相应的应急预案
2	模板工及支撑体系	3	6	7	126	Ⅲ	由项目技术负责人组织相关专业技术人员，结合工程实际，编制矮支架施工方案，施工过程中严格按照专项方案实施
3	紧贴既有7号线黄木岗车站	4	6	18	432	Ⅰ	基坑施工前，对7号线受影响区域进行保护和监控。 基坑开挖施工时，采取信息化施工监测，做到信息化施工，对既有地铁线路采取自动化监测
4	紧临钢便桥	5	7	10	350	Ⅰ	基坑施工前，对钢便桥影响区域及桥桩进行保护、监测； 基坑开挖施工时，采取信息化施工监测，做到信息化施工； 分层开挖时，应及时支撑，严禁超挖
5	周边建筑物	2	3	30	180	Ⅱ	增大围护结构，采用盖挖逆作法控制基坑及地面变形； 分层开挖、严禁超挖； 做好防排水措施，施工期间应加强监测，变形速度较快时，停止施工并补偿注浆； 预埋袖阀管，在周边建筑物前加强监测，变形速度较快时，补偿注浆加固
6	周边管线	1	3	30	90	Ⅲ	做好管线探测工作，严格落实管线保护"7个百分百"； 对围护结构施工槽段位置进行管线探挖，将管线暴露； 管线改迁工作实施前，与管线产权单位签订地下管线保护协议，并将具体实施方案向相关施工人员进行详细的交底
7	吊装施工	2	5	25	250	Ⅱ	由项目技术负责人组织相关专业技术人员，结合工程实际，编制吊装施工专项方案，施工过程中严格按照专项方案实施； 定期对吊具进行检查和保养

8. 安全风险控制措施

（1）基坑开挖

1）当围护结构出现裂缝时，应及时用水泥砂浆封堵。

2）当围护结构出现渗漏水时，应立即采取黏土、水泥土浆液等材料堵漏止水。在地连墙接缝处，应采取在外侧加设高压旋喷桩的处理措施。

3）考虑深圳市雨季较长，因此在基坑开挖过程中，需要沿基坑顶四周布设排水沟拦截地表水流入基坑，在基坑内布设集水井，可及时抽水，以免因积水过多而造成基坑坍塌或围护结构变形失稳。应坚持以地质为先导的原则，时刻掌握地质变化情况；同时，对基坑侧壁可能出现的渗漏水采取疏排措施。

4）基坑开挖引起流砂、涌土或坑底隆起失稳时，应立即停止基坑内降水或挖土，进行堆料加压。

5）当地连墙围护结构变形超过允许值或有失稳前兆时，应立即采取加固措施：当坑边土体严重变形，且变形速率持续增加、有滑动趋势时，应立即采用砂包回填，反压坑脚，待基坑稳定后再进行处理。坡顶卸载，坑内停止挖土作业，加密横向钢支撑或竖向斜撑。

6）车站围护结构采用叠合墙施工，地连墙和车站主体结构普遍采用接驳器的连接形式，形成"两墙合一"的整体结构，接驳器的安装位置及连接质量是影响两墙合一整体受力的关键。为了确保地连墙接驳器安装定位质量和主体结构的钢筋连接质量，本工程在安装接驳器的过程中采用了接驳器的定位控制装置和接驳器的保护装置。接驳器的定位装置采用角钢代替，安装时，先在钢筋笼控制接驳器标高处水平点焊角钢，替代传统的拉线方法。接驳器的高低控制以角钢的边线为标准。接驳器搭靠在角钢的一个平面上，定位后焊接固定，这样可以有效防止底、中、顶板接驳器出现的偏斜、高低不齐，进而防止地连墙无法与主体结构钢筋连接。接驳器安装完工以后，安装接驳器的保护装置，本车站将采用铝彩钢板做成条形替代，沿接驳器连接方向封盖，细铁丝拧紧，这样可以有效防止接驳器丝牙损坏、丝牙锈蚀等问题，提高与主体结构钢筋的连接质量。

（2）建筑物沉降

14号线黄木岗位于笋岗西路与华富路上，周边建筑物众多，基坑开挖工作风险较大，尤其是可能引起周围地面沉陷及建筑物沉降、开裂。因此，在基坑开挖过程中，应做好监控量测工作和应急准备工作。现场应准备充足的工字钢、方木、钢管、备足手锯、扒钉等应急物资。如发现建筑物差异沉降过大，建筑物出现裂缝且有不断扩大的趋势时，应立即停止施工，采取以下措施：

1）邀请设计、相关专家到现场，协商加固方案。

2）确定加固方案后，马上进行施工，现场安排有经验的施工管理人员统一指挥。

3）在加固方案实施过程中以及加固方案实施完毕后，需继续加强对建筑物的监测，及时反馈信息，随时掌握建筑物的动态。

4）当监测数据显示建筑物沉降速率减缓且趋于稳定时，经设计人员及专家认可，方能恢复施工。

1.2.4 既有7号线改造工程风险评估

1. 工程背景

既有7号线需实现与14号线黄木岗车站同台换乘，与24号线节点换乘功能，提高与14号线、24号线的换乘效率，营造更为宽阔舒适的换乘环境，原7号线黄木岗站预留的通道换乘方案难以满足建设需求，故需对7号线侧墙和中部顶板进行改造。

2. 主要设计方案与工法

7号线改造范围：顶板改造范围长62.8m（7跨）。侧墙改造范围长195.4m（负一层15跨）+129.7m（负二层13跨）+120.7m（负三层12跨）=445.8m（40跨）。地下区间采用盾构、矿山法和明挖法施工。

因C口与新建14号线黄木岗车站围护结构及中间桩柱位置冲突，施工围护结构前，需对C出入口进行清除。障碍物清除方法同桩基拔除，采用全回转钻机清除混凝土结构，并采用回填M5砂浆的方法来满足成槽条件，其余部分随基坑开挖破除。拆除C口时，若既有车站出入口不满足消防50m疏散距离需求，则需在C口封堵拆除前，另增加疏散通道，使其满足消防疏散距离要求。通过改造B出入口来保障7号线的正常运营及消防疏散需求。改造需破除2.4m厚的结构，宽3.2m，高4m。应采用绳锯切割分层破除。施工前，应对设备进行拆除，施工围蔽。

3. 安全风险辨识及分析

（1）设计风险

既有7号线车站改造的设计施工风险主要表现在改造过程中车站受力风险。主要的设计风险因素详见表1-9。

设计风险因素统计表　　　　　表1-9

序号	风险描述	辨识分析
1	改造涉及三层。顶板破除1037m³，围护结构破除4948m³，侧墙破除2483m³	车站结构拆除过程中，车站受力体系发生变化，导致结构破坏
2	新建顶板较高，需解决水平传力问题	车站水平受力平衡发生变化，造成既有车站发生水平位移，导致结构破坏

续表

序号	风险描述	辨识分析
3	既有车站需完成受力体系转换	车站受力体系发生变化,导致结构破坏
4	改造期间车站抗浮	车站上浮,造成既有车站竖向位移,导致结构破坏

（2）地质水文风险

因既有7号线车站改造施工在车站内部,不涉及地质水文状况,故无地质水文风险。

（3）环境风险

因既有7号线车站改造施工在车站内部,对运营施工影响较大,不涉及周边环境状况,故无环境风险。

（4）施工风险

7号线车站改造主要的施工风险因素详见表1-10。

施工风险因素统计表　　　　表1-10

序号	风险描述	辨识分析
1	规划顶板上部覆土加厚	顶板上部覆土增加,车站受力体系发生变化,导致结构变形超过允许范围
2	车站内部叉车作业	设备超载,导致起重设备倾覆
3	水刀切割作业	水刀切割作业时,需设置安全防护区域,避免造成人员伤亡
4	站内临时支撑架设	架设过程中钢支撑倒塌,造成人员伤亡

4. 安全风险评估

既有7号线改造工程风险评估统计如表1-11所示。

既有7号线改造工程风险评估统计表　　　　表1-11

序号	作业活动	作业条件风险性评价法				风险级别	预控措施
		L	E	C	D		
1	7号线改造	4	5	20	400	Ⅰ	对影响基坑安全的项目进行监测,提出变形控制值、变形速率控制值,并采取三级管理体系,对存在异常的情况及时报警,并采取相应的应急预案; 确保临时支撑架设稳定后,进行混凝土破除; 项目技术负责人组织相关专业技术人员,结合工程实际情况,编制7号线改造方案,并经过专家论证后方可实施,施工过程中严格按照专项方案实施
2	新建顶板	6	6	5	180	Ⅱ	项目技术负责人组织相关专业技术人员,结合工程实际情况,编制7号线改造方案,并经过专家论证方可实施,施工过程中严格按照专项方案实施

续表

序号	作业活动	作业条件风险性评价法				风险级别	预控措施
		L	E	C	D		
3	车站抗浮	3	6	20	360	I	开挖施工时，采取信息化施工监测，做到信息化施工，对既有地铁线路采取自动化监测； 确保既有7号线与新建7号线连接节点质量可靠，防止车站上浮
4	车站上部覆土加厚	3	3	5	45	III	施工时采取信息化施工监测，做到信息化施工

5. 安全风险控制措施

1）枢纽采用盖挖法施工，利用枢纽各层板作为支撑，减小既有7号线车站的水平位移。

2）沿24号线设置封堵墙，将14号线黄木岗车站基坑分为三部分，即南、北区域和核心区域，先期施工南、北区域，减小整体开挖面积，以控制既有7号线的变形。

3）既有7号线车站下沉段（笋岗西路下部分）东、西两侧负一层基坑同时施工，同时开挖土方，让同层施工进度保持一致。

4）针对既有7号线黄木岗站建立完善的自动化监测系统，埋设沉降观测点，进行系统、全面的跟踪测量，实行信息化施工。将施工监测纳入工序流程，建立可视化监测信息系统，根据监测数据对风险点实施信息化动态管控。如数据出现异常，立即进行应急回填反压。

1.2.5 钢便桥的风险评估

1. 工程概况

华富路和泥岗西路高架桥上跨笋岗西路，桥梁由南向北桥跨布置为（38＋43.5＋125＋43.5＋38）m，总长288m，主跨采用跨度125m的钢箱梁提篮拱结构，桥梁用钢量6500t左右（含支撑体系），桥梁主跨左、右幅分离布置，单幅桥宽13.25m，中间处钢箱梁梁高2.2m。根据桥位及地下结构设计情况，为简化桥梁施工工序，对地下结构加强处理，桥梁墩身除0号桥台外，其他墩台直接支承在地下结构顶板转换梁之上。桥梁位置、主桥立面及边跨及次主跨断面示意图分别如图1-29～图1-31所示。

2. 主要设计及施工方法

根据本桥结构特点，充分考虑现场环境及制作、运输条件，采用支架法吊装，构件工厂加工，由汽车运输至现场。钢梁架设采用支架法原位吊装，先施工跨路区域及北侧半幅钢梁,而后交叉施工南侧半幅桥面梁与拱。在跨路区域吊装钢梁时,作业半径与吊装荷载均较大,考虑吊车下铺设设备基箱可均摊荷载,严格将吊装的施工荷载控制在设计允许范围内。主钢梁梁段与拱肋节段划分如图 1-32 和图 1-33 所示。钢梁架设的具体步骤如图 1-34～图 1-40 所示。

图 1-29　桥梁位置示意图

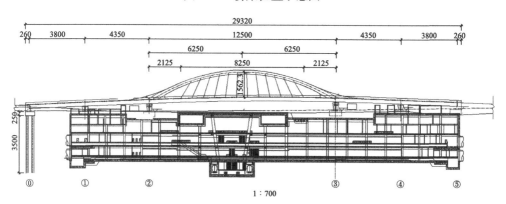

图 1-30　主桥立面示意图

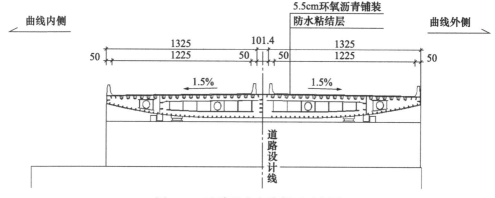

图 1-31　边跨及次主跨断面示意图

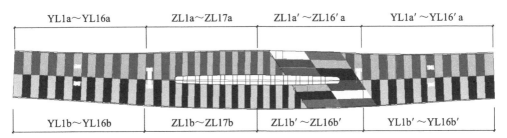

图 1-32 主钢梁梁段划分

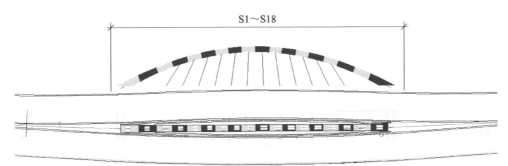

图 1-33 拱肋节段划分

图 1-34 第一步安装北侧涉路部分钢箱梁 GL3

图 1-35 第二步安装北侧涉路部分钢箱梁 GL1、GL2、GL4、GL5、GL6

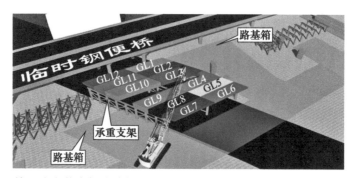

图 1-36 第三步安装南侧涉路部分钢梁 GL7、GL8、GL9、GL10、GL11、GL12

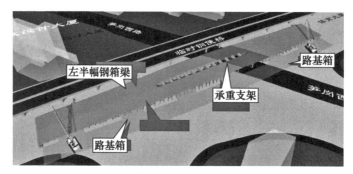

图 1-37 第四步安装左半幅钢箱梁

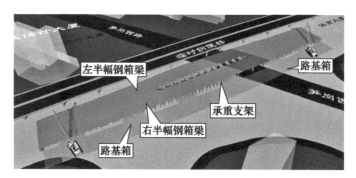

图 1-38 第五步安装右半幅钢箱梁

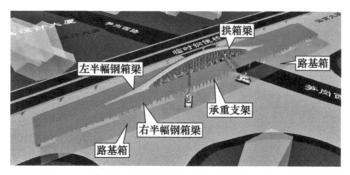

图 1-39 第六步从两端开始安装拱箱梁，中间合龙

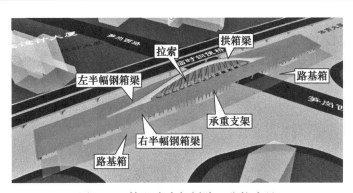

图 1-40　第七步支架拆除、张拉索具

3. 周边条件及控制因素

现状片区路网已较为完善,高架桥施工紧邻笋岗西路。新建高架桥西侧已架设临时钢便桥,与新建钢桥相邻,间距不足 10m,对新建钢桥吊装有影响,此侧不具备吊车站位条件(图 1-41)。

图 1-41　临时钢便桥

在新建钢桥 1 号墩及 5 号墩台处预留了 14 号线盾构机接收井,在进场架设钢桥时,此部位盾构机尚未吊出,需合理调整吊装组织顺序,并做好邻近洞口作业防护(图 1-42)。

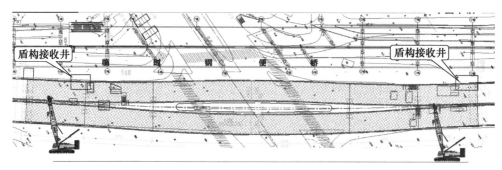

图 1-42　14 号线盾构机接收井示意图

在新建钢桥施工阶段，主要施工作业均在地下车站盖板之上，施工荷载及吊车选型、站位均受到地下结构设计承载力的影响，车站结构采用盖挖逆作法施工，在上部钢桥施工时，地下局部结构同步施工。在钢桥施工阶段，施工作业区内因前期地下结构施工时周边及区域内管线已迁改完成，钢桥施工不受其影响。

4. 安全风险辨识及分析

高架桥安全风险主要分为设计及自身风险、环境风险，风险因素识别与分析详见表 1-12。

风险因素识别与分析　　　　　　　　　　表 1-12

序号	风险描述	辨识分析
1	路间支架搭设	基础、支架占道夜间施工，易发生交通事故
2	跨路钢箱梁起重吊装	跨路钢箱梁延桥宽方向分为 3 节，长度在 22.5m 左右，最大质量为 69t，路两侧及中间各设置一排支架，采用 350t 履带起重机在路南、北两侧吊装。跨路吊装时，需要对车辆行人疏解，构件重，大吨位吊车使用，对下部结构影响大
3	钢箱梁起重吊装	钢箱梁采用分节制作现场拼装，起重吊装作业多，最大吊装重量达 44t，单跨跨度为 38m，钢箱梁纵向（顺桥向）划分为 8 个节段；单跨跨度为 43.5m，钢箱梁纵向（顺桥向）划分为 9 个节段；主跨跨度 125m，钢箱梁纵向（顺桥向）划分为 32 个节段；采用 260t 履带起重机吊装，吊装过程中安全因素多
4	有限空间作业	为便于现场安装，钢箱梁划分了许多单元节现场组拼焊接，内部 U 形肋、劲板及底板焊缝需进入钢箱梁内焊接，内部作业人员易发生中毒中暑或触电事故
5	物体打击	高空作业多，钢箱梁焊接辅助工具多，极易发生物体掉落的情况
6	高处坠落	高空作业多，极易发生高空坠落的情况
7	构件运输	钢箱梁分节最长 22.5m，宽度 5.34m，构件运输过程中易造成行车事故

5. 安全风险评估及预控措施

深圳市黄木岗综合交通枢纽高架桥的重大安全风险共 7 项，自评二级风险 6 项、三级风险 1 项，如表 1-13 所示。

1.2 黄木岗综合交通枢纽施工风险评估

高架桥重大安全风险评价表　　　　表 1-13

序号	作业活动／风险	危害及风险因素（描述要具体、准确）	作业条件风险性评价法				风险级别
			L	E	C	D	
1	路间支架搭设	夜间占道施工条形基础，高 0.8m，长 25m，支撑架吊装、焊接。基础及支架在路中临时隔离带内	1	10	20	200	Ⅱ
2	跨路部分钢箱梁起重吊装	钢箱梁采用分节制作现场拼装，起重吊装作业多，最大吊装重量达 69t，跨路部分 12 个节段，每段长度 22.5m，采用 350t 履带起重机吊装，吊车站位区域必须在设计给定区域	1	6	40	240	Ⅱ
3	钢箱梁起重吊装	钢箱梁采用分节制作现场拼装，起重吊装作业多，最大吊装重量达 69t，单跨跨度为 38m，钢箱梁纵向（顺桥向）划分为 8 个节段；单跨跨度为 43.5m，钢箱梁纵向（顺桥向）划分为 9 个节段；主跨跨度 125m，钢箱梁纵向（顺桥向）划分为 32 个节段；采用 260t 履带起重机吊装，吊车站位区域必须在设计给定区域	3	6	15	270	Ⅱ
4	有限空间作业	钢箱梁与拱肋共分段近 140 段，箱梁内部焊接量较大，内部空间狭小，容易造成中毒、中暑、触电	3	6	20	270	Ⅱ
5	物体打击	钢箱梁采用分节制作现场吊装，高空作业多，极易发生高空坠落	3	6	10	180	Ⅱ
6	高处坠落	钢箱梁采用分节制作现场拼装，高空作业多，极易发生高空坠落	3	6	10	180	Ⅱ
7	构件运输	钢箱梁分节最长 22.5m，宽度 5.34m，构件运输过程中易造成行车事故	3	3	15	135	Ⅲ

（1）路间支架搭设风险预控措施

1）编制专项施工方案，经审批后，严格按照方案施工；

2）办理占道施工手续，严格按规定时间和范围进行占道施工；

3）做好交通疏解、占道交通指引标识设置；

4）按要求对突出路面基础、支架做好警戒标识；

5）落实领导带班制度；

6）做好应急预案及现场处置措施。

（2）跨路部分钢箱梁起重吊装风险预控措施

1）编制桥梁加工方案，严格按照桥梁加工方案组织实施加工，构架加工完成后进行预拼装；

2）编制桥梁吊装专项施工方案，组织专家进行评审，严格按程序报批；严格按评审通过的专项施工方案实施，落实各项安全技术措施；

3）严格按照审批后的吊装方案施工，分节吊装、焊接施工；

4）吊装前，严格落实构件验收工作；

5）落实领导带班制度；

6）做好应急预案及现场处置措施。

（3）钢箱梁起重吊装风险预控措施

1）编制桥梁加工方案，严格按照桥梁加工方案组织实施加工，构架加工完成后进行预拼装；

2）编制桥梁吊装专项施工方案，组织专家进行评审，严格按程序报批；严格按评审通过的专项施工方案实施，落实各项安全技术措施；

3）严格按照审批后的吊装方案施工，分节吊装、焊接施工；

4）吊装前，严格落实构件验收；

5）落实领导带班制度；

6）做好应急预案及现场处置措施。

（4）有限空间作业风险预控措施

1）进入箱梁内焊接时，必须提前办理作业票。未经许可，严禁进入箱梁内作业；

2）必须测定可燃气体或粉尘含量。检测有毒气体在合格范围内，且每隔2h重新测定一次；

3）将进入箱梁内的管线和打盲板隔离。为防止静电，对设备进行接地；

4）出口不得有其他障碍物，现场配备一定数量的应急救护器材和灭火器；

5）控制进入有限空间作业人数，连续工作时间不得超过30min；

6）设置专职监护人员；

7）内部照明采用低压安全电源。

（5）物体打击风险预控措施

1）进入施工现场时，必须正确佩戴合格的安全帽；

2）工人入场前，必须做好安全教育培训；

3）在施工过程中，必须做好安全防护措施，责任到人，管理到位；

4）起重机吊运重物时，下方严禁站人，同时安排专职安全员对起重吊装区域进行警戒防护，防止坠物伤人。

（6）高处坠落风险预控措施

1）施工作业搭设的扶梯、操作平台、脚手架、护身栏、安全网等，搭设完成后，必须经验收合格后方可使用；

2）人员在高处作业时，须设置安全绳，并佩戴安全带；

3）人员上下通道要由斜道或扶梯上下，不准攀登脚手架或绳索上下，并做好防护措施的管理工作；

4）参加高处作业人员应穿软底鞋，不穿带钉易滑鞋，并认真做到"十不准"；

5）尽量避免立体交叉作业，如有交叉作业，应有相应的安全防护隔离措施。

（7）构件运输风险预控措施

1）应对参加运输、施工的人员进行质量、安全和施工技术方面的培训，进行技术交底，所有运输施工人员必须持证上岗。

2）运输人员在作业过程中应按照国家劳动防护法规要求，配备必要的安全防护设施；针对项目进行科学、合理的风险评估，确定实际需要的运输设备工具。

3）运输前，必须检查构件的装载与捆扎情况；在运输途中，应定时检查大件设备的绑扎、加固情况是否完好，如有不安全的隐患，应及时采取措施清除，以确保货物安全。

4）运输前，必须对运输车辆、封刹工具进行严格检查。

5）在运输超宽、超长等大型构件时，必须提前办理相关运输手续。

6. 风险处理措施

1）工程涉及业主、城管、交警、路政、施工、公交等多个部门，应安排专人与各个部门沟通、衔接，取得相关部门配合，进一步优化和协调方案；

2）在施工期间，应严格按照施工方案进行施工，实行领导带班制度，安排专职安全员对起重吊装区域进行警戒防护，防止坠物伤人，做好应急预案及现场处置措施；

3）本工程吊装施工主要在地铁上盖区域施工，受地铁上盖承受荷载限制，必须严格将施工荷载控制在设计允许范围内，对于施工过程中超出设计给出的地铁上盖承受荷载上限，必须采取荷载分摊有效措施。

1.2.6 风险评估结论

该工程具有线路复杂、周边环境复杂多变等特点，应综合风险评价成果。从施工方面而言，本工程风险较多，且存在重难点工程，须采取一定的控制措施。

本书针对深圳市黄木岗综合交通枢纽工程中的施工风险，对工程安全影响风险进行识别、分析和评价。在施工自身风险中，应加强管控暗挖和深大基坑等施工；在工程地质风险中地质灾害方面，应着重加强软土地层的处理、控制；在工程周边环境风险中，应注意工程穿越或邻近桥梁、重大管线及其他建（构）筑物的风险专项的处理及外部对接工作。经过评估，结合既有工程经验，通过有效的工程措施，可将工程风险控制在允许的程度内。

1.2.7 风险应对建议

通过目前已有的资料和工程进展情况，结合本次风险评估结果，本书提出如下建议。

1. 加强专项方案的编制、审批和落实

按照《危险性较大的分部分项工程安全管理规定》（住房城乡建设部令第 37 号）、当地政府主管部门和建设单位的相关规定，及时完善各施工专项方案，加强实施前的交底、培训教育，并在实施过程中严格监管，严格按照方案施工。

2. 施工风险动态管理

根据施工现场实际情况，如地质、周边环境和施工自身等安全风险因素发生变化，应立刻对施工风险进行动态分析、辨识和评价，并采取有针对性的措施，使风险消除或降到可接受范围（图 1-43）。

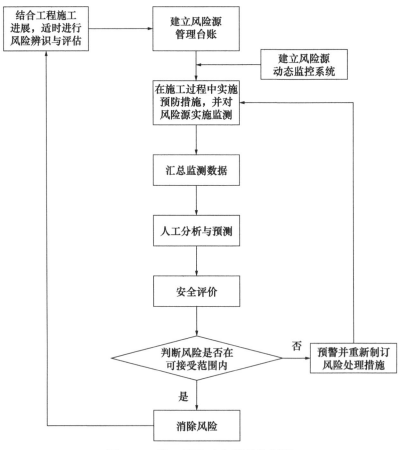

图 1-43 施工风险动态管理流程图

3. 加强应急管理

建立系统的风险预报、预警和应急处理机制，编制应急预案，并定期演练；建立应急抢险队，并配足应急物资和设备；按照相关规范要求，严格施工过程中的监控和测量工作，发现险情时，应及时向相关负责人发布信息，按照应急预案分级启动应急抢险工作，防范事故发生或事故扩大。

4. 加强科研技术工作

针对黄木岗综合交通枢纽土建施工的重难点和风险，开展科技攻关，重点解决施工过程中的关键技术难题，从技术方面降低施工过程中的安全风险。

第 2 章

枢纽超大基坑紧邻既有结构施工风险控制

2.1 黄木岗枢纽基坑工程主要风险点概述

2.1.1 基坑工程概况

黄木岗综合交通枢纽工程基坑总面积约为 8.6 万 m^2，包括 14 号线部分（地下三层，深约 30m），24 号线部分（四层，深约 40m），地下空间开发部分（地下一层，深 12~16m）。其中，14 号线采用盖挖逆作法施工，7 号线东侧 50m 轨道交通盖挖。既有 7 号线为地下三层车站，车站底板埋深与 14 号线同为 30m。既有 C 出入口横跨枢纽 14 号线基坑，14 号线基坑面积 1.64 万 m^2，深约 30m，局部深 40m。围护结构采用地连墙，盖挖逆作法施工，其中，新建 14 号线顶板标高为 17.155~20.845m。笋岗西路东侧轨道交通 50m 盖挖段基坑深约 16m，围护结构为 0.8m@1.0m 钻孔灌注桩，采用盖挖逆作法施工，主体结构为单层结构，与 7 号线连接长度约 53.7m。如图 2-1 所示，拟建场地原始地貌为台地及其间冲沟，现状地形较为平坦，地表高程为 13.5~25.5m。拟建场地内分布的地层主要有人工堆积层（Q_4^{ml}）、第四系全新统冲洪积层（Q_4^{al+pl}）、第四系上更新统坡积层（Q_3^{dl}）、第四系残积层（Q^{el}）、燕山期花岗岩（$\gamma_5^{3(1)}$），花岗岩层内揭露到孤石。区域地质资料显示，拟建场地内未分布有区域上大的褶皱、断裂构造，场地构造稳定性总体较好。勘查时，发现该场地内有小的断裂带（图 2-2）。

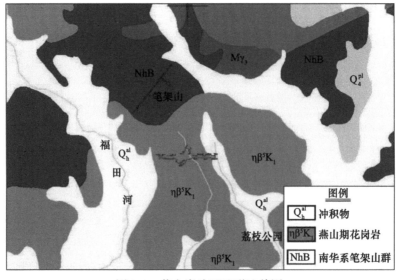

图 2-1 黄木岗片区地形地貌图

2.1 黄木岗枢纽基坑工程主要风险点概述

图 2-2 场地位置图

2.1.2 地质与水文地质条件

1. 岩土分层

如图 2-3 所示,东西向(西区地下空间及 24 号线)地质为台地及其间冲沟地貌,地层自上至下依次为人工填土、砾质黏性土、全风化花岗岩、土状风化花岗岩、中风化花岗岩及微风化花岗岩。在勘察过程中,发现该段存在孤石及断裂带。西区地下空间结构底板主要位于残积砾质黏性土及全风化花岗岩层中,24 号线车站结构底板主要位于全风化~微风化花岗岩中。如图 2-4 所示,南北向(14 号线)主要为台地及其间冲沟地貌,地层自上至下依次为人工填土、中粗砂、砾质黏性土、全风化花岗岩、土状强风化花岗岩、微风化花岗岩。14 号线车站结构底板主要位于土状强风化花岗岩层中,局部为微风化花岗岩。

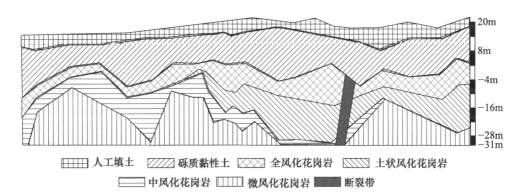

图 2-3 东西向(西区地下空间及 24 号线)地质纵断面

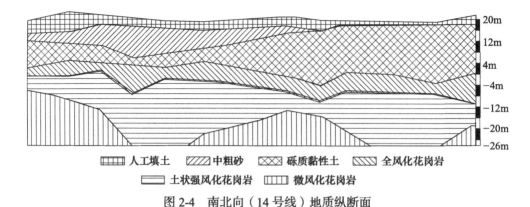

图 2-4 南北向（14号线）地质纵断面

2. 岩土层特征

1）素填土：褐黄色、褐红色、灰褐色，稍湿至湿，主要呈可塑状态，局部硬塑，成分以黏性土为主，局部夹少量碎石，位于现状道路范围内的填土经过压实处理，填筑时间约为 20 年。现状道路范围内普遍分布一层厚约 0.3m 的混凝土路面。该层共进行标贯试验 62 次，实测 5~27 击，平均击数 14.2 击。该层广泛分布在场地内，揭露层厚 0.5~13.0m，平均厚度 3.81m，层顶埋深 0~4.7m，层顶高程 12.09~23.93m，层底埋深 0.5~13.0m，层底高程 0.90~22.43m。

2）中粗砂：浅黄色、灰褐色、灰白色，饱和，稍密~中密，主要矿物成分为石英等，黏粒含量较高。该层共进行标贯试验 44 次，实测 10~27 击，平均击数 17.4 击。该层主要分布于华富路东南侧（24号线右线 DK2+630~DK2+780 段、14号线 ZDK3+250~ZDK+430 段），笋岗西路与梅岗路交叉处的 HMG2-24~26、HMG3-57 孔，场地最西端福田河附近的 HMG3-75、HMG3-79 孔，笋岗西路东端的 HMG2-07、HMG3-B17~B18、HMG3-B27~B28 孔。揭露层厚 0.4~8.1m，平均厚度 2.74m，层顶埋深 1~13m，层顶高程 0.89~18.26m，层底埋深 4.5~15.1m，层底高程 -0.31~15.05m。

3）砾质黏性土：褐红色、灰褐色、褐黄色，可塑至硬塑状态，由中粗粒花岗岩风化残积而成，含 20%~30% 的石英砂砾。该层共进行标贯试验 776 次，实测 8~40 击，平均击数 24.8 击。该层广泛分布在场地内，揭露层厚 2.0~22.1m，平均厚度 10.54m，层顶埋深 0~15.1m，层顶高程 -0.30~20.04m，层底埋深 5.8~28.0m，层底高程 -11.41~13.34m。

4）全风化花岗岩：褐黄色、红褐色、灰褐色等色为主，呈坚硬土状，风化剧烈，原岩结构基本破坏，但尚可辨析，除石英外，其他矿物已风化成土状，钾长石手捏呈粉土状。该层共进行标贯试验 530 次，实测 41~70 击，平均击数 49.2 击。该层在场

2.1 黄木岗枢纽基坑工程主要风险点概述

地内广泛分布，揭露层厚 0.8~18.2m，平均厚度 7.05m，层顶埋深 5.8~28.0m，层顶高程 -11.41~13.34m，层底埋深 7.5~38.0m，层底高程 -18.79~11.67m。

5) 土状强风化花岗岩：褐黄色、红褐色、灰褐色等，风化强烈，原岩结构已大部分被破坏，岩体主要呈坚硬土状，局部夹少量碎块。该层共进行标贯试验 319 次，实测 70~150 击，平均击数 77.4 击。该层广泛分布在场地内，揭露层厚 0.7~25.0m，平均厚度 7.94m，层顶埋深 7.5~38.0m，层顶高程 -18.79~11.67m，层底埋深 10.5~53.5m，层底高程 -34.49~9.87m。

6) 中等风化花岗岩：肉红色，灰白色、灰褐色，中粗粒结构，块状构造，裂隙较发育至发育，裂隙面有铁质浸染，长石已风化变色，沿裂隙面风化程度较深，RQD 为 10%~70%。实测岩石饱和单轴抗压强度为 22.3~55.4MPa，平均值为 35.6MPa，为较软岩至较硬岩。实测岩体完整性指数 K_v 平均为 0.29，岩体破碎，岩体基本质量等级为 Ⅳ~Ⅴ 级。该层分布广泛在场地内，部分钻孔未揭穿，揭露层顶埋深 10.5~60.0m，层顶高程 -41.55~9.87m。

7) 微风化花岗岩：肉红色、浅肉红色、灰白色等，中粗粒结构，块状构造，裂隙稍发育，裂隙呈闭合状，局部裂隙面轻微铁质浸染，RQD 为 50%~80%。实测岩石饱和单轴抗压强度 46~96MPa，平均值为 62.9MPa，为较硬岩至坚硬岩。实测岩体完整性指数 K_v 平均为 0.61，岩体较完整，岩体基本质量等级为 Ⅱ~Ⅲ 级。该层在场地内广泛分布，未揭穿，层顶埋深 13.5~60.0m，层顶高程 -40.1~5.6m。

岩土层的一般物理力学指标标准值如表 2-1 所示。

岩土一般物理力学指标标准值汇总统计表　　表 2-1

岩土名称	w/%	γ/(kN/m³)	G_s	S_r/%	w_L/%	w_P/%	a_s/MPa⁻¹	E_s/MPa	φ_1/φ_2/(°)	c_1/c_2/kPa
人工填土	28.6	19.1	2.69	95.1	34.5	20.7	0.552	3.5	15.4/15.6	27.2/28.6
中粗砂	—	19.8	2.67	/	/	/	/	/	30/—	3/—
砾质黏性土	23.7	18.6	2.69	82.2	33.2	20.1	0.398	4.78	20.3/20.4	26.5/29.8
全风化花岗岩	17.8	18.4	2.7	67.2	29.4	18.1	0.363	5.14	23.5/23.2	29.5/29.9
土状强风化花岗岩	18.9	18.3	2.69	68.6	29.5	18.1	/	/	—/24.1	—/29.9
中等风化花岗岩	—	26.0	/	/	/	/	/	/	/	/
微风化花岗岩	—	27.0	/	/	/	/	/	/	/	/

注：w—天然含水量；γ—天然容重；G_s—颗粒比重；S_r—饱和度；w_L—液限；w_P—塑限；E_s—压缩模量；a_s—压缩系数；φ_1/φ_2—直剪/快剪内摩擦角；c_1/c_2—直剪/快剪黏聚力。

3. 地表水

拟建场地范围内的地表水体为笋岗西路西端的福田河，福田河为深圳河支流，发源于笔架山，由北向南贯穿福田区，全长约6.0km，拟建工程附近河面宽8～13m，水深随季节性变化。

4. 地下水类型及补给与排泄

场地内各钻孔遇见地下水，根据其赋存介质的类型，场地内地下水主要有两种类型：松散岩类孔隙水和基岩裂隙水。

（1）松散岩类孔隙水

松散岩类孔隙水赋存在第四系松散地层中，砂层为主要含水层，其次为残积层及全强风化岩层。砂层中赋存丰富的地下水，是场地内地下水流动的主要通道。勘察成果显示，不同区域含水层的厚度变化较大。松散岩类孔隙水的稳定水位略高于含水层顶板，具有弱承压性。

松散岩类孔隙水的主要补给来源为大气降水，补给量受大气降雨量及入渗系数的影响，排泄方式主要有地下径流和蒸发排泄两种形式。

（2）基岩裂隙水

基岩裂隙水分布于块状强风化至中等风化带裂隙中，透水性和富水性根据基岩裂隙发育程度、贯通度，以及与地表水源的连通性等情况而变化。基岩裂隙水的稳定水位高于含水层顶面，为承压水，主要由上层孔隙水补给，排泄方式为地下径流。孔隙水和基岩裂隙水之间的相对隔水层为残积层、全风化至土状强风化岩，隔水层渗透系数较大，导致两层地下水之间存在一定的水力联系。本次勘察期间采用套管隔水的方式分层观测了不同含水层的稳定水位，基岩裂隙水和孔隙水的稳定水位基本一致。

5. 水土腐蚀性评价

在 HMG3-Q24、HMG3-Q37、HMG3-12、HMG3-15、HMG3-33、HMG3-57、HMG2-15钻孔，共采取7组地下水样进行室内水质简分析；在HMG2-14、HMG3-Q21、HMG3-Q26、HMG3-Q30、ZK7、ZK10、ZK13孔内，采取7组地下水位以上的土样进行土的易溶盐腐蚀性分析；采取1组福田河地表水样进行室内水质简分析。本次勘察利用水质分析和易溶盐分析结果，根据《岩土工程勘察规范》GB 50021—2001（2009版）第12.2.1、12.2.2、12.2.4条进行水土腐蚀性判定。

（1）地下水腐蚀性评价

按环境类型判定时按Ⅱ类环境考虑，按地层渗透性判定时，地下水按A类考虑。腐蚀性判别结果显示，地下水对钢筋混凝土结构具有弱腐蚀性，腐蚀性介质为侵蚀性CO_2、HCO_3^-和pH值；在干湿交替条件下和长期浸水条件下，地下水对钢筋混凝土中的钢筋具有微腐蚀性。

（2）土的腐蚀性评价

按环境类型判定时，按Ⅱ类环境考虑；按地层渗透性判定时，按弱透水层考虑；对钢筋混凝土结构中钢筋进行腐蚀性判定时，按B类考虑。腐蚀性判别结果显示，地下水位以上土对混凝土结构具有微腐蚀性，对混凝土结构中的钢筋具有微腐蚀性，对钢结构具有微腐蚀性。

（3）地表水的腐蚀性评价

福田河地表水水质分析结果表明，地表水对混凝土结构具有微腐蚀性，对钢筋混凝土结构中钢筋具有微腐蚀性。本次详勘期间，在HMG3-33对强风化及中风化花岗岩进行单孔抽水试验，在HMG3-57孔对中粗砂层进行了单孔抽水试验。抽水试验井采用110mm直径钻具钻至设计孔深后，再采用250mm直径扩孔至试验层底。试验前，采用清水洗井，洗井至回水为清水后，在试验含水层段下伸入130mm直径的过滤管至井底（滤管为普通套管壁钻上直径1cm的孔洞按梅花桩布置而成，外缠双层10目塑料滤网），滤管长度与含水层厚度长度相同，采用粒径3mm的砾石料回填滤水管与井壁间空隙，并采用黏土球回填套管与井壁间的空隙，对上部地层隔水。抽水试验前，每小时测定静止水位1次，三次所测水位值相同时，即将其定为稳定水位。

试验采用稳定流抽水试验，抽水期间采用流量计（水表）测涌水量，当涌水量趋于稳定后，实测涌水量波动值不超过平均流量的5%时即为稳定降深，降深稳定时间为24h，抽水结束后进行恢复水位观测。根据抽水试验现场资料，绘制了降深与时间过程曲线图、流量与时间过程曲线图、$Q \sim t$曲线图、$s \sim t$曲线图及水位恢复曲线（过程）图。

根据钻孔地层情况，HMG3-33孔采用承压水完整井公式，HMG3-57孔采用潜水完整井公式，计算得出试验地层的渗透系数。本次详勘同时利用了原14号线黄木岗站、7号线黄木岗站的抽水试验成果，钻孔抽水试验成果详见表2-2。

钻孔抽水试验成果汇总统计表　　　　表2-2

抽水钻孔编号	抽水试验地层	试验段厚度/m	涌水量/(m^3/d)	水位降深/m	渗透系数/(m/d)	渗透系数平均值/(m/d)
HMG3-33	强风化、中等风化花岗岩	6.2	17.91	6.7	0.40	0.41
			29.82	12.1	0.41	
			46.08	20.5	0.40	
HMG3-57	中粗砂	2.8	14.74	1.3	3.38	3.40
			25.22	2.4	3.50	
			33.71	3.6	3.33	

续表

抽水钻孔编号	抽水试验地层	试验段厚度/m	涌水量/(m³/d)	水位降深/m	渗透系数/(m/d)	渗透系数平均值/(m/d)
MGZ3-SHM-10	中粗砂	3.9	34.78	4.2	2.33	2.42
			25.66	2.7	2.51	
MGZ3-SHM-10	土状强风化花岗岩	3.2	13.33	11.9	0.39	0.39
			14.68	13.4	0.39	
MNZ3-SHMG-36	土状强风化花岗岩	9.4	20.61	30.7	0.49	0.54
			61.04	99.4	0.58	
			37.25	57.7	0.55	
MNZ3-SHMG-48	土状强风化花岗岩	8.1	12.36	19.1	0.52	0.50
			8.99	13.2	0.51	
			4.95	6.6	0.46	

注：MGZ3-SHM-10 孔为利用既有 7 号线抽水试验成果，MNZ3-SHMG-36、MNZ3-SHMG-48 为利用既有 14 号线抽水试验试验成果。

2.1.3 整体施工方案

根据本工程特点、重难点及周边环境情况，土建工程按 3 期围挡组织实施，各期围挡内多工作面流水或平行作业、三班倒施工，配备充足劳动力、材料及设备，加强监控量测，确保既有 7 号线的正常运营和本枢纽工程的正常施工。分南、北、中三个基坑组织施工，采用盖挖逆作法施工，场地达到施工条件后，开始进行围护结构施工。南、北基坑围护结构封闭后，在不相互干扰、无安全制约因素的前提下独立组织施工；主体结构施工阶段，北区设置 7 个出土口，南区设置 6 个出土口，中区设置 3 个出土口，土方开挖和顶板施工形成平行流水作业（图 2-5、图 2-6）。顶板施工完成盖板区域后，适时进行下一层土方开挖。

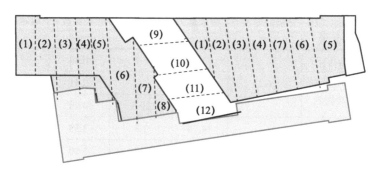

图 2-5 南北方向出土口布置图

2.1 黄木岗枢纽基坑工程主要风险点概述

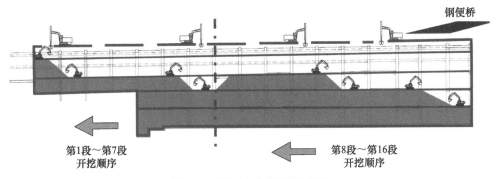

图 2-6 西区土方开挖示意图

如图 2-7（a）所示，主体工程采用盖挖逆作法施工，主体围护结构地连墙采用液压抓斗槽壁机及冲桩机施工，立柱桩基础采用旋挖桩成孔，配备钛合金钻头确保岩层快速成孔，钢立柱定位采用 HPE 液压垂直插入定位法。主体结构板采用盖挖逆作法施工，结构板采用"矮支架法"和"地模法"施工，侧墙采用"单侧悬臂液压整体模板台车"分段浇筑。基坑开挖采用"纵向分段、竖向分层、由上而下、中间拉槽、对称开挖"的原则进行作业；主体结构随基坑开挖施工。附属工程采用明挖法施工（图2-7b），附属主体结构采用支架法现浇混凝土施工。

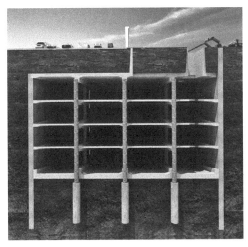

（a）盖挖逆作法施工示意图　　　　（b）明挖顺作法施工示意图

图 2-7 施工示意图

2.1.4 风险因素分析

1. 安全风险辨识及分析

（1）设计风险

14号线黄木岗站基坑的设计风险主要存在于上述不良地质条件的开挖施工过程中。围护结构可能产生较大的水平位移、渗漏、失稳破坏，坑底隆起、流砂、涌水，以及坑内土体滑坡。

（2）地质水文风险

14号线黄木岗站主要的地质风险因素详见表2-3。

地质风险因素统计表 表2-3

序号	风险描述	辨识分析
1	开挖深度范围内地层主要为素填土、砾质黏性土、全风化花岗岩、土状强风化花岗岩、块状强风化花岗岩、中风化花岗岩。基坑底板位置的地层为块状强风化花岗岩，中风化花岗岩	粉质黏土层与全风化岩层、强风化岩层整体上属松散结构体，饱和状态下开挖松弛形成临空面及受扰动后，易软化变形，强度、承载力降低，渗透性增大，易产生涌泥、涌砂、侧壁失稳，围岩失稳坍塌等危害
2	表层为素填土，杂填土砂砾等不良地质	围护结构开挖槽壁失稳坍塌
3	围护结构止水效果差带来的风险	基坑侧壁涌水、涌砂；基坑大变形；基坑沉陷；甚至坍塌

（3）环境风险

周边建（构）筑物为14号线黄木岗站施工主要风险源。主要的环境风险因素详见表2-4。

环境风险统计表 表2-4

序号	风险描述	辨识分析
1	钢便桥	位于主体结构西侧，桩基为直径1.8m钻孔灌注桩，桩基距主体三层6.6m，4根桩基位于地下四层基坑内部
2	既有7号线	地下三层结构，围护结构采用1500@1700钻孔桩或1.2m地连墙，紧贴主体三层结构与地下空间
3	体育大厦	框架结构，基础为人工挖孔桩，西侧22层，桩端置于强风化岩石上，容许承载力2500kPa。东侧21层，桩端置于微风化岩石上，容许承载力为9000kPa。距离主体三层结构36.1m
4	市政设计大厦	框架结构，基础为人工挖孔灌注桩，一共有5种桩，两种抗浮墩。桩长共有两种：短桩长12m，持力层为砾质黏性土；长桩长22.5m，持力层为强风化花岗岩。容许承载力为2500kPa
5	基坑内电力与通信管线	高压电力管线南北贯穿基坑内部，通信管线东西贯穿基坑内部

（4）施工风险

14号线黄木岗站基坑的主要施工风险因素详见表2-5。

2.1 黄木岗枢纽基坑工程主要风险点概述

施工风险因素统计表 表2-5

序号	风险描述	辨识分析
1	盾构机吊装相关施工	起重设备倾覆、构件坠落
2	围护结构施工	槽段暴露时间过长,泥浆质量不合格,引起槽壁坍塌。中间钢管柱、钢筋笼起重吊装操作不合规,引起设备倾覆,构件坠落
3	矮支架施工	矮支架坍塌、未铺设安全防护网、未穿戴安全背带,结构倒塌和造成人员高处作业坠落
4	侧墙模板台车施工	临边防护不到位,未穿戴安全背带,造成人员高处作业坠落
5	土方开挖施工	土方滑塌,垂直提升过程中渣土掉落坠物伤人
6	钢筋笼吊装	起重设备倾覆、构件坠落

2. 安全风险评估

新建14号线黄木岗车站风险评估统计如表2-6所示。

风险评估统计表 表2-6

序号	作业活动	作业条件风险性评价法				风险级别	预控措施
		L	E	C	D		
1	深基坑基工程	4	6	15	360	Ⅰ	采取坑内降水措施; 必要时,地基采取换填或者加固措施; 基坑开挖强调分段、分层均衡开挖。严格控制单步开挖深度,严禁超挖。土方开挖放坡应按"时空效应原理"分块开挖,支撑架设与土方开挖密切配合; 对影响基坑安全的项目进行监测,提出变形控制值、变形速率控制值,并采取三级管理体系,对存在异常的情况及时报警,并采取相应的应急预案
2	模板工程及支撑体系	3	6	7	126	Ⅲ	由项目技术负责人组织相关专业技术人员,结合工程实际,编制矮支架施工方案,施工过程中严格按照专项方案实施
3	紧贴既有7号线黄木岗车站	4	6	18	432	Ⅰ	基坑施工前对7号线受影响区域进行保护、监控; 基坑开挖施工时,采取信息化施工监测,做到信息化施工,对既有地铁线路采取自动化监测
4	紧临钢便桥	5	7	10	350	Ⅰ	基坑施工前,对钢便桥影响区域及桥桩进行保护、监测; 基坑开挖施工时采取信息化施工监测,做到信息化施工; 分层开挖时,应及时支撑,严禁超挖

续表

序号	作业活动	作业条件风险性评价法				风险级别	预控措施
		L	E	C	D		
5	周边建筑物	2	3	30	180	Ⅱ	增大围护结构，采用盖挖逆作法控制基坑及地面变形； 分层开挖、严禁超挖； 做好防排水措施，施工期间应加强监测，变形速度较快时，停止施工，并补偿注浆； 预埋袖阀管，在周边建筑物前加强监测，变形速度较快时，补偿注浆加固
6	周边管线	1	3	30	90	Ⅲ	做好管线探测工作，严格落实管线保护"7个百分百"； 对围护结构施工槽段位置进行管线探挖，将管线暴露； 管线改迁工作实施前，与管线产权单位签订地下管线保护协议，并将具体实施方案向相关施工人员进行详细的交底
7	吊装施工	2	5	25	250	Ⅱ	由项目技术负责人组织相关专业技术人员，结合工程实际，编制吊装施工专项方案，施工过程中严格按照专项方案实施； 定期对吊具进行检查和保养

3. 安全风险控制措施

（1）基坑开挖

1）当围护结构出现裂缝时，应及时用水泥砂浆封堵。

2）当围护结构出现渗漏水时，应立即采取黏土、水泥土浆液等材料堵漏止水，地连墙接缝处应采取在外侧加设高压旋喷桩的处理措施。

3）考虑深圳市雨季较长，因此在基坑开挖过程中，需要沿基坑顶四周布设排水沟来拦截地表水流入基坑，并在基坑内布设集水井，及时抽水，以免因积水过多而造成基坑坍塌或围护结构变形失稳。应坚持以地质为先导的原则，时刻掌握地质变化情况；同时，对基坑侧壁可能出现的渗漏水采取疏排措施。

4）当开挖基坑引起流砂、涌土或坑底隆起失稳时，应立即停止基坑内降水或挖土，进行堆料加压。

5）当地连墙围护结构的变形超过允许值，或有失稳前兆时，应立即采取加固措施；当坑边土体严重变形，且变形速率持续增加，有滑动趋势时，应立即采用砂包回填，反压坑脚，待基坑稳定后再做处理。并对坡顶卸载，坑内停止挖土作业，加密横向钢支撑或竖向斜撑。

6)车站围护结构采用叠合墙施工,地连墙和车站主体结构普遍采用接驳器的连接形式,形成"两墙合一"的整体结构,接驳器的安装位置及连接质量是影响"两墙合一"整体受力的关键。为了确保地连墙接驳器安装定位质量和主体结构的钢筋连接质量,经决定,在接驳器安装过程中采用接驳器的定位控制装置和保护装置。接驳器的定位装置采用角钢代替,安装时,先在钢筋笼控制接驳器标高处,水平点焊角钢,替代传统的拉线方法。接驳器的高低控制以角钢的边线为标准。接驳器搭靠在角钢的一个平面上,定位后焊接固定,这样可以有效防止底、中、顶板接驳器出现偏斜或高低不齐的情况,导致地连墙无法与主体结构钢筋连接。接驳器安装完成以后,安装接驳器的保护装置,本车站将采用铝彩钢板做成条形替代,沿接驳器连接方向封盖,再用细铁丝拧紧,这样可以有效防止发生接驳器丝牙损坏、丝牙锈蚀等问题,提高与主体结构钢筋的连接质量。

(2)建筑物沉降

14号线黄木岗位于笋岗西路与华富路上,周边建筑物众多,基坑开挖工作风险较大,尤其是可能引起周围地面沉陷及建筑物沉降、开裂。因此,在基坑开挖过程中,应做好监控测量工作和应急准备工作。现场应准备充足的工字钢、方木、钢管,备足手锯、扒钉等应急物资。如发现建筑物差异沉降过大,建筑物出现裂缝,且有不断扩大趋势时,应立即停止施工,并采取以下措施:

1)邀请设计、相关专家到现场,协商加固方案。

2)确定加固方案后,马上进行施工,现场安排有经验的施工管理人员统一指挥。

3)在加固方案实施过程中以及加固方案实施完毕后,需继续加强对建筑物的监测,及时反馈信息,随时掌握建筑物的动态。

当监测数据显示建筑物沉降速率减缓且趋于稳定时,经设计人员及专家认可,方能恢复施工。

2.2 黄木岗枢纽基坑变形风险评估

2.2.1 有限元模型建立

本节建立了枢纽核心区的三维有限元模型(图2-8、图2-9),对枢纽在复杂工况下基坑和既有隧道、钢便桥结构的变形风险进行量化分析。选取24号线20—10轴~24—20轴,14号线14—1轴~14—21轴,七号线既有黄木岗地铁车站作为在PLAXIS 3D中建模的范围,为了减小边界效应的影响,模型边界距离结构的最小距离均大于开挖深度的 3 倍，模型的几何尺寸为 450m×450m×60m。四周边界约束法向位移，底部固定。模型顶部边界自由排水，地下水位位于地表以下 5.4m。地层自上而下分别为素填土、填石、砾质黏性土、全风化花岗岩、强风化花岗岩、中风化花岗岩及微风化花岗岩。

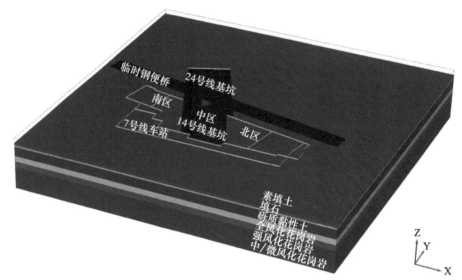

图 2-8 黄木岗枢纽有限元三维模型

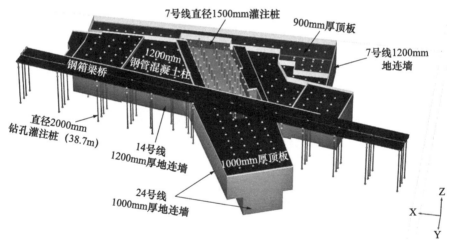

图 2-9 黄木岗枢纽模型结构体系

在上述模型中，地连墙、楼板、结构墙均按照实际几何尺寸以板单元模拟，排桩按照等效刚度的原则，计算等效厚度后，以板单元模拟。由于板单元只存在计算厚度而没有实际厚度，因此埋置于土体中的结构需要减去土体重度。立柱有钢筋混凝土立柱与钢管混凝土立柱两类，分为矩形截面和圆形截面，在两道板撑之间设置梁单元模拟立柱，其两个连接节点均为刚接。立柱桩采用嵌入式梁单元模拟，顶部是竖向坐标最大值点，与结构刚接，底部嵌于土体中，嵌入式梁单元可以输入桩身摩擦力和桩端阻力，并且桩身有一特殊的截面单元来模拟桩土作用，从而更真实地反映桩的力学性能。

2.2.2 材料参数

1. 花岗岩残积土硬化土模型参数反演

评估临近施工对地铁的影响时，常用到有限元法[13-16]。对于花岗岩残积土，其应力-应变关系常用硬化土模型（Hardening soil model，以下简称"HS模型"）和小应变硬化土模型（Hardening soil-small model，以下简称"HSS模型"）描述，本构模型参数主要根据原状样的室内试验确定[17-22]。但大量工程实践经验表明，当把室内试验所测得的模型参数用于工程计算时，会产生明显误差。自钻式旁压（Self-Boring Pressure Meter，以下简称SBPM）试验因其扰动小、测试深度大等特点，而成为确定土性参数有效的原位测试手段[23、24]。SBPM试验结合小孔扩张理论和有限单元法，广泛应用于邓肯-张模型[25]、剑桥模型[26]等本构模型的参数反演中，但目前尚未有通过SBPM试验来反演花岗岩残积土HS模型参数的研究。

本节在花岗岩残积土HS模型参数取值研究现状的基础上，提出了一种基于SBPM试验的残积土HS模型参数反演方法，并通过深圳典型的基坑上跨地铁隧道施工的工程案例进行验证，确定了较为合理的残积土HS模型参数取值范围，可为深圳地区花岗岩残积土层地铁安保区的安全影响评估提供借鉴和参考。

（1）残积土HS模型参数取值研究现状

1）花岗岩残积土采用HS模型的适用性如下：城市地铁安保区数值分析主要以变形控制为目标，要求土体本构模型应充分反映密切影响土体变形的力学特性。表2-7列举了残积土的主要力学特性和不同本构模型的适用性。硬化土模型（Hardening Soil Model，以下简称HS模型）和小应变硬化土模型（Hardening Soil-Small Strain Stiffness Model，以下简称HSS模型）涵盖M-C模型、修正剑桥模型、邓肯-张模型的主要特点，并强化了模型描述土体非线性变形的能力，因此具有更广泛的工程适用性。

花岗岩残积土力学特性和本构模型适用性　　　　　　　表2-7

残积土力学特性	M-C	修正剑桥	邓肯-张	HS	HSS
压硬性	√	√	√	√	√
等压屈服	×	√	×	√	√

续表

残积土力学特性	M-C	修正剑桥	邓肯-张	HS	HSS
剪胀性	√	√	×	√	√
应力路径相关	√	√	×	√	√
加卸载刚度差异	×	×	×	√	√
小应变特性	×	×	×	×	√
结构性	×	×	×	×	×
非饱和特性	×	×	×	×	×

注："√"表示适用,"×"表示不适用。

2）表2-8汇总了室内试验测得的我国东南沿海地区花岗岩残积土HS模型参数[17-21],其主要特点如下。

（a）强度参数差异较大：国内将标贯击数$N<40$击的花岗岩风化产物定名为花岗岩残积土,根据香港地区的设计指南,$N<40$击的花岗岩残积土c'范围为0~6kPa,φ'范围为32°~43°。结合表2-7统计数据,花岗岩残积土室内试验强度参数呈现"低黏聚力,高摩擦角"和"高黏聚力,低摩擦角"两种特点。

（b）刚度参数整体偏小：室内试验测得的花岗岩残积土E_{50}^{ref}范围在6~12MPa之间,E_{oed}^{ref}为E_{50}^{ref}的0.5~1倍,E_{ur}^{ref}为E_{50}^{ref}的3~4倍。由于原状样取样、制样、饱和过程的扰动影响,室内试验刚度参数偏低,用于工程计算时,会大幅高估土体变形。

室内试验测得的花岗岩残积土HS模型参数　　　　表2-8

参数	取值				
地区	深圳	深圳	肇庆	厦门	厦门
c'/kPa	25.7	8.0	22.0	25.1	30.0
$\varphi'/(°)$	26.7	32.0	28.0	15.1	23.4
$\psi/(°)$	0	0	7.5	0	0
E_{50}^{ref}/MPa	6.5	7.5	11.2	9.3	12.0
E_{oed}^{ref}/MPa	3.1	7.5	4.1	5.7	12.0
E_{ur}^{ref}/MPa	23.6	25.5	33.6	32.9	30.0
m	0.78	0.72	0.41	0.80	0.80
K_0^{nc}	0.55	0.47	0.53	0.70	0.60
R_f	0.70	0.89	0.91	0.97	0.95

3）针对室内试验参数计算误差大的问题，目前工程计算中主要有两种解决方法。第一种方法是通过对大量工程案例进行反演分析，获得符合工程经验的HS模型刚度参数E_{50}^{ref}，并建立和现场测试指标（如标贯击数N）的经验关系。第二种方法是直接采用考虑小应变刚度特性的HSS模型[28]进行计算。HSS模型在上海软土、济南黏土中取得系统研究成果[29-32]。而对于花岗岩残积土，模型中与HS模型相同的参数通过室内试验确定，小应变刚度参数通过现场剪切波速试验、室内弯曲元试验等方式获得。下面从三轴固结排水曲线和工程计算实例出发，论述以上两种取值方法的特点。

（a）三轴固结排水曲线：以文献[17]中的参数为例（见表2-9第2组，小应变参数取$G_0^{ref}=60.3\text{MPa}$，$\gamma_{0.7}=3\times10^{-4}$），在PLAXIS土工试验模块中，计算标准围压100kPa下的室内三轴固结排水试验曲线。图2-10为计算结果，曲线①为HS模型加载曲线，曲线②和③对应前文两种方法，分别采用HSS模型和HS模型，且在50%破坏荷载处相交。

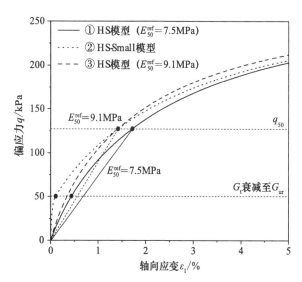

图2-10 三轴排水试验应力-应变关系对比

HSS模型采用剪应变作为硬化参数，且在硬化函数中增加了修正系数h_i，仅在小应变阶段$h_i>1$，此时相同偏应力下产生的剪应变较HS模型更小；当切线剪切模量G_t衰减至G_{ur}时，$h_i=1$，此时HSS模型和HS模型完全一致。$G_t=G_{ur}$时的临界剪应变γ_c为

$$\gamma_c=\frac{\gamma_{0.7}}{\alpha}\left(\sqrt{\frac{G_0}{G_{ur}}}-1\right) \tag{2-1}$$

式中,G_0 为初始剪切模量;$\alpha = 0.385$;$\gamma_{0.7}$ 为割线剪切模量衰减到72.2%时的剪切应变值;G_{ur} 为剪切刚度衰减下限,且 $G_{ur} = E_{ur}/2(1+\nu_{ur})$。

根据式(2-1),可计算出 $\gamma_c = 0.11\%$。相较于曲线①,相同偏应力下曲线②的切线刚度仅在小应变影响范围内明显提高,①、②两条曲线的应变差别主要由小应变段引起,在 $\gamma_c > 0.11\%$ 后基本保持不变;而曲线③的切线刚度整体提高,①、③两条曲线应变差随偏应力增大逐渐增大。

(b)工程计算:以具体工程案例为依托,分析参数变化带来的影响:在表2-9第2组参数的基础上,E_{50}^{ref}、E_{oed}^{ref}、E_{ur}^{ref} 分别提高到45MPa、45MPa和135MPa,计算隧道最大上浮量为31.5mm,围护结构最大水平位移为36.1mm;采用HSS模型时,保持HS模型参数不变,小应变刚度参数取 $G_0 = 130$MPa,$\gamma_{0.7} = 3\times10^{-4}$,变形较为接近实际。此时,隧道最大上浮量为29.4mm,围护结构最大水平位移为43.8mm。

图2-11为两种取值方法下土体剪应变的分布云图。采用HS模型计算的剪应变较大值集中在1%~2%,仅在坑底靠近围护结构局部达到5%,土体剪应变整体分布较为连续;采用HSS模型计算的剪应变绝对值更大,分布更集中,较大值集中在3%~5%。这是由于HSS模型中采用室内试验的 E_{ur}^{ref} 时,小应变刚度 G_0 和 G_{ur} 相差过大,导致土体刚度衰减过快,使变形集中于局部。

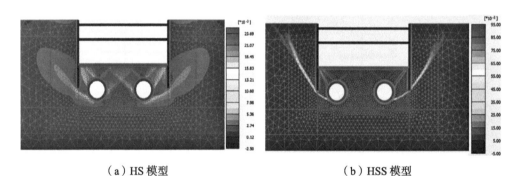

(a)HS模型　　　　　　　　(b)HSS模型

图2-11　剪切应变分布云图

4)当前参数取值方法具有以下局限性:修正花岗岩残积土HS模型刚度参数 E_{50}^{ref},并建立与标贯击数 N 的经验关系,需要大量地层简单、工况清楚、监测详实的工程案例作支撑,目前尚不具备相关条件[31-39];小应变刚度参数也受测试方法、应力路径、干湿作用、扰动等众多因素影响,如图2-12所示。

因此,对于花岗岩残积土,直接采用室内试验确定 E_{50}^{ref}、E_{oed}^{ref}、E_{ur}^{ref} 等刚度参数具有一定的局限性,且目前尚不具备建立 E_{50}^{ref} 和标贯击数 N 经验关系的充分条件。为解决上述问题，下面提出一种通过自钻式旁压试验来反演花岗岩残积土 HS 模型参数的方法。

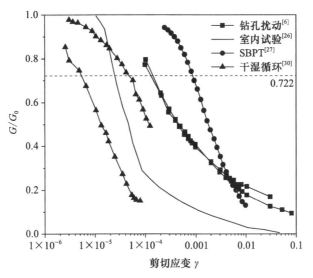

图 2-12 花岗岩残积土剪切刚度归一化曲线

（2）基于自钻式旁压（SBPT）试验的残积土 HS 模型参数反演方法

1）试验情况。

试验数据来自中国科学院武汉岩土力学研究所在深圳湾某场地进行的 SBPT 试验（4 号孔）。图 2-13 为 17～20m 不同深度下花岗岩残积土的 P-u 曲线，这也是地铁隧道常见的埋深范围。可以看出，各个深度残积土的 P-u 曲线形状相似，随着深度的增加，曲线整体刚度更大。图 2-14 为不同深度下，各级荷载下径向位移的增量曲线 Δu-P。当荷载 $P < 600$kPa 时，随着荷载增加，位移增量线性增长；当荷载 $P > 600$kPa 时，位移增长速率大幅增加，且埋深越浅，位移增长幅度越大。

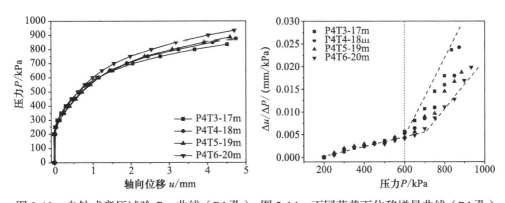

图 2-13 自钻式旁压试验 P-u 曲线（P4 孔）　图 2-14 不同荷载下位移增量曲线（P4 孔）

2）参数反演方法。

根据现场自钻式旁压试验，用 PLAXIS 2D 建立轴对称有限元模型，如图 2-15 所示 [41, 42]。建模范围 10m×30m，自钻式旁压仪半径 a_0 = 41.5mm，长度 1.2m，模型边界距离钻孔位置的最小距离为 $240a_0$。中间部分施加均匀膨胀压力，为了减小边界对计算结果的影响，加载区域的上方和下方不采用固定位移约束，而采用施加静止土压力的方式。模型上边界自由，下边界完全固定，左右边界法相固定。花岗岩残积土天然容重 γ_{unsat} = 18kN/m³，饱和容重 γ_{sat} = 19kN/m³，渗透系数 k = 0.5m/d。

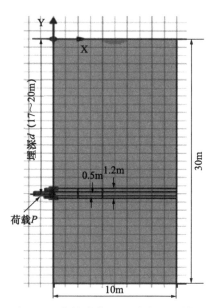

图 2-15　自钻式旁压试验有限元模型

为了验证有限元模型的合理性，采用 M-C 模型进行埋深 20m 条件下的排水分析（参数 c' = 10.7kPa，φ' = 32°，ψ = 5°，E' = 50MPa），并与 Yu 的理论解进行对比验证，图 2-16 为对比结果。其中，数值解（旁压长度无限）采用了平面应变模型，计算结果和采用无限边界的理论解基本一致，验证了本书边界条件设置的合理性；数值解（旁压长度 0.5m，约为孔径的 6 倍）引起了刚性旁压加载效应，其加载刚度相比于理论解更大，这与 Ajalloeian 等人的研究结论一致。

为了得到符合实际的花岗岩残积土 HS 模型参数，本书提出以下几条参数反演原则。

针对有限元模型采用排水分析，把计算结果与实测 P-u 曲线 250~600kPa 段进行对比。旁压试验荷载施加速率较快，为 4kPa/s，但同时花岗岩残积土的渗透性为 0.5m/d，介于砂土和黏土之间，约为 0.5m/d，因此首先对加载过程排水程度进行判断。选取一组典型参数（c' = 10.7kPa，φ' = 32°，ψ = 5°，R_f = 0.92，E_{50}^{ref} = 45MPa，

$E_{\text{oed}}^{\text{ref}} = 45\text{MPa}$,$E_{\text{ur}}^{\text{ref}} = 135\text{MPa}$,$m = 0.83$），分别对旁压试验数值模型进行排水、流固耦合和不排水分析，计算结果如图 2-17 所示。由于残积土渗透性较强，虽然加荷速率较快，但流固耦合的分析结果和排水分析结果较为一致，不排水分析的曲线位移发展速率明显快于实测曲线。因此旁压试验数值仿真可采用排水分析。

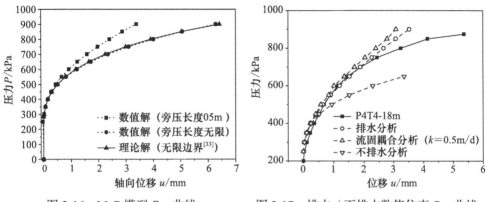

图 2-16　M-C 模型 P-u 曲线　　　图 2-17　排水/不排水数值仿真 P-u 曲线

图 2-18 为实测和数值方法得到的位移增量曲线对比。$P < 600\text{kPa}$ 时，排水、流固耦合分析结果和实测曲线类似，接近线性。$P > 600\text{kPa}$ 时，实测曲线在 $P > 600\text{kPa}$ 位移增长速率大幅加快。压力 600kPa 时的剪应变为 3%～4%，超过小应变刚度的影响范围，造成位移增速变化的原因可能为残积土结构性破坏，土体压缩引起局部渗透性的改变，钻孔结构破坏引起的边界条件改变等。考虑到地铁安保区基坑施工时变形控制严格，土体的整体应变较小，在反演参数时，选择与实测 P-u 曲线 250～600kPa 段进行对比较为合适。

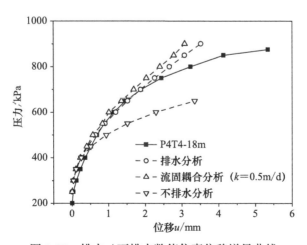

图 2-18　排水/不排水数值仿真位移增量曲线

（a）强度参数根据室内试验测试结果确定，利用有限元模型对刚度参数进行反演。

由于 HS 模型参数较多，无法对所有参数进行反演。因此，先进行各个参数的敏感性分析，以 2.2.2 节的参数为例，分析强度参数和刚度参数的敏感性。将待研究的参数分别变化 -20%、-10%、-5%、5%、10%、20%，保持其余参数不变，计算压力 $P = 600\text{kPa}$ 下径向位移 u 的变化率。图 2-19 分别为强度参数和刚度参数的敏感性计算结果。从整体来看，刚度参数对计算结果影响更大。除了有效内摩擦角 φ'，其余参数均和径向位移 u 线性相关；在线性相关的参数中，只有 m 与径向位移正相关，其余参数均与径向位移负相关；在刚度参数中，按其对径向位移的影响程度，从大到小依次排序为 $E_{\text{oed}}^{\text{ref}}$、$E_{\text{ur}}^{\text{ref}}$、$E_{50}^{\text{ref}}$、$m$。

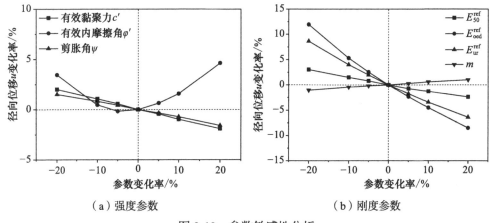

图 2-19 参数敏感性分析

根据余刚[19]和庞小朝[40]等人开展的花岗岩残积土原状样和重塑样的室内试验结果，不同围压下原状样和重塑样的三轴排水试验的破坏荷载基本一致，这表明原状样和重塑样的强度参数接近，受到重塑过程中结构性破坏的影响较小。因此，对于现场原状土的强度参数，本书根据室内原状样的三轴试验确定。参照相关文献、香港地区经验和作者取样进行的三轴不排水试验，本书选取的花岗岩残积土的强度参数分别为 $c' = 10.7\text{kPa}$，$\varphi' = 32°$，$\psi = 5°$，为低黏聚力、高摩擦角的形式。此外，破坏比 R_f 取 0.92。

对于刚度参数，按照参数敏感性排列，主要针对 E_{50}^{ref}、$E_{\text{oed}}^{\text{ref}}$、$E_{\text{ur}}^{\text{ref}}$ 三个参数进行反演，m 取为 0.83。设置 $E_{50}^{\text{ref}} : E_{\text{oed}}^{\text{ref}} : E_{\text{ur}}^{\text{ref}} = 1 : (0.5 \text{ or } 1) : (3 \text{ or } 4 \text{ or } 5)$ 共 6 组常用比例。实际反演时，首先确定某一 m 值下不同比例 E_{50}^{ref}、$E_{\text{oed}}^{\text{ref}}$ 和 $E_{\text{ur}}^{\text{ref}}$ 的最优取值，再对 m 值进行调整，验证 m 值对反演结果的影响。

（b）采用欧氏距离作为拟合效果的评价指标。

采用250～600kPa段的实测位移和仿真位移的欧式距离之和，作为评价反演效果的评价指标：

$$d = \sum_{P=250}^{600} |u_{Pm} - u_{Ps}| \tag{2-2}$$

式中，d 为基于累计欧式距离的反演评价指标；u_{Pm} 为压力为 P 时旁压曲线实测径向位移；u_{Ps} 为压力为 P 时旁压曲线数值计算得出的径向位移。

d 值越小，表明数值计算得到的 P-u 曲线越接近实测曲线。

3）参数反演结果。

首先研究某一特定 $m = 0.83$ 值下 E_{50}^{ref}、$E_{\text{oed}}^{\text{ref}}$、$E_{\text{ur}}^{\text{ref}}$ 的最优取值情况。图2-20为18m深度的花岗岩残积土不同比例下最优的 E_{50}^{ref}、$E_{\text{oed}}^{\text{ref}}$、$E_{\text{ur}}^{\text{ref}}$ 参数反演结果。可以看出，$E_{\text{oed}}^{\text{ref}} = 0.5 E_{50}^{\text{ref}}$ 时反演出最优 E_{50}^{ref} 值整体大于 $E_{\text{oed}}^{\text{ref}} = E_{50}^{\text{ref}}$ 的情况；随着 $E_{50}^{\text{ref}} : E_{\text{ur}}^{\text{ref}}$ 从1:3变化到1:5，最优 E_{50}^{ref} 值逐渐减小。

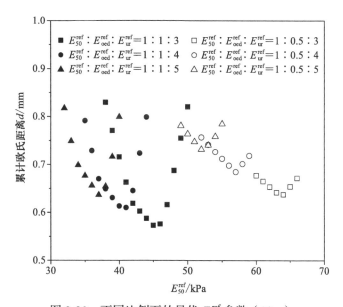

图2-20 不同比例下的最优 E_{50}^{ref} 参数（18m）

表2-9为根据P4T3（17m）～P4T6（20m）四组不同深度的旁压试验实测曲线反演出的最优 E_{50}^{ref} 值和对应的累计欧式距离。随着试验深度增加，反演出的最优刚度参数并不相同，且整体有减小的趋势，原因除了花岗岩残积土本身的离散性，还可能是由于四组试验是在同一个孔中由浅到深进行，前面进行的试验对土体产生一定的扰动，使得后面试验曲线的位移增长率更快。

不同比例最优 E_{50}^{ref} 汇总表   表2-9

深度/m	参数	$E_{50}^{ref}:E_{oed}^{ref}:E_{ur}^{ref}$					
		1:1:3	1:1:4	1:1:5	1:0.5:3	1:0.5:4	1:0.5:5
17	E_{50}^{ref}/MPa	56	51	46	80	72	67
	d/mm	0.13	0.15	0.18	0.17	0.22	0.25
18	E_{50}^{ref}/MPa	45	41	37	64	57	52
	d/mm	0.57	0.61	0.64	0.64	0.68	0.73
19	E_{50}^{ref}/MPa	37	32	34	57	51	47
	d/mm	0.74	0.82	0.41	0.41	0.45	0.50
20	E_{50}^{ref}/MPa	31	27	28	48	42	38
	d/mm	0.96	0.98	0.56	0.56	0.59	0.64
平均	E_{50}^{ref}/MPa	42.3	37.8	36.3	62.3	55.5	51.0
	d/mm	0.6	0.64	0.45	0.45	0.49	0.53

以 $E_{50}^{ref}:E_{oed}^{ref}:E_{ur}^{ref}=1:1:3$ 下的最优参数 $E_{50}^{ref}=42.3$MPa 为例，对不同 m 取值的情况下 17~20m 四组深度下的旁压试验仿真与实测曲线对比，计算 17~20m 的累计欧氏距离，并求平均值，得到 m 取 0.4、0.6、0.8、1.0 时的平均累计欧式距离分别为 0.92mm、0.92mm、0.92mm 和 0.93mm。这也验证了 m 值对反演结果的影响很小。

2. 花岗岩残积土小应变硬化土模型参数反演

不同工程中土体应变范围如图 2-21 所示。对于基坑开挖类问题，坑周侧向卸载而坑底上部卸载，施工周边范围内有些区域处于小应变（10^{-4}~10^{-3}）状态，此阶段土体的剪切刚度远大于较大应变的刚度，且随着应变的增大而快速衰减。因而，在此类工程中，如果不考虑土体的小应变刚度，会低估挡土墙后的沉降，高估较远范围内的沉降和影响范围。小应变硬化本构模型（HSS）可以很好地处理此类问题。因此，在主要的开挖土层，通过室内试验和旁压试验参数反演，并参考深圳地区典型土层的参数，采用 HSS 本构模型，采用旁压试验反演得到的参数进行深圳地区基坑开挖类工程实例验证后，确定其计算参数值。HSS 模型参数如表 2-10 所示。

将基坑工程现场的花岗岩残积土采样、封装、运输至试验室后，利用 GDS 三轴试验仪进行三轴固结不排水试验（图 2-22），结果如图 2-23 所示，获得花岗岩残积土土体有效应力抗剪强度指标。其中，$c'=8$~11kPa，$\varphi'=30°$~32°。

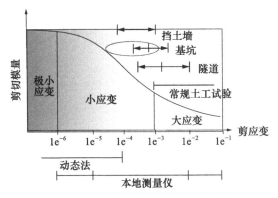

图 2-21 不同工程中土体应变范围

HSS 模型参数 表 2-10

强度参数法	刚度参数	高级参数
c'：有效黏聚力 φ'：有效摩擦角 ψ'：剪胀角	E_{50}^{ref}：三轴压缩试验的参考割线模量 E_{oed}^{ref}：固结试验的参考切线模量 E_{ur}^{ref}：卸载再加载参考割线模量 m：刚度应力水平相关幂指数	p^{ref}：模量参考应力 v_{ur}：卸载再加载泊松比 K_0：正常固结条件下的测线压力 R_f：破坏比

图 2-22 室内三轴试验

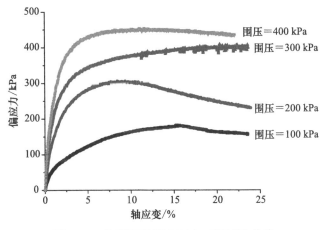

图 2-23 花岗岩残积土室内三轴试验曲线

考虑到砾质黏性土的颗粒级配呈"两头大，中间小"的特点，具有一定的剪胀性，参考叶跃鸿等人的研究，结合现场旁压试验测得的剪胀角离散统计与深圳地区花岗岩残积土典型特征，取剪胀角 Ψ 为 5°。

静止侧压力系数由 Jaky 公式 $K_0 = 1-\sin\varphi'$ 计算得到，卸载再加载泊松比可采用 Brinkgreve 等建议的数值，一般取 0.2。P_{ref} 参考应力为土体承受的水平应力，所有的参考刚度参数都是在此参考应力下的值，当应力发生改变时，由含有应力相关幂指数的方程调整刚度，本书将参考应力设为 100kPa。$R_f = q_a/q_f$，是双曲线中渐近线与破坏线的比值，m 是应力相关幂指数，均根据基坑勘察出稿的计算土工参数取值，$R_f = 0.92$，$m = 0.83$。

目前对于 HSS 模型小应变参数的取值尚未有统一的方法，国内也鲜见针对小应变参数的研究报道，根据刘志祥等的研究，使用 HSS 模型时，即便输入的是一些合理的经验参数，也比根本不考虑这些属性的一般本构结果要好些。小应变参数一般可以通过弯曲元和共振柱试验获得参考压力下的取值，但过程比较繁琐，本书主要通过其他方法来确定其取值。

根据 Brinkgreve 等的研究，剪切模量衰减到 0.722 倍初始剪切模量时的剪应变 $\gamma_{0.7}$ 可由下式确定：

$$\gamma_{0.7}=\frac{2c'}{9G_0}\left[(1+\cos(2\varphi'))+\sigma_1'(1+K_0)\sin(2\varphi'))\right] \quad (2-3)$$

式中，σ_1' 为土体的竖向有效应力；G_0 为土体剪切模量；c' 为有效黏聚力；φ' 为有效内摩擦角；K_0 为静止土压力系数。

Vucetic 等在对于黏土的研究中表明，超固结比与塑性指数对其 $\gamma_{0.7}$ 有较大影响，Stokoe 等在此基础上提出一个计算黏土 $\gamma_{0.7}$ 的公式：

$$\gamma_{0.7}=(\gamma_{0.7})_{ref}+5\times10^{-6}I_p(OCR^{0.3}) \quad (2-4)$$

式中，I_p 为塑性指数；$(\gamma_{0.7})_{ref}$ 为 $I_p = 0$ 时的剪应变，约为 1×10^{-4}；OCR 为超固结比。

Seed 等在对砂土的研究中得出 $\gamma_{0.7}$ 的范围为 $0.6\times10^{-4}\sim3\times10^{-4}$，王卫东等的研究结果表明，上海黏性土的 $\gamma_{0.7}$ 可在 $1.5\times10^{-4}\sim2.8\times10^{-4}$ 之间选取，叶跃鸿等在深圳典型地层中的研究表明，$\gamma_{0.7}$ 可在 $2\times10^{-4}\sim4\times10^{-4}$ 之间选取。

上述研究中，Brinkgreve 公式的计算结果存在一定的离散性，但 $\gamma_{0.7}$ 总体变化范围较小，综合以上计算公式和经验取值，最终将花岗岩残积土的 $\gamma_{0.7}$ 确定为 1.66×10^{-4}。

Hardin 等在研究中通过大量的试验，给出了确定剪切模量的计算公式：

$$G_0^{\text{ref}}=33\times\frac{(2.97-e_0)^2}{1+e_0} \tag{2-5}$$

式中，G_0^{ref} 为土体在参考应力下的剪切模量；e_0 为土体的初始孔隙比。

Hardin 公式中剪切模量受孔隙比控制，然而孔隙比并不是决定剪切模量的唯一因素，不同区域的花岗岩残积土土体密实程度不同，地质条件和水文条件不一样，土体也会产生不同的性质，理论公式计算得到的值仍然只能作为参考。

通过波速测试可以获得各类岩土体中压缩波、剪切波或瑞利波的波速，由剪切波速可以估算岩土体的在小应变状态时的剪切模量，公式为

$$G_0=\rho V_s \tag{2-6}$$

式中，ρ 为土体的质量密度；V_s 为剪切波速，通过基坑开挖现场勘测中花岗岩残积土层波速试验的数据，可得 V_s 的均值为 286.19m/s。

综合以上方法，并结合取不同值时对于旁压试验小应变阶段的荷载位移曲线数值分析对比，取 G_0^{ref} 为 90MPa。根据大量对于 HS（HS-Small）模型的参数已有研究分析，对于同一地区或区域的同一类土，$E_{\text{oed}}^{\text{ref}}$、$E_{50}^{\text{ref}}$、$E_{\text{ur}}^{\text{ref}}$ 三者存在一定的比例关系，如表 2-11 所示。

不同土层 HS 模型刚度参数关系　　　　　　表 2-11

地区（土类）	模量比（$E_{\text{ur}}^{\text{ref}}=mE_{50}^{\text{ref}}=nE_{\text{oed}}^{\text{ref}}$）
上海软土	$m=7.8$　　$n=8.2$
台北粉质黏土	$m=3$　　$n=8.3$
Blodgett 黏土	$m=4.3$　　$n=6.25$
Lacustrine 黏土	$m=4$　　$n=4$
深圳湾软土	$m=(6\sim8)$　　$n=(5\sim8)$
深圳前海残积土	$m=(3\sim4)$　　$n=(6\sim7)$
深圳桂庙路残积土	$m=3.4$　　$n=3.4$

针对深圳地区土体，付艳斌等在深圳湾的软土中得到 $E_{\text{ur}}^{\text{ref}}=(6\sim8)E_{50}^{\text{ref}}=(5\sim8)E_{\text{oed}}^{\text{ref}}$ 的关系，叶跃鸿等在深圳桂庙路花岗岩残积土的研究得出 $E_{\text{ur}}^{\text{ref}}=(3\sim4)E_{50}^{\text{ref}}=(3\sim4)E_{\text{oed}}^{\text{ref}}$ 的关系，黄俊杰等在深圳前海地区花岗岩残积土的研究得出 $E_{\text{ur}}^{\text{ref}}=(3\sim4)E_{50}^{\text{ref}}=(6\sim7)E_{\text{oed}}^{\text{ref}}$ 的关系。

如图 2-24、图 2-25 所示，在 PLAXIS 2D 中建立一个轴对称模型来模拟现场所采用的剑桥自钻式旁压仪，旁压膜直径为 83mm，长度约为 50cm，旁压试验所处土层深度约为 18m，在轴对称模型中都相应建立，同时考虑钻孔护壁和边界效应，将钻孔

至扩张段以上 50cm 进行径向位移约束，扩张段及其上下 50cm 的范围内设置为径向自由，以真实模拟钻头的作用。

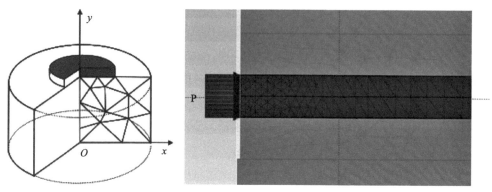

图 2-24　旁压试验有限元模型　　图 2-25　旁压试验简化二维模型

以 HSS 刚度参数存在比例关系为依据，通过调整不同比例下的具体刚度值，将数值模拟中的曲线与现场旁压曲线进行对比，计算出两条曲线的近似程度指标，在足够多的数据量下可以得到最优解，其步骤如下。

1）在确定的比例控制值 m、n 下选择合理范围内的参数值，并由比例计算出三个刚度的值，例如当 $m=3$，$n=3$ 时，取 $E_{50}^{ref}=7MPa$，即可得到 $E_{oed}^{ref}=7MPa$，$E_{ur}^{ref}=21MPa$，输入程序后导出旁压 - 位移曲线，与实际曲线进行对比，如图 2-26 所示。

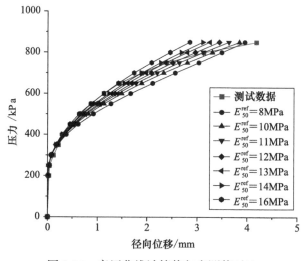

图 2-26　旁压曲线计算值与实测值对比

2）若模拟曲线在实际曲线右侧，说明刚度过小，引起的位移过大，此时应减小 3 个模量值，再次计算，若在左侧，则操作相反，为了减小计算量，以 1MPa 为单位调整变量；

3）由离散化后曲线上的点通过公式计算得到曲线的相似度指标，其在合理的刚度范围内必定存在极小值点，此时对应的模量即为给定比例下的反演参数；

4）不同比例下的参数反分析按照相同的方法进行，最后可以得到在一定范围内的比例下所有参数反分析的结果。

为了表征现场曲线与模拟的曲线近似程度，假设实测曲线上的点为 (a_1, b_1)，(a_2, b_2)，$\cdots$，(a_q, b_q)，模拟曲线上的点为 (c_1, d_1)，(c_2, d_2)，$\cdots$，(c_q, d_q)，由于比较的是相同压力下的径向位移，有 $b_1 = d_1 = b_2 = d_2 = \cdots = b_q = d_q$，常用如下方法作为量化离散点的相似度，第一个是曼哈顿距离：

$$D = \sum_{i=1}^{q} \left(|a_i - c_i| + |b_i - d_i| \right) \tag{2-7}$$

第二个是欧氏距离：

$$D = \sum_{i=1}^{q} \sqrt{(a_i - c_i)^2 + (b_i - d_i)^2} \tag{2-8}$$

第三个是标准差公式：

$$\sigma = \sqrt{\frac{\sum_{i=1}^{q}(a_i - c_i)^2}{q}} \tag{2-9}$$

第四个是方差公式：

$$\sigma^2 = \frac{\sum_{i=1}^{q}(a_i - c_i)^2}{q} \tag{2-10}$$

由标准差和方差的数学意义可知，其虽然是用以分析离散点特征的工具，但体现的是数据偏离平均值的程度，与上述参数反分析中的思路并不契合，并且旁压 – 位移曲线本身是非线性的，兼具土体小应变时的特征，由图 2-27 中的结果也可得出相同的结论。虽然欧氏距离与曼哈顿距离都存在极小值点，但是曼哈顿曲线在应用中偏向于曲线的前半段高吻合度，而不着重强调曲线的后半段，忽略了大应变时的特征；相对来说，欧氏距离最小的曲线前、中、后段都比较吻合，总体上满足表征两条曲线相似度的要求。

最终得到花岗岩残积土的反演参数如表 2-12 所示。

3. 地层参数

根据勘察数据，确定其他土层的本构模型参数，得到土体的抗剪强度指标，将上层填土确定为摩尔 – 库伦模型，微风化花岗岩采用线弹性模型，物理力学参数均根据勘察数据参考选取，最终所有 HSS 模型土体取值见表 2-13。

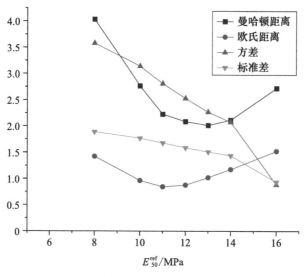

图 2-27 误差分析

反演得到的残积土最优参数表　　　　表 2-12

参数	$c'/$ kPa	$\varphi'/$ (°)	$\Psi/$ (°)	K_0	$p_{ref}/$ kPa	v_{ur}	R_f	$E_{50}^{ref}/$ MPa	$E_{oed}^{ref}/$ MPa	$E_{ur}^{ref}/$ MPa	m	$\gamma_{0.7}/$ 10^{-4}	$G_0^{ref}/$ MPa
参数一	10.7	32	5	0.47	100	0.2	0.92	9	12	36	0.83	1.67	90
	10.7	32	5	0.47	100	0.2	0.92	11	11	44	0.83	1.67	90
参数二	10.7	32	5	0.47	100	0.2	0.92	11	11	77	0.83	1.67	90
	10.7	32	5	0.47	100	0.2	0.92	11	10.7	70	0.83	1.67	90
	10.7	32	5	0.47	100	0.2	0.92	9	12	72	0.83	1.67	90
	10.7	32	5	0.47	100	0.2	0.92	10	11.4	80	0.83	1.67	90
参数三	10.7	32	5	0.47	100	0.2	0.92	16	10.7	64	0.83	1.67	90
	10.7	32	5	0.47	100	0.2	0.92	20	10	60	0.83	1.67	90

黄木岗枢纽工程地层参数表（摩尔-库伦模型）　　　　表 2-13

土层	$c'/$kPa	$\varphi/$ (°)	$\Psi/$ (°)	$E/$MPa	v
素填土	2	26	0	15	0.35
填石	6.5	35	0	18	0.3
微风化花岗岩	800	40	18	5500	0.25

花岗岩残积土层采用 HSS 模型，具体参数见表 2-14。

2.2 黄木岗枢纽基坑变形风险评估

黄木岗枢纽工程地层参数表（HSS 模型） 表 2-14

土层	c'/ kPa	φ/ (°)	Ψ/ (°)	R_f	E_{50}^{ref}/ MPa	E_{oed}^{ref}/ MPa	E_{ur}^{ref}/ MPa	m	$\gamma_{0.7}$/ 10^{-4}	G_0^{ref}/ MPa
砾质黏性土	8	32	2	0.92	12.75	12.75	43.3	0.72	1.67	90
全风化花岗岩	15	30	0	0.95	15	15	60.1	0.7	2	135
强风化花岗岩	25	33	3	0.95	20	20	75	0.68	2	180

4. 结构参数

在有限元模型中，地连墙、排桩、墙结构、板结构等可以采用基于 Mindlin 理论的板单元来模拟，当为矩形截面输入真实厚度，或为排桩等输入其他截面时，需要进行刚度等效转换计算，板单元的参数见表 2-15。

板单元参数 表 2-15

名称	厚度 d/mm	重度 γ/ (kN/m³)	弹性模量 E/ (kN/m²)	泊松比 υ
板撑	400/600/700/800/900/1000/1300/1700	25	31.5×10⁶	0.2
地连墙	1000/1200	5	31.5×10⁶	0.2
灌注桩	1310	5	31.5×10⁶	0.2

在支撑体系中，立柱、梁、结构柱、钢管混凝土柱、钢管混凝土桩等采用梁单元和嵌入式桩单元模拟，采用等效刚度计算其等效轴向刚度和弯曲刚度，计算公式如下：

$$EA = E_a A_a + E_c A_c \tag{2-11}$$

$$EI = E_a I_a + E_c I_c \tag{2-12}$$

式中，A_a、I_a 分别为钢管横截面面积和其对重心轴的惯性矩；A_c、I_c 分别为钢管内混凝土横截面面积和其对重心轴的惯性矩；E_a、E_c 分别为钢管和混凝土的弹性模量。所取参数见表 2-16。

立柱、桩参数 表 2-16

名称	面积 A/m²	重度 γ/ (kN/m³)	弹性模量 E/ (kN/m²)	惯性矩 I/m⁴	
坑内立柱	1.14	25	37×10⁶	0.31	
桩1	4.9	25	31.5×10⁶	1.917	
桩2	7.069	25	31.5×10⁶	3.976	
立柱 KZ-1	1.5×0.9	25	31.5×10⁶	0.091	0.253

续表

名称	面积 A/m^2	重度 $\gamma/(kN/m^3)$	弹性模量 $E/(kN/m^2)$	惯性矩 I/m^4	
立柱 KZ-2	1.3×0.9	25	31.5×10⁶	0.079	0.165
立柱 TK-Z1	1.3×0.8	25	31.5×10⁶	0.055	0.147

2.2.3 分析工况

根据实际施工方案，建立如表 2-17 所示的分析步。在开挖过程中，坑内水位随挖随降，采用稳态渗流的排水分析进行计算。

有限元分析步　　　　表 2-17

分析步	工况
1	地应力平衡
2	7 号线主体结构
3	钢便桥和桥墩、桥下立柱桩（分析步开始时重置位移值）
4	14 号线、24 号线基坑地连墙和立柱桩
5	14 号线基坑南、北区顶板
6	14 号线核心区和 24 号线顶板
7	14 号线南、北区第一层开挖
8	14 号线南、北区夹层板
9	14 号线南、北区小基坑开挖
10	14 号线中区、24 号线第一、二层开挖
11	14 号线南、北区第三层开挖
12	14 号线南、北区第四层开挖、底板
13	14 号线中区、24 号线第三层开挖
14	14 号线中区、24 号线第四层开挖
15	14 号线中区、24 号线第五层开挖

2.2.4 结果分析

1. 基坑变形

（1）围护结构变形

图 2-28 为围护结构的变形云图。14 号线基坑围护结构的最大变形发生在北区北侧，最大位移为 25.3mm；24 号线基坑围护结构的最大变形发生在北侧一级基坑地连墙中间位置，最大位移达到 31.6mm。盖挖逆作法施工和分区开挖的施工方案能够较

好控制围护结构的变形，在最大开挖深度接近 40m 的情况下，围护结构变形整体仍在规范要求范围以内。24 号线一级基坑地连墙位移较大，主要原因是一级基坑地连墙设计深度较浅，墙底处于全风化花岗岩层和土状强风化花岗岩层，整体风化程度高，力学性质较差；而二级基坑围护结构相对较小，特别是在深度 35m 以下，位移减小至接近 0。这一方面是由于一级基坑逆作完成后，结构体系形成，能够为二级基坑提供良好的支承作用；另一方面是由于二级基坑所处的土层主要是中、微风化花岗岩层，岩体风化程度较低，力学性质好。

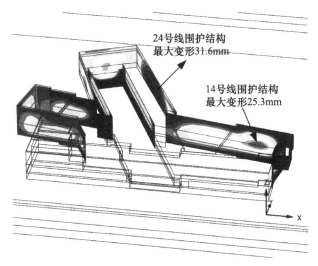

图 2-28　围护结构变形

图 2-29 为选取的四个典型断面的围护结构水平位移曲线。24 号线南北侧围护结构的变形规律较为一致，其中一级基坑水平位移随深度先增大后减小，并在 19.1m 处达到最大值；二级基坑位移在 28m 以上位置均维持在 15mm 左右，但随着深度超过 28m，围护结构水平位移快速减小，并在底板深度处快速减小至 0。由于底板处已经位于中、微风化花岗岩层中，岩体力学性质较好，因此对变形起到较好的约束作用。17.7～24.0m 深度为一、二级基坑重叠区域，此处由于外侧一级基坑地连墙的遮挡作用，内侧二级基坑的墙体水平位移较小，两段地连墙的水平位移在一级基坑墙底（24m）处趋于一致。

14 号线南北侧围护结构的变形趋势整体一致，但北侧变形相比南侧更大，这是因为北侧 14、24 号线的地连墙呈钝角相交，坑内卸载时，坑外土压力较为充分地作用在围护结构上，空间效应不明显；南侧两条线的地连墙呈锐角相交，并且 14 号线南侧墙体较短，空间效应更加明显。另外，由于地连墙相交处受不同方向的土压力作用，使阳角处的顶板存在受拉开裂的风险。

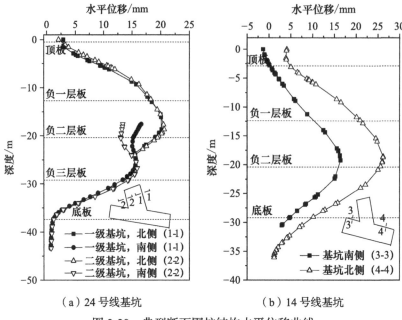

图 2-29 典型断面围护结构水平位移曲线

（2）顶板沉降

图 2-30 为 14、24 号线顶板沉降云图。由于采用了盖挖逆作法施工，地连墙施工完成后马上施作顶板，在后续开挖影响下，顶板产生了不同幅度的下沉。其中，14 号线顶板沉降较小，呈现出中心区大、四周较小的特点，最大沉降量出现在北区，沉降了 17.6mm。24 号线整体沉降量较大，特别是靠近北侧位置，最大沉降量达到 27mm。需要注意的是，由于有限元仿真采用了稳态渗流，即开挖完成后地下水形成稳定的渗流场，比较适用于砂性土层，对于花岗岩残积土层，其渗透系数基本位于 0.2~2m/d 的范围内，属于弱透水层，其渗透性接近粉土。在开挖过程中，坑内降水会引起坑外水位的下降，但仿真中水位下降值相比实际情况更大，这可能引起结构更大的沉降。

2. 土体变形

图 2-31 为土体沉降云图。坑内土体受卸载影响发生隆起，但由于采用盖挖逆作法施工，随着开挖进行同步施作主体结构，因此坑内土体隆起量较小，24 号线一、二级基坑之间的土体隆起量最大，达到 34.8mm，基坑坑底隆起量均小于 20mm。受坑内卸载和降水共同影响，紧邻基坑的外侧土体发生了比较明显的沉降，最大沉降量为 34.8mm。由于 24 号线开挖深度较大，坑外的沉降量更大。14 号线基坑西侧受临时钢便桥桥墩的影响，在桥墩附近的土体沉降很小。由于既有 7 号线车站一侧车站结构刚度较大，开挖引起的地表沉降量较小，最大值在 12mm 以内。

3. 既有车站变形

（1）7号线围护结构变形

图2-32为既有7号线车站围护结构的位移（y方向）。车站中区和南北区中段的位移较大，最大位移出现在中区，最大值为9.4mm，小于规范控制值10mm；车站边缘处受空间效应影响，水平位移量较小。远离基坑侧的围护墙受影响稍小，最大水平位移为8.4mm，和近侧围护结构差别不大，说明车站整体发生向坑内的位移。

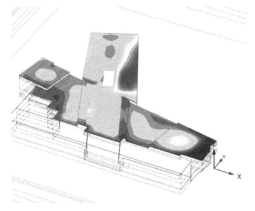

图2-30 顶板沉降

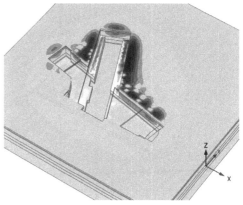

图2-31 土体沉降

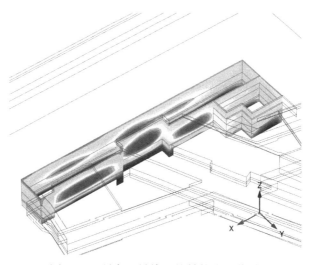

图2-32 既有7号线围护结构水平位移

图2-33为典型断面的围护结构水平位移。两个断面围护结构深度不同，但位移变化规律基本一致。顶板高度围护结构水平位移很小，随着深度增加，围护结构受基坑卸载的影响更加明显，水平位移逐渐增大，最大水平位移出现在负二层板位置。底板位置的水平位移大幅度减小，中区围护结构40m深度、北区围护结构35m深度时

基本无水平位移。由于花岗岩残积土天然状态下承载力较好，特别是对于风化程度较低的花岗岩，保留了部分原岩特征，强度和刚度参数均较大，因此围护结构插入比在1∶0.5时，即可达到较好的变形控制效果。

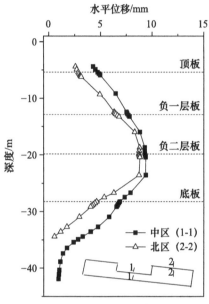

图 2-33 典型断面围护结构水平位移

（2）结构板沉降

图 2-34 为既有 7 号线顶板、负一层板、负二层板和底板的沉降云图。基坑开挖引起既有 7 号线结构板主体部分的沉降不超过 5mm，北区沉降量大于中区和南区，在车站边缘处基本无沉降。在出入口部分沉降略大，最大沉降值达到 9.6mm，小于规

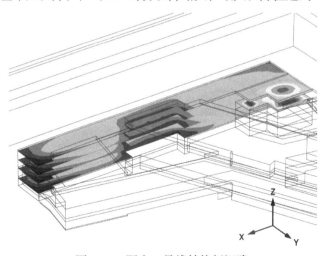

图 2-34 既有 7 号线结构板沉降

范控制值。图 2-35 为车站断面的变形趋势,车站结构在单侧土体卸载后,向一侧挤出变形,呈现单驼峰状态,车站顶部亦发生简支梁挠曲变形。

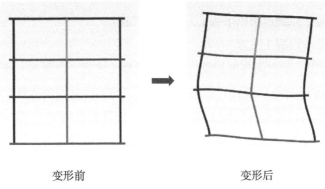

图 2-35 车站断面变形趋势

4. 钢便桥变形

图 2-36 为钢便桥钢箱梁底部钢板的沉降云图。由于钢便桥修建完成后,上面作用有行车荷载,因此钢箱梁产生最大 16.6mm 的沉降。钢箱梁底部由墩柱和柱下桩支承,为多跨简支梁体系,因此在各跨的跨中挠度较大,而在支座处沉降量较小。图 2-37 为距离 14 号线基坑最近的一排钢便桥桥桩的桩顶位移曲线。桥桩整体沉降量较小,最大值出现在 14 号线北侧基坑中部,沉降量为 2.3mm,位于 24 号线基坑中间的桥桩,由于周围土层逐渐被开挖,桥桩在 24 号线底板以上的位置脱空,因此不受土体降水和沉降的影响,几乎不发生沉降;南侧桥桩的水平位移不超过 5mm,但北侧桥桩水平位移较大,最大值达到 10.5mm。需要注意的是,24 号线基坑内的桥桩由于上部没有土体的约束作用,水平位移达到 9.6mm,由于开挖深度达到 40m 左右,需注意水平位移较大带来的桩基失稳问题。

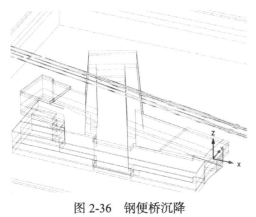

图 2-36 钢便桥沉降

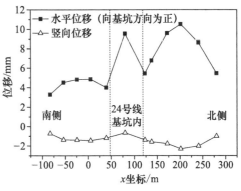

图 2-37 桥桩位移

5. 方案优化

通过数值建模分析，发现在现有施工方案下，基坑、既有车站和临时钢便桥的变形可控，但24号线一级基坑围护结构变形偏大，基坑内钢便桥水平位移较大，存在一定的失稳风险，因此提出以下施工方案优化措施。

（1）加设临时混凝土支撑

在24号线负一层中间高度加设一层临时混凝土支撑，以限制一级基坑的整体变形。临时支撑在后面的V型柱－临时柱转换后，与临时柱同时拆除。建立优化后的有限元模型，并与优化前的结构变形进行对比。优化前后的24号线一级基坑围护结构变形云图如图2-38所示，可以看出，在负一层增加临时支撑后，最大围护结构变形减小，位移控制效果明显。

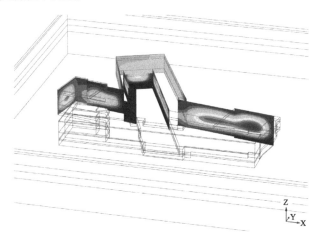

图2-38 加设支撑前后24号线围护结构变形对比

（2）基坑内钢便桥桥墩增设钢套筒

为了减小基坑内钢便桥桥墩失稳的风险，在基坑内相邻两根钢便桥桥桩之间增设三道连梁，通过钢套筒将桥桩和钢梁相连。在开挖至对应深度后，进行钢连梁施工，并在钢便桥拆除时统一拆卸。

2.2.5 施工变形监测

1. 总体监测方案

为了保证施工过程中基坑和既有结构变形可控，本项目建立第三方监测和科研单位监测相结合的监测预警体系，核心区基坑监测方案如图2-39所示，第三方监测的主要监测内容包括围护结构变形、地表沉降、既有车站变形、桥桩沉降等，并通过分布式光纤和机器视觉技术对关键位置的结构变形进行强化监测。

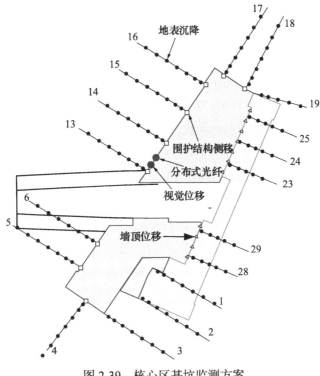

图 2-39 核心区基坑监测方案

2. 第三方监测验证

图 2-40 为第三方监测和仿真分析结果的对比,仿真得到的地表沉降和围护结构变形规律和大小均与实测数据较为吻合,表明施工过程中变形可控,结构安全。

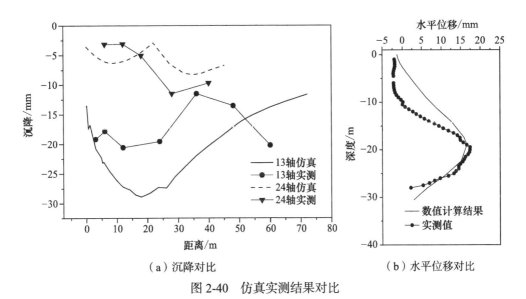

(a)沉降对比　　　　　　　　　　　(b)水平位移对比

图 2-40 仿真实测结果对比

3. 关键位置精细化监测

（1）地连墙成墙质量监测

采用分布式光纤技术测量地连墙浇筑后的变形变化趋势，将一根应变缆和一根温度缆绑扎在 B-26 地连墙钢筋笼的中段，两根光缆分别从钢筋笼顶部向下，穿过钢筋笼底部再从另一端绕回，呈 U 形。具体安装步骤如下：首先将分布式光纤应变缆展开对折，从一端穿入一定长度的塑料软管至对折后的中部位置（用来保护钢筋笼底部转弯处的光缆）；随后将软管固定在钢筋笼底部，由一名工人手持线缆两端沿钢筋笼向前，每隔 1m 左右用扎带将光缆绑扎在地连墙厚度方向对应的两根纵筋上，穿过箍筋时，可用两根扎带将光缆呈 X 形绑扎在纵筋和箍筋的交界位置；当绑扎到钢筋笼端部时，将伸出部分的光缆两头分别穿过硬质 PVC 塑料管，PVC 管的主要作用是在地连墙浇筑阶段保护光纤头；随后用专业的打光笔检查光缆的连通性，并将 PVC 管端头用胶布封死，防止灌入混凝土；对于另一根分布式光纤温度缆，采用同一方式将其绑扎在与应变光缆相邻的纵筋上。当地连墙浇筑完成后，拆开 PVC 管端头的胶布，并将光缆引出至安全位置，连接分布式光纤采集设备，根据监测需求，每隔一段时间进行信号采集。图 2-41 为各步骤的现场照片。

（a）光纤绑扎　　（b）线路检查　　（c）地连墙施工　　（d）接线采集

图 2-41　分布式光纤布设

B-26 地连墙于 2020 年 7 月 14 日浇筑完成，图 2-42～图 2-44 是分布式光纤应变光缆和温度光缆在地连墙浇筑后 15d 以内的监测结果。由图可知，以混凝土浇筑完成后第四天（2020 年 7 月 18 日）为基准点，随着时间发展，钢筋应变呈现出整体的收缩，且收缩应变逐渐增大，7 月 26 日收缩量达到最大；地表 3m 以内的收缩应变明显较大，最大达到约 -750 微应变，而更深位置的收缩应变大约在 -300 微应变。混凝土浇筑后第六天（7 月 20 日），混凝土内部最大温度仍然达到 55℃ 左右，自地表以下 3m 范围内，混凝土温度快速上升，约地下 10m 处达到峰值，之后缓慢下降。之后随时间发展，温度缓慢下降，至 7 月 29 日，温度下降约 20℃，最大温度约为 35℃，接近正常气温值。可以看出，温度缆测得的温度下降规律和应变缆测得的收缩应变发展规律较为一致，可以认为，在浇筑地连墙后半个月内，地连墙的变形主要由温度变化产生。

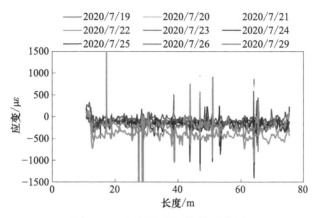

图 2-42　应变缆监测数据示意图

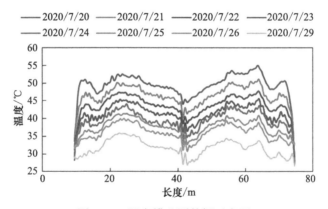

图 2-43　温度缆监测数据示意图

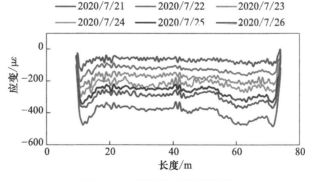

图 2-44　温度应变值示意图

（2）围护结构变形

在浇筑地下一层底板后，黄木岗综合交通枢纽中区布置了机器视觉监测系统，监测系统采用8mm焦距的海康威视摄像头，以及边长为200mm的正方形标靶。该系统用于监测开挖地下二层、三层对地下一层地连墙的影响。监测位置位于地下一层连接缝处，距离拐角处2.5m。图2-45（a）为安装示意图，图2-45（b）为标靶示意图，地连墙高度为11.5m，通过升降机将1~7号标靶安装在地连墙危险截面处，机器识别系统安装过程如图2-45（c）所示。一共安装了7个标靶，其中，1号标靶为基准点，基准点的主要作用是使得机器识别时具有参考系，减小识别过程中的环境、光线等外在影响因素。

（a）安装示意图　　　　　　（b）标靶示意图　　　　　　（c）整体示意图

图2-45　视频识别设备现场安装

图2-46为开挖地下二层时，视频识别得到的地连墙水平位移监测结果。可以看出，在开挖地下二层期间，标靶监测的最大位移量不超过2mm，这说明在地下一层底板浇筑完成后，能够对地下结构整体起到较好的支承作用，地下二层的开挖对地下一层地连墙的影响较小，结构安全。

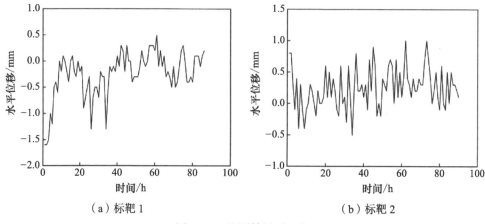

（a）标靶1　　　　　　　　　　（b）标靶2

图2-46　监测结果（一）

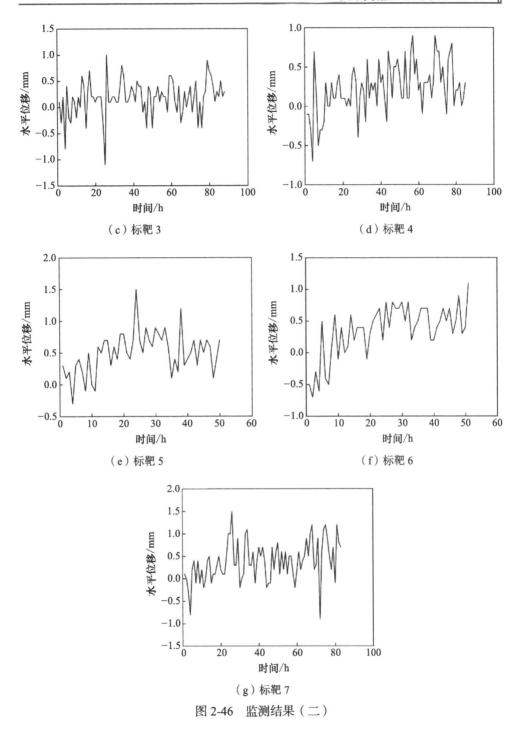

图 2-46 监测结果（二）

第 3 章

黄木岗枢纽地下 V 型柱施工风险控制

3.1 黄木岗枢纽地下 V 型柱概况

3.1.1 V 型柱设计概况

1. V 型柱整体布置

黄木岗枢纽工程 24 号线 V 型柱为地下空间主体结构永久柱,主要承受结构板竖向荷载和大跨中空结构板水平荷载。V 型柱分布于 24 号线及两端地下空间、7 号线范围,共设计 31 组、62 根。其中,24 号线 20 组,东侧地下空间 4 组,西侧地下空间 5 组,7 号线 2 组。图 3-1 为 V 型柱的平面布置图。图 3-2 为枢纽 24 号线典型断面图、V 型柱效果图和现场照片。

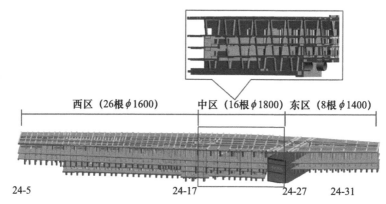

图 3-1 黄木岗综合交通枢纽 V 型柱整体布置图

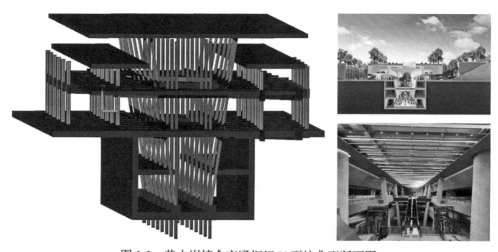

图 3-2 黄木岗综合交通枢纽 V 型柱典型断面图

2. V型柱参数

1）24号线核心区V型柱位于下沉隧道与临时钢管柱之间，沿东西方向布设，沿南北方向倾斜，共8组16根，每根V型柱的倾角均不相同，与竖向线夹角为 $10.795°\sim13.048°$。V型柱为直径1800mm的圆柱，柱内采用十字型钢柱，外包钢筋混凝土，型钢柱单根长度38.5m左右，质量约为87t。24号线核心区V型柱倾角参数表见表3-1。

24号线核心区V型柱倾角参数表　　　　　表3-1

顶板编号	V型柱编号	水平倾角/(°)	竖向倾角/(°)	总长度/m	每延米质量/kg	总质量/t
1号板	SRCC 3-N-1	78.466	11.534	38.303	2272.4	87.040
	SRCC 3-S-1	78.194	11.806	38.341		87.126
	SRCC 3-N-2	77.776	12.224	38.48	2272.4	87.442
	SRCC 3-S-2	77.407	12.593	38.535		87.567
2号板	SRCC 3-N-3	77.254	12.746	38.624	2272.4	87.769
	SRCC 3-S-3	77.087	12.913	38.65		87.828
	SRCC 3-N-4	77.068	12.932	38.701	2272.4	87.944
	SRCC 3-S-4	76.952	13.048	38.72		87.987
3号板	SRCC 3-N-5	77.159	12.841	38.71	2272.4	87.965
	SRCC 3-S-5	77.095	12.905	38.72		87.987
	SRCC 3-N-6	77.529	12.471	38.657	2272.4	87.844
	SRCC 3-S-6	77.516	12.484	38.659		87.849
4号板	SRCC 3-N-7	78.179	11.821	38.544	2272.4	87.587
	SRCC 3-S-7	78.217	11.783	38.539		87.576
	SRCC 3-N-8	79.114	10.886	38.373	2272.4	87.199
	SRCC 3-S-8	79.205	10.795	38.361		87.172
合计				616.917		1401.882

2）东区的V型柱共计8根，位于24号线东侧地下空间内，沿24—28轴至24—31轴共计四条轴线轴中心呈鱼尾状布置。V型柱24—28轴至24—30轴六根长约12.45m，24—31轴两根长约10.4m。V型柱倾斜角度为 $1.292°\sim6.313°$，具体数值见表3-2。

东区V型柱倾角参数表　　　　　表3-2

V型柱		X	Y	倾斜角度/(°)
24—28轴	北	20966.330	117748.949	6.313
	南	20950.017	117748.949	6.059
24—29轴	北	20965.059	117761.949	4.182
	南	20951.320	117761.949	3.871
24—30轴	北	20964.235	117774.949	2.791
	南	20952.082	117774.949	2.583
24—31轴	北	20963.415	117787.949	1.396
	南	20952.842	117787.949	1.292

注：该坐标为柱与顶板板底交点位置。

3）西区V型柱共26根，桩径为1600mm，平均长度34m，立柱采用C60混凝土。钢柱尺寸为920mm×500mm×50mm×50mm，各层板施工时预留钢柱节点，待底板施工完成后，再施作钢柱剩余部分，V型柱的倾斜角度为0.55°～11.066°，具体数值见表3-3。

西区V型柱倾角参数表　　　　　表3-3

序号	轴号	左线编号	左线倾斜角度/(°)	右线编号	右线倾斜角度/(°)
1	24-5	SRCC2-N-1	0.55	SRCC2-S-1	0.647
2	24-6	SRCC2-N-2	1.101	SRCC2-S-2	1.291
3	24-7	SRCC2-N-3	1.653	SRCC2-S-3	1.938
4	24-8	SRCC2-N-4	2.564	SRCC2-S-4	2.851
5	24-9	SRCC2-N-5	3.477	SRCC2-S-5	3.763
6	24-10	SRCC2-N-6	4.39	SRCC2-S-6	4.676
7	24-11	SRCC2-N-7	5.303	SRCC2-S-7	5.589
8	24-12	SRCC2-N-8	6.217	SRCC2-S-8	6.502
9	24-13	SRCC2-N-9	7.128	SRCC2-S-9	7.415
10	24-14	SRCC2-N-10	8.327	SRCC2-S-10	8.041
11	24-15	SRCC2-N-11	9.24	SRCC2-S-11	8.954
12	24-16	SRCC2-N-12	9.867	SRCC2-S-12	10.153
13	24-17	SRCC2-N-13	10.779	SRCC2-S-13	11.066

3.1 黄木岗枢纽地下V型柱概况

3. V型柱节点

V型柱节点顶部由XGCL1、XGL2、XGL5、XGL7四种类型组成，柱身由60mm厚的十字型钢柱组成；V型柱在顶板、负一层板、负二层板、负三层板与水平向型钢梁连接，形成框架体系，如图3-3所示。

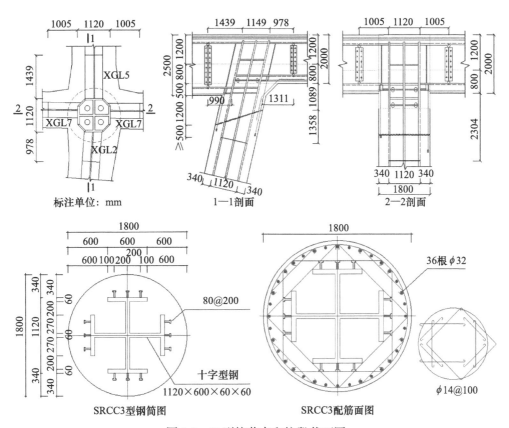

图3-3 V型柱节点和柱段截面图

3.1.2 V型柱施工方法

由于枢纽24号线车站结构为V型钢立柱，V型斜柱的倾角与竖向夹角为1.3°～13°，每根V型斜柱的倾角均不相同，所以现场施工过程中需要对每根V型斜柱有高精度定位、高质量焊接的要求。

1. 总体施工流程

V型柱施工阶段剖面图如图3-4所示。黄木岗枢纽工程围护结构施工期间同步施工临时立柱，24号线结构盖挖逆作法施工主体结构阶段同步施工各层结构板V型柱节点；结构板完成后，安装各层板中间V型柱钢骨，施工期间，车站结构板主要由中间临时钢管混凝土柱、结构梁体系受力，南、北两侧的V型柱不受力。待负一层至负四层V型柱中间节钢骨及外包钢筋混凝土施工完成，强度达到设计要求后，拆除临时钢管混凝土柱完成临时柱与V型柱之间的受力体系转换，最终V型柱与车站板、梁形成共同永久受力体系。V型柱的建造流程如图3-5所示。

图3-4 V型柱施工阶段剖面图

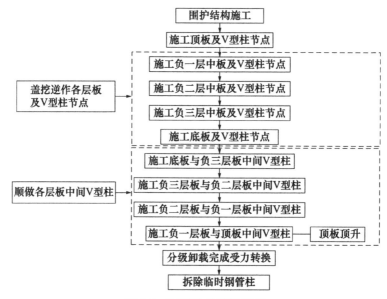

图3-5 V型柱的建造流程

2. 施工前准备工作

(1) 技术准备

1) 应熟悉施工图纸及其设计文件,在此基础上做好施工图设计交底。应了解和审查图纸,掌握设计意图和设计要求。为便于贯彻实施,还应对图纸是否存在错误、不明确或疑点进行检查,归纳后,通过设计交底会议向设计单位提出,以求得更正、明确和意见统一。

2) 对图纸检查的重点:检查图纸是否完整有效;技术参数、结构尺寸、标高数据图面反映是否清晰或有遗漏;图与图之间是否存在矛盾;图纸要求的做法在实际施工操作中是否可行。

3) 做好施工组织设计交底。由项目工程师向参与施工及管理的项目管理人员、技术人员和机组班长进行交底。交底后,将项目工程师签署的技术交底文件交技术组、施工员、质量员和各机组班长留存,作为指导施工的技术依据。同时,技术员应在施工前按工序和操作要点向各机组成员进行技术交底。

(2) 设备及材料准备

1) 根据工程需要,提前做好施工所用机械设备的计划报批和调拨工作,于开工前五日内安排和组织调运进场,并责成专人于规定的开工日前负责落实好设备的维修保养、安装调试及试运转工作。

2) 计算包括损耗在内的各种材料计划总用量和分批进货量,由物资部办理材料订购审批手续,并组织采购。材料进场后,由质量员会同材料员及当班负责人对材料进行现场验收,并将验收结果记入当天的施工日志进行备案。对于进场材料,应严格把好质量、数量关,并按指定地点堆(码)放好。

(3) 现场准备

1) 根据V型柱的实际质量及起吊距离,提前准备合适的吊机,并且选定吊机站位,确保场地满足吊机站位需求。

2) 施工前,应仔细核算现场临时用电需求、以及临时用电设备数量及距离是否满足施工需求。

3) 认真做好施工现场测量基准点的核验工作。为保证施工精度和自检方便,施工现场应建立施工方格控制网,所选择的纵、横主控制轴线必须引至施工区以外予以埋设固定。做好施工方格控制网的闭合检查,闭合误差须符合测量规范要求。

4) 吊装焊接V型柱前,应按要求搭设好操作架,便于安装及焊接。

5) 提前清理出V型柱及型钢梁堆放场地,准备塑料布覆盖进场材料。

(4) V型柱加工

1）V型柱在委托外部机械设备厂家加工成形后，运输至施工现场；

2）由于V型柱与主体结构纵梁及横梁均进行连接，倾斜角度不统一，同时水平角度存在坡度及预拱度，为了预留接头平面位置、与结构夹角及标高精准控制，加工前，应先行深化设计图纸，将每根柱构件角度统计汇总，采用3D建模，经设计复核无误后加工制作（图3-6）。

（a）BIM检查和方案优化　　　　　（b）V型柱节点加工

图3-6　V型柱加工与检查

3. V型柱节点、型钢梁施工

（1）垫层及预埋件施工

1）土方开挖

主体结构盖板以上土方开挖采用明挖法施工，自西向东施工；施作盖板区域土方开挖约4m，开挖至顶板底下2.2m处为止，其余各层开挖至层板底2m处。土方外运设备从各区施工通道行走。开挖设备采用PC200挖掘机，土方运输设备采用自卸车。渣土外运期间，必须做好文明施工及环保措施。

2）垫层施工

盖板基坑开挖接近基底200mm时，人工配合挖机清底，不得超挖或扰动基底土层。开挖基坑后，应及时设置坑内排水沟和集水井，防止无法排除坑底积水，清底后，立即施工垫层混凝土。第一段或地质条件变化段基底清理完成后，按相关管理程序由各单位共同进行地基验槽，并做好记录。垫层采用C20混凝土浇筑，浇筑厚度为150mm。

3）V型柱基础

由于V型柱自重较大，同时承担各个型钢梁及板荷载，为控制施工过程中及后续施工中V型柱节点产生沉降及水平位移，施工时，在V型柱下方施作扩大基础，基础为3000mm×3000mm，深度为400mm，内部布设$\phi14@200$钢筋网片，基础顶部提前预埋4块16mm厚基础钢板，钢板尺寸为1000mm×600mm×1mm；同时，分别在V型柱倾斜方向及型钢梁方向预埋600mm×600mm的支撑钢板，作为架设支承的基础。具体如图3-7、图3-8所示。

3.1 黄木岗枢纽地下V型柱概况

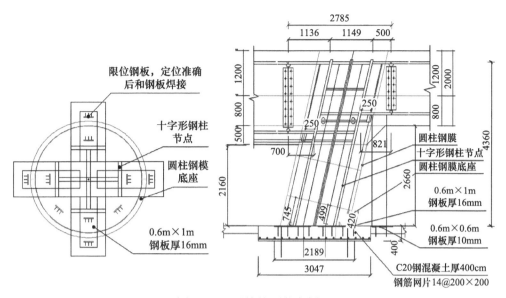

图 3-7 V型柱柱顶节点剖面

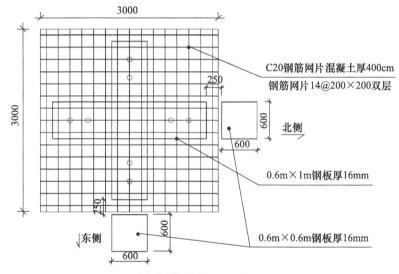

（a）钢筋混凝土基础平面图

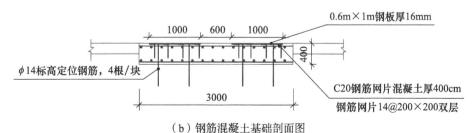

（b）钢筋混凝土基础剖面图

图 3-8 钢筋混凝土基础

4）预埋钢板定位施工

基础开挖完成后，先由测量组在基础内放线画出预埋钢板位置，然后在钢板4个角点处向土层内打入4根φ22钢筋，钢筋长度不小于1m；钢筋打入完成后，检查钢筋插入深度及牢固程度，然后由测量组在钢筋上标出预埋钢板底面标高，采用切割机将多余钢筋切割，随后安装预埋钢板，在安装过程中，测量组全程测量调整，标高误差不得大于5mm。4块预埋钢板安装完成后，采用钢筋将钢板底部连接为整体，然后开始浇筑基础混凝土。在浇筑过程中，禁止作业人员踩踏预埋钢板（图3-9、图3-10）。

图3-9 预埋钢板现场情况图

图3-10 垫层混凝土浇筑现场

（2）V型柱节点定位、安装

1）坐标计算

一是对V型柱型钢柱、型钢梁进行建模，通过建模，可随时调出十字型钢柱任意位置、任意标高的坐标；二是人工计算十字型钢柱安装节点位置的坐标，根据设计坐标和安装位置标高计算，每个安装节点计算出8个点位的坐标，上、下端各4个坐标。计算出的坐标与建模调出的坐标完全一致后，作为测量放线的依据。

2）十字型钢柱节点测量放线

根据测量放线安装垫层上预埋钢板，垫层浇筑后在钢板上放出十字型钢柱底端的4个点坐标，然后安装十字型钢节点，安装完成后，再反复测量十字型钢节点上、下端的8个点位坐标，确认无误后，固定十字型钢节点（图3-11）。

3）十字型钢柱节点安装及固定

在预埋钢板上通过精确测量放线后，安装导向钢板和型钢竖向支撑，然后采用汽车起重机安装十字型钢柱节点。安装时，利用导向钢板定位十字型钢柱节点下端位置，使用水平千斤顶进行精调，同时利用型钢竖向支撑螺旋丝杠将十字型钢柱节点调至水平,当V型柱节点就位后,现场测量人员用全站仪对梁顶标高、轴线、垂直度及角度进行复核,调整时采用吊车起吊,并用人工左右移动的方法进行微调,确保轴线偏差小于3mm,梁顶标高采用临时支架在梁底受力,对梁顶标高进行微调,最终达到设计标高,梁顶标高偏差为±2mm。型钢柱垂直度小于1mm。经测量复测无误后,将十字型钢柱节点与预埋钢板焊接(图3-12)。

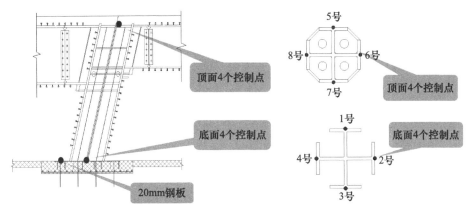

图3-11 十字型钢柱节点控制点位置

图3-12 V型斜柱十字型钢节点吊装

4)型钢梁柱防倾覆措施

V型柱节点定位完成后,需要做防倾覆措施,在型钢梁端头采用H型钢支撑柱支撑，确保型钢梁稳定、不晃动。V型柱节点的加固措施如图3-13所示。

5）型钢梁柱位置、标高复核

型钢柱节点加固完成后，采用全站仪再次对轴线、标高进行复核，确定无误后，方可进入下道工序。

（3）型钢梁吊装

V型柱节点顶部由4根水平型钢梁连接，分别由型钢梁1（XGL1）、型钢梁2（XGL2）、型钢梁5（XGL5）及型钢梁7（XGL7）连接而成；具体结构尺寸如图3-14所示。V型柱节点安装完成后，根据现场实际长度加工型钢梁，加工完成

图3-13 V型柱节点固定

后，采用吊机安装。绑吊型钢梁时，应采用两点起吊，吊索与水平线的夹角不宜小于45°，吊点一个设置在柱顶，为钢板焊接吊耳，另外一个采用钢丝绳（或吊带）捆绑在梁上。现场可根据实际情况调整绑扎点，确保型钢梁柱起吊后平整，同时在两端加缆风绳以控制其转动（图3-15）。

（4）V型柱圆模底座、钢筋及圆柱钢模安装、圆柱混凝土浇筑

根据测量控制线安装圆柱钢模底座，在底座内填满沙子，安装V型柱钢筋，抹砂浆制作混凝土底模，自下而上安装圆柱钢模，并采用撑杆固定。考虑V型柱节点位置纵、横型钢梁交错、板梁钢筋密集，为了确保板下圆柱混凝土浇筑密实，先浇筑圆柱混凝土，后绑扎梁板钢筋，采用天泵浇筑C60混凝土后进行养护（图3-16）。

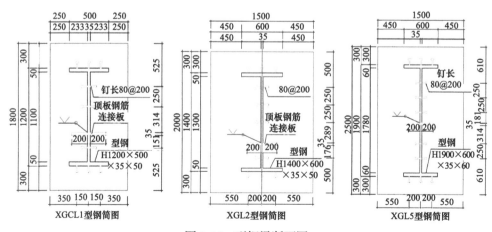

图3-14 型钢梁断面图

3.1 黄木岗枢纽地下V型柱概况

图 3-15　型钢梁和节点连接图

图 3-16　V型斜柱圆模底座、钢筋及圆柱钢模安装和浇筑养护现场图

4. 中间V型柱段施工

（1）中间段十字型钢柱连接

V型柱中间节段采用28t随车起重机，辅以15t葫芦吊装、安装，采用随车起重机将V型柱型钢从吊点起吊，人工配合调整V型柱型钢倾斜角度，将V型柱型钢柱放入V型柱上、下预留空间内。考虑V型柱安装条件，将V型柱中间节减短2cm（两端各预留1cm），以便V型柱安装到位，V型柱接头要求全熔透焊接。顶部焊接时采用升降车作为操作平台，同时在顶端预留型钢柱头上焊接吊环，用于作业人员挂安全带。焊接完成后，需对施工缝内杂物进行清理，验收合格后，进入下一步施工（图3-17）。

（2）中间段V型柱钢筋安装

钢筋采用现场加工制作、安装；钢筋连接分为绑扎搭接、焊接和机械连接方式，大于等于$\phi 20$的钢筋采用直螺纹钢筋接驳器连接，小于$\phi 20$的钢筋采用焊接或绑扎连接，V型柱节点上、下端钢筋采用接驳器（车全丝，退丝连接工艺）连接，如有个别上、下端钢筋可能出现错位情况，中间接头采用邦焊焊接连接形式，保证钢筋有效连接（图3-18、图3-19）。

（3）中间段V型柱模板安装

支架体系为ϕ48盘扣式支架，横纵向间距为1200mm，步距为1500mm。为确保混凝土浇筑质量及施工安全，设置"井"字抱撑与模板抱紧，抱撑横杆与架体立杆采用扣件连接（不小于3跨），在各层结构板施做ϕ28地锚（插入结构板长度不少于25cm），沿高度方向每1m设置1组斜撑与井字架，采用扣件连接，每组设置2根斜撑。

图3-17 V型斜柱中间节段吊装与安装现场图

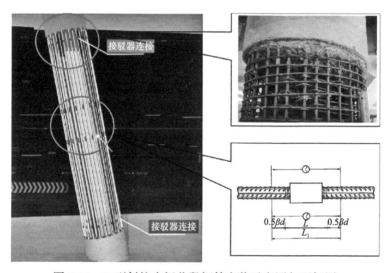

图3-18 V型斜柱中间节段钢筋安装示意图与现场图

图 3-19 V 型斜柱钢管支撑与模板安装现场图

（4）中间段 V 型柱混凝土浇筑

混凝土从模板顶部喇叭口处放入，分层浇筑，每层厚度为 50cm。除采用捣固棒振捣以外，浇筑过程还需人工不断用铁锤敲击模板，预防出现蜂窝麻面。混凝土浇筑完成后，混凝土面高出预留接触面 10cm，采用振捣棒振捣，保证接触面密实。拆除模板后，将喇叭口处多余的混凝土凿除干净，并打磨平整（图 3-20、图 3-21）。

（5）V 型柱施工测量

1）先施工底柱部分，定位柱脚和 V 型柱的倾斜方向、角度。之后，浇筑 V 型柱底柱混凝土。重新放样中心点及十字型钢梁的 8 个交点，确定 V 型柱柱根位置（图 3-22）。

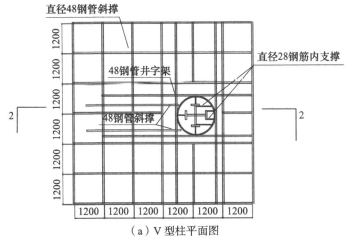

(a) V 型柱平面图

图 3-20 V 型斜柱钢管支撑示意图（一）

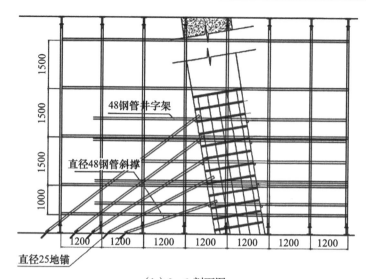

（b）2—2 剖面图

图 3-20　V 型斜柱钢管支撑示意图（二）

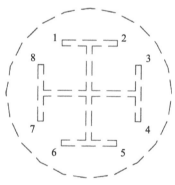

图 3-21　V 型斜柱混凝土浇筑成型现场图　　图 3-22　V 型柱节点坐标点位示意

2）平整柱底地面，做混凝土硬化平整地面，在混凝土地坪上建立 V 型柱平面控制平台，将 V 型柱的平面位置投影到平台上，将 V 型柱各标高面高度数据标注到平台上。

3）施工中，根据平台数据随时检查、纠正 V 型柱柱身偏差。

5. V 型柱－临时钢管柱体系转换

为确保体系可以安全转换，引入轴力伺服系统，在临时立柱上方预先安装钢棒（图 3-23）；在转换受力体系时，在带伺服系统的临时钢管柱柱顶安装 2～4 个 400t 千斤顶，同步按比例进行卸载，卸载过程中分 5 次逐级卸载，每次卸载轴力值的 20%，使 V 型柱逐步承受荷载至正常使用状态。体系转换前、后的照片如图 3-24 所示。

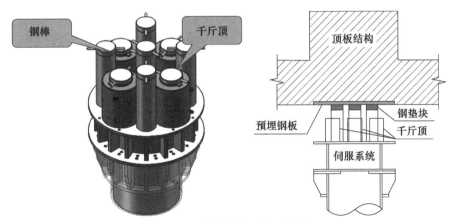

图 3-23 钢管混凝土柱顶节点

图 3-24 体系转换前、后的照片

3.1.3 重难点分析

1. V型柱施工重难点

1）24号线结构施工工艺采用盖挖逆作法施工，故现场盖板以下的钢柱钢梁均无法采用常规吊装机械及吊装手法施工。

2）目前国内极少使用钢柱逆作法，该项目V型钢柱采用逆作法施工，且钢柱不垂直，给吊装作业带来更大的困难。

3）V型钢柱的定位是个难点，由于采用逆作法施工，钢柱柱头会与钢梁加工在一起，保证安装钢柱的垂直度在规范允许范围内，是安装的难点之一。

4）钢板比较厚，焊接要求高。该项目以50mm钢板为常规厚度，无论是钢梁还是钢柱，在复杂情况下保证一级焊缝的质量，也是施工的一个难点。

5）V型柱与主体结构纵梁及横梁均进行连接，倾斜角度不统一，因采用盖挖逆作法，施工各层板时，需预留立柱接口。因此，预留接头的平面位置、与结构夹角及精准控制标高是本工程的难点。

6）V型柱施工完成后，结构力的体系转换是本工程的重难点。V型柱柱顶的最大跨度为25.6m，在结构自重和上覆土荷载作用下，型钢梁挠度偏大；V型柱为鱼腹形布置，倾角从1.3°~13.0°不等，与直柱不同，V型柱会受到轴力和弯矩的共同作用。在梁跨度最大的截面（25.6m），斜柱倾角最大（13°），长度超过30m，在较大轴压和弯矩作用下存在变形和开裂风险；采用V型柱-临时钢管柱"永临分离+体系转换"的方式，相比于永临合一结构体系，施工过程中结构力系多次变换，存在较大的安全风险。

2. 风险控制措施

1）与设备厂家联合，研究适用于本项目的安装机械设备。

2）按照1:1比例绘制每根V型柱的结构图，每根立柱顶部及底部模板根据倾斜角度设置调整节模板，中间部分采用单块2m长的标准模板，在加工模板的过程中，严格控制其倾斜角度，整体拼装验收合格后方可使用；充分利用安装厂家的专业手段，结合类似工程积累的经验，每道工序均严格按要求审核确定，保证安装精度满足要求。

3）选择专业焊工，提前交底，施工前，应先在地面进行预焊，符合要求后，方可进行实际操作。

4）立柱预留接头在专业钢构加工场进行加工，预留接头与主体结构横梁连接成整体，加工前，先在加工平台上放样，放样完成后，对预留接头与主体结构横梁夹角及节点相对位置进行复核，确认无误后，采用限位块对型钢进行固定，之后进行焊接，焊接完成后，运至现场进行安装。安装时，先将钢柱及钢梁边线进行定位，钢柱底部采用限位板进行定位，最后复核标高，确保高程及平面位置准确无误。

5）V型柱施工完成后，应及时与设计人员沟通结构力的体系转换系统，后期编制专项施工方案。

3.2 黄木岗枢纽地下V型柱体系转换

3.2.1 V型柱体系转换方案

1. 核心区体系转换方案

根据现场施工进度，中区16根V型柱先施工完成，因此首先对中区进行结构体系转换。考虑到中区东侧临近改造中的 7 号线车站，西侧受临时钢便桥桥墩影响，型钢梁尚未完全施工完毕，因此中区 V 型柱难以具备一次性体系转换条件，且一次性转换需要 16 个千斤顶同步加、卸载，对伺服系统要求高。因此，本书提出如图 3-25 所示的分批转换方案，中区 16 根 V 型柱共分 8 批，从中间向东、西两侧逐批进行体系转换，避开对 7 号线车站改造和临时钢便桥所在区域的影响；同时，前三批转换的临时柱柱网布置规则相对安全，且有利于积累施工经验。如图 3-26 所示，临时柱柱顶由法兰盘、钢棒、垫块和柱顶钢板组成，直接割除柱顶钢棒施工效率低，并且割除钢棒时临时柱突然卸载，力系突变带来的冲击荷载将对结构安全造成不利影响。因此，对同一批次转换的 3~5 根临时钢管柱，柱顶采用千斤顶伺服系统同步进行加、卸载，当千斤顶分级加载至略大于临时柱柱顶钢棒受力时，钢垫块即可脱开取出，随后千斤顶分级卸载，直至柱顶钢板完全脱开，拆除柱顶法兰盘，切割临时柱。该方案更加便于施工，且有利于结构安全。

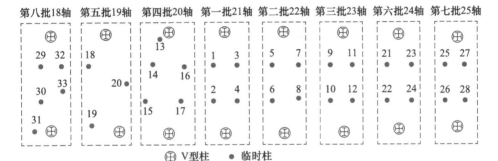

图 3-25 中区 V 型柱体系转换方案

图 3-26 中区 V 型柱体系转换现场照片

可通过有限元计算分级加载的各级荷载值。建立如图3-27所示的三维有限元计算模型，荷载工况从最小0级（仅框架自重）到最大7级（恒载＋活载），共8种，每种工况下按照图3-25确定的转换顺序计算出对应的临时柱柱顶轴力。

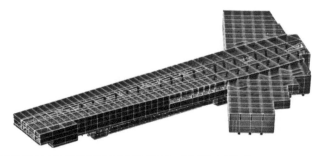

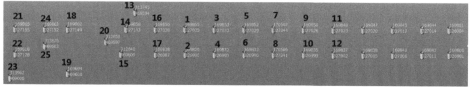

图3-27 有限元计算模型和临时柱编号示意图

每批临时钢管柱加、卸载时，各柱顶均安装2～4个（按极限加载值配置）400T液压千斤顶，按表3-4中要求的分级加载要求同步顶升。在准备工作完善后，开始第一级加载，第一次加载值按照分级加载值及油表读数值进行控制，在稳压持荷30min内，对临时柱顶板位移、V型柱节点沉降及V型柱型钢梁跨中沉降进行监测，并记录数据。观察员利用曲臂车对千斤顶完好性、顶铁是否松脱、顶板结构及V型柱结构是否开裂等问题进行检查，前一级监测数据变化较小，且在设计允许范围内，检查千斤顶及主体结构无异常后，即可进行第二级加载。重复上述步骤，直至加载至设计给予的加载控制极限值或千斤顶顶铁松动达到脱离条件（顶板上升不超过3mm），将钢垫块抽出即停止加载，不可超加载致使顶板结构破坏。各项数据及检查无异常情况后，按照五级分级卸载，按照最终加载值的10%进行第一级卸载，稳压30min，对各项监测数据进行采集整理，对周边结构进行检查，无异常后，分别按照最终加载值的15%、20%、25%、30%继续进行分级卸载，每级卸载后稳压30min，现场观察结构有无变化情况，最终完成单批受力体系转换。

2. 西区体系转换方案

24号线西区共11组22根V型柱需要进行体系转换（24-7轴～24-17轴）。采用和中区类似的转换方案（图3-28），以13轴为第一组，先向东再向西逐次进行体系转换。由于西区V型柱倾角较小，并且负一层中间架设有临时支撑（图3-29），因此转换风险比中区低。16 轴和 17 轴为钢便桥桥桩穿越区域，待钢便桥拆除完成，型钢梁连接浇筑养护完成后，进行体系转换施工。

临时钢管柱分级加卸载统计表　　　　　　　　表 3-4

临柱编号	批次	分级加卸载 /kN							
		0级 自重	1级 恒	2级 恒+0.0活	3级 恒+0.2活	4级 恒+0.4活	5级 恒+0.6活	6级 恒+0.8活	7级 恒+活
1	第一批	−5295	−6132.0	−6969	−7136.4	−7303.8	−7471.2	−7638.6	−7806
2		−5462	−6329.5	−7197	−7370.6	−7544.2	−7717.8	−7891.4	−8065
3		−5376	−6214.5	−7053	−7220.6	−7388.2	−7555.8	−7723.4	−7891
4		−5217	−6091.5	−6966	−7140.8	−7315.6	−7490.4	−7665.2	−7840
5	第二批	−7338	−8534.5	−9731	−9970.4	−10209.8	−10449.2	−10688.6	−10928
6		−6359	−7655.0	−8951	−9210.4	−9469.8	−9729.2	−9988.6	−10248
7		−3505	−4287.5	−5070	−5226.4	−5382.8	−5539.2	−5695.6	−5852
8		−4734	−5582.5	−6431	−6600.8	−6770.2	−6940.4	−7110.2	−7280
9	第三批	−5894	−7106.5	−8319	−8561.6	−8804.2	−9046.8	−9289.4	−9532
10		−6732	−7995.5	−9259	−9511.6	−9764.2	−10016.8	−10269.4	−10522
11		−4920	−5674.0	−6428	−6578.8	−6729.6	−6880.4	−7031.2	−7182
12		−5579	−6366.0	−7153	−7310.2	−7467.4	−7624.6	−7781.8	−7939
13	第四批	−5747	−6367.5	−6988	−7112.2	−7236.4	−7360.6	−7484.8	−7609
14		−3385	−4150.0	−4915	−5068.0	−5221.0	−5374.0	−5527.0	−5680
15		−4965	−5783.0	−6601	−6764.4	−6927.8	−7091.2	−7254.6	−7418
16		−6838	−7995.0	−9152	−9383.8	−9615.6	−9847.4	−10079.2	−10311
17		−7661	−8916.0	−10171	−10422.4	−10673.8	−10925.2	−11176.6	−11428
18	第五批	−2908	−3808.0	−4708	−4888.0	−5068.0	−5248.0	−5428.0	−5608
19		−5368	−6089.0	−6810	−6954.2	−7098.4	−7242.6	−7386.8	−7531
20		−9712	−11337.0	−12962	−13286.8	−13611.6	−13936.4	−14261.2	−14586

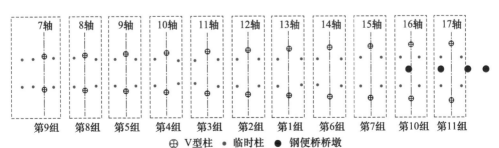

图 3-28　西区 V 型柱体系转换方案

图 3-29　西区负一层临时支撑和钢便桥桥墩

3.2.2　有限元模型

3.2.1 节采用杆系有限单元分析确定了临时柱柱顶千斤顶的分级加载值。但考虑到加载值采用"恒载+活载"的方式近似确定，并非进行实际加载工况的模拟，无法确定临时柱顶升工况下结构是否处于安全状态；同时，采用杆系单元进行分析会带来一定的计算误差。因此，本节建立三维精细化有限元模型，对顶升工况下梁、柱、板和节点的受力变形进行分析，从而确定临时柱的顶升阈值。

1. 模型的简化

（1）代表性跨度的选取

由于模型结构整体较为复杂，因此，建模时只选取有代表性的跨度进行计算。在选取有代表性跨度的过程中，主要选取依据是以V型柱柱脚的横向跨度最大，V型柱构件的截面积尺寸最大为选取标准。最终根据选取规则，本书选取了施工图中编号为 24-20、24-21、24-22 这三排 V 型柱进行计算。

（2）V型柱倾角的确定

通过查询施工图中 V 型柱的倾角，可以发现不同位置的 V 型柱的倾角各不相同，但均小于 13°。为便于建模，本书从安全性的角度考虑，将 V 型柱倾角统一设定为 13° 进行计算。

（3）V型柱以及框架梁中的箍筋

由于本书中 V 型柱和框架梁的箍筋较为密集，对箍筋进行单独建模会增加建模的难度和时间，且箍筋本身对结构的承载力不产生明显的影响，因此，本书从安全性的角度考虑，忽略 V 型柱以及框架梁中箍筋的影响。

（4）板中钢筋的等效

根据相关设计图纸，发现板中的钢筋布置成了钢筋网，且板内钢筋较为密集，建立板中钢筋的过程极其复杂，且必要性不大。因此，本书将板中的钢筋网等效为厚度均匀的钢板，即将单位面积内板的纵向、横向钢筋的总体积等效为同体积的钢板，且等效钢板的厚度取纵向或横向的等效厚度的最小值。

（5）型钢梁节点的处理

由于型钢梁的节点部位均采用了加劲肋，并采用焊接的方式将型钢梁和型钢柱连接在一起，故可认为型钢梁节点属于刚节点。因此，在建模时，将型钢梁和型钢柱合并为一个整体，即不考虑型钢梁节点部位的加劲肋和焊接残余应力的影响。

（6）主体结构选取

根据前期试算结果，发现取负一层的V型柱和其上方的梁板结构进行计算时，结果相对不安全；取3层V型柱和其上方的梁板结构的计算结果相对保守，这主要是因为当V型柱较长时，V型柱相对较柔，因此梁板结构的部分变形会传递到V型柱上。因此，本书选取负一层及以上的梁板结构进行计算。

2. 材料参数

（1）混凝土受压性能

根据《混凝土结构设计规范》GB 50010—2010中提供的混凝土单轴受压的应力-应变关系，本书采用的混凝土单轴受压的本构关系按下列各式进行确定：

$$\sigma = (1-d_c)E_c S \tag{3-1}$$

$$d_c = \begin{cases} 1 - \dfrac{\rho_c n}{n-1+x^n} & (x \leqslant 1) \\ 1 - \dfrac{\rho_c}{\alpha_c(x-1)^2 + x} & (x > 1) \end{cases} \tag{3-2}$$

$$\rho_c = \frac{f_c^*}{E_c \varepsilon_c} \tag{3-3}$$

$$n = \frac{E_c \varepsilon_c}{E_c \varepsilon_c - f_c^*} \tag{3-4}$$

$$x = \frac{\varepsilon}{\varepsilon_c} \tag{3-5}$$

式中，α_c为混凝土单轴受压应力-应变曲线的下降段的参数值，按《混凝土结构设计规范》GB 50010—2010取用；f_c^*为混凝土单轴抗压强度（在本书中取混凝土的抗压强度标准值f_{ck}）；ε_c为f_c^*所对应的峰值压应变；d_c为混凝土单轴受压的损伤演化参数。其余物理量不再过多解释。

（2）混凝土受拉性能

对于混凝土承受拉力的情形，ABAQUS 软件提供了三种定义混凝土受拉软化性能的方法：一是采用混凝土受拉的应力－应变关系；二是采用混凝土应力－裂缝宽度关系；三是采用混凝土破坏能量准则来考虑混凝土受拉软化性能（即应力－断裂能关系）。在 ABAQUS 中定义塑性损伤模型中的受拉性能时，"type" 分别对应 strain、displacement 和 GFI。本书采用混凝土受拉的应力－应变关系来定义其受拉力学性能。根据《混凝土结构设计规范》GB 50010—2010，混凝土受拉应力－应变关系按下列各式进行确定：

$$\sigma = (1 - d_t) E_c \varepsilon \tag{3-6}$$

$$d_t = \begin{cases} 1 - \rho_t (1.2 - 0.2 x^5) & (x \leqslant 1) \\ 1 - \dfrac{\rho_t}{\alpha_t (x-1)^{1.7} + x} & (x > 1) \end{cases} \tag{3-7}$$

$$x = \frac{\varepsilon}{\varepsilon_t} \tag{3-8}$$

$$\rho_t = \frac{f_t^*}{E_c \varepsilon_t} \tag{3-9}$$

式中，α_t 为混凝土单轴受拉应力－应变曲线的下降段的参数值，按《混凝土结构设计规范》GB 50010—2010 取用；f_t^* 为混凝土单轴抗拉强度（在本书中取混凝土的抗拉强度标准值 f_{tk}）；ε_t 为 f_t^* 所对应的峰值拉应变；d_t 为混凝土单轴受拉损伤演化参数。其余物理量不再过多解释。

（3）混凝土受拉及受压的损伤系数

对于混凝土的受拉和受压损伤参数的定义，本书参考 Brittle 等提供的计算公式，采用下列各式计算混凝土的受拉和受压的损伤系数：

$$d_c = 1 - \frac{\sigma_c E_c^{-1}}{\varepsilon_c^{pl} (1/b_c - 1) + \sigma_c E_c^{-1}} \tag{3-10}$$

$$d_t = 1 - \frac{\sigma_t E_t^{-1}}{\varepsilon_t^{pl} (1/b_t - 1) + \sigma_t E_t^{-1}} \tag{3-11}$$

式中，b_c 和 b_t 分别为非弹性应变中受压和受拉塑性应变的比例。其余物理量不再过多解释。

（4）其他参数

混凝土的弹性模量参考《混凝土结构设计规范》GB 50010—2010 中提供的具体

数值，混凝土弹性阶段的泊松比则取0.2。

对于混凝土的塑性行为，ABAQUS善于分析混凝土的受力性能，它提供了混凝土的三种塑性本构模型：混凝土损伤塑性模型、混凝土弥散裂缝模型和ABAQUS/Explicit中的混凝土开裂模型。其中，混凝土损伤塑性模型适用于单项加载、循环加载以及动态加载等场合，它使用非关联多硬化塑性和各项同性损伤弹性相结合的方式描述了混凝土破碎过程中所发生的不可恢复的损伤，这一特性使得损伤塑性模型具有更好的收敛性。混凝土塑性损伤模型适用于准脆性材料，包括混凝土和其他脆性材料（如岩石和陶瓷等）。本书采用混凝土损伤塑性来模拟混凝土的非弹性行为，将混凝土的膨胀角 ψ 取 30°，偏心率 ϵ 取 0.1，双轴等压时，混凝土的强度与单轴抗压强度之比 σ_{b0}/σ_{c0} 取 1.16，拉压子午线上第二应力不变量的比值 K_c 取 2/3，黏塑性松弛试件的黏性系数 v 取 0.001。

（5）钢材本构

钢材采用ABAQUS软件提供的各项同性弹塑性模型，满足Von-Mises屈服准则。钢材在弹性阶段的弹性模量和泊松比分别取200GPa和0.3。钢材的本构关系采用五阶段式模型，这五个阶段分别为弹性段、弹塑性段、塑性段、强化段和二次塑流段，经简化，钢材应力－应变关系的数学表达式如下：

$$f(\sigma) = \begin{cases} E_s\varepsilon & (\varepsilon \leqslant \varepsilon_e, \ \varepsilon_e = 0.8f_y/E_s) \\ -A\varepsilon^2 + B\varepsilon + C & (\varepsilon_e < \varepsilon \leqslant \varepsilon_{e1}, \ \varepsilon_{e1} = 1.5\varepsilon_e) \\ f_y & (\varepsilon_{e1} < \varepsilon \leqslant \varepsilon_{e2}, \ \varepsilon_{e2} = 10\varepsilon_{e1}) \\ f_y\left[1 + 0.6\dfrac{\varepsilon - \varepsilon_{e2}}{\varepsilon_{e3} - \varepsilon_{e2}}\right] & (\varepsilon_{e2} \leqslant \varepsilon \leqslant \varepsilon_{e3}, \ \varepsilon_{e3} = 100\varepsilon_{e1}) \\ 1.6f_y & (\varepsilon > \varepsilon_{e3}) \end{cases} \quad (3-12)$$

式中，$A = 0.2f_y/(\varepsilon_{e1} - \varepsilon_e)^2$，$B = 2A\varepsilon_{e1}$，$C = 0.8f_y + A\varepsilon_e^2 - B\varepsilon_e$。其余物理量不再过多解释。

3. 结构各部件之间相互作用的建模

（1）框架梁以及板的相互作用

在实际工程中，框架梁和板的混凝土浇筑在一起，二者是一个整体。因此，本书在建模过程中首先将框架梁和板进行单独建模，在建立框架梁和板的实体模型之后，再将框架梁和板进行绑定处理，即认为框架梁和板在交界面处的位移是一致的。

（2）型钢骨架与混凝土的相互作用

在实际设计中，型钢梁和型钢柱的翼缘位置均焊接了大量的栓钉，栓钉有效地增强了型钢骨架与混凝土之间的粘结作用，从而使得型钢骨架与混凝土交界面处的滑移很小。因此,本书在建模过程中将型钢骨架嵌入混凝土之中,即认为型钢骨架和混凝土的交界面在结构受力的过程中没有滑移。

(3)框架梁和板中的钢筋与混凝土的相互作用

和上述(2)的处理方式一致,由于钢筋表面存在大量均匀分布的螺纹,因此,本书也认为钢筋和混凝土之间没有滑移,故也将钢筋嵌入混凝土之中,即认为钢筋与框架梁和板之间在结构受力的过程中没有滑移。建立的结构整体模型以及各个部件的示意图如图 3-30 所示。

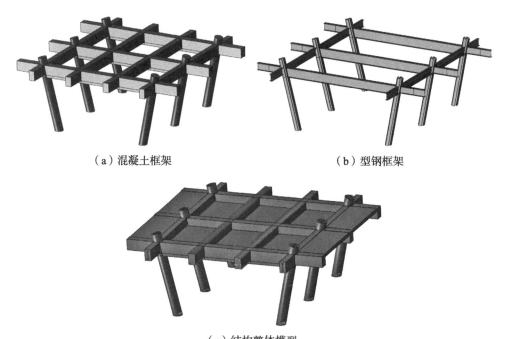

(a)混凝土框架　　　　　　　(b)型钢框架

(c)结构整体模型

图 3-30　结构整体模型以及各个部件示意图

4. 荷载与边界条件

(1)结构的自重

在图 3-30(c)所示的结构整体模型中,定义其自重荷载的方向为竖直向下,而结构的自重与组成结构的各个材料的密度有关系,本书将钢材的密度统一为 7.9t/m³,将混凝土密度统一为 2.4t/m³。

(2)填土荷载

根据设计要求,在图 3-30(c)所示的结构整体模型中,V 型柱内侧的 6 个方格板中含有相应的填土,本书将填土荷载等效为施加于方格板上表面的均布荷载,并取均布荷载的大小为填土的饱和密度。

根据上述设定，施加了自重荷载和填土荷载之后的结构整体模型示意图如图 3-31 所示。

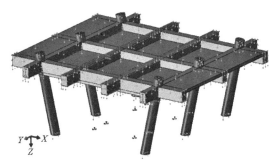

图 3-31　结构整体模型所受荷载示意图

（3）边界条件

施加模型的边界条件时，要考虑结构在实际工程中所受到的真实约束情况。本书对图 3-31 所示的平行于 X 方向的 3 根梁的横截面处水平方向和竖直方向各施加一个位移约束，即设定这 3 根梁的横截面处的 $U_X=0$，$U_Z=0$；对图 3-31 所示的平行于 Y 方向的 4 根梁的横截面处施加一个水平方向的位移约束，即设定这 4 根梁的横截面处的 $U_Y=0$。

对于图 3-31 所示的 6 根 V 型柱而言，本书根据实际情况将其底部表面进行完全固定，即认为 6 根 V 型柱的底部表面在结构整体的受力过程中的位移和转角均为 0。

对于 8 根临时支撑柱而言，本书在建立模型时，将临时柱与图 3-31 所示的结构整体模型进行分离建模。而临时柱与框架梁的底部表面之间的相互作用则采用"接触"作用进行模拟，即建立框架梁的底部表面与临时柱的顶部表面之间的法向"硬"接触。通过这样的设计，可保证临时柱与框架梁之间既可以相互传递压力，也可以相互分离，从而可以比较真实地模拟二者之间的相互作用关系。

5. 单元选取与网格划分

对于混凝土框架（包括 V 型柱和框架梁）、型钢框架（包括型钢柱和型钢梁）等部件，本书均采用四节点线性四面体单元（C3D4 单元）；对于板内的等效钢筋和混凝土板等部件，采用八节点线性六面体单元（C3D8R 单元）；对于框架梁中的钢筋而言，则采用两节点线性空间梁单元（B31 单元）。

在进行有限元计算分析时，模型网格的划分密度对有限元方法的计算结果非常重要：如果网格划分过大，可能导致计算结果产生严重的失真；反之，如果网格划分过于细密，将花费过多的计算时间，浪费计算机资源。因此，在生成模型时，应进行网格划分试验，在计算结果精度和花费代价上达到平衡，最后确定合理的网格密度。本书在经过大量的试算之后确定了网格的划分密度，划分网格后的结构整体及各个组成部件的示意图如图 3-32 所示。

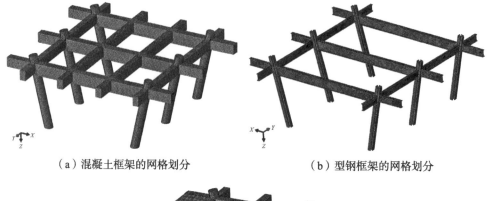

（a）混凝土框架的网格划分　　　　　　（b）型钢框架的网格划分

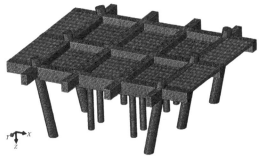

（c）结构整体的网格划分

图 3-32　结构整体及各个组成部件的网格划分

6. 分析工况

在设计方案中，对同一轴 2 根 V 型柱对应的 4 根临时钢管混凝土柱进行同步顶升与卸载，对伺服系统同步性要求较高，为了确定临界顶升阈值，考虑以下 5 种计算工况（图 3-33）：

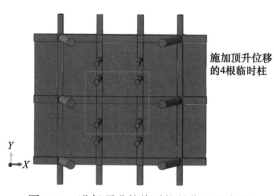

图 3-33　进行顶升的临时柱的位置示意图

1）同时顶升 4 根临时柱（D1～D4）；

2）同时顶升沿 X 方向的 2 根临时柱（D1 和 D2）；

3）同时顶升沿 Y 方向的 2 根临时柱（D1 和 D3）；

4）同时顶升斜对角的 2 个临时柱（D1 和 D4）；

5）仅单根临时柱（D1）。

设定的最大顶升位移的判定条件如下：

1）模型中所有钢材的 Mises 应力不超过钢材应力强度的比例极限，即钢材的最大 Mises 应力应小于 Q355 钢材的比例极限（Q355 钢材的比例极限为 $0.8 \times 355 = 284$（MPa））；

2）模型中所有混凝土（包括板或框架梁中的混凝土）的最大受拉损伤因子不超过 0.9；

3）模型中混凝土的最大应力不超过 C35 混凝土的抗压强度标准值，即混凝土的最大应力应小于 23.5MPa。

所允许顶升的最大位移取上述 3 种判定条件的最小值。

3.2.3 计算结果分析

1. 同时顶升 4 根临时柱（D1～D4）

当顶升临时柱 D1～D4 时，在临界状态下，结构的整体位移以及混凝土的受拉损伤情况如图 3-34 所示。

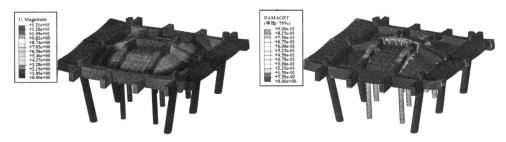

（a）结构的整体位移　　　（b）混凝土受拉损伤（红色区域为即将开裂区域）

图 3-34　顶升临时柱 D1～D4 时的结构整体位移以及混凝土的受拉损伤

从图 3-34（a）可以看出，顶升临时柱 D1～D4 时的临界位移为 13.1mm。此外，顶升位移的作用导致混凝土框架的 2 根横梁和 1 根纵梁上表面产生了负弯矩。图 3-34（b）中的红色区域即为混凝土即将开裂的区域。

混凝土框架应力以及型钢框架的应力如图 3-35 所示。

从图 3-35 可以看出，在临界状态下，混凝土框架的最大应力为 22.3MPa，小于

C35 混凝土的抗压强度标准值；此时，型钢框架的应力为 126MPa，小于 Q355 钢材应力强度的比例极限 284MPa。

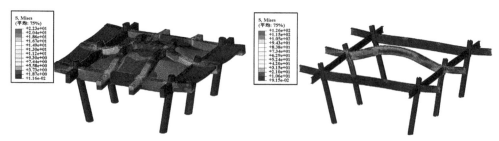

（a）混凝土框架应力　　　　　　（b）型钢框架应力

图 3-35　顶升临时柱 D1～D4 时的混凝土框架以及型钢框架的应力

临时柱的支反力和顶升位移之间的关系曲线如图 3-36（a）所示；V 型柱的支反力和分析步时间的关系曲线如图 3-36（b）所示。在图 3-36 中，设节点位移以竖直向下为正，竖直向上为负，且零点位置位于框架梁的零位移处（零位移对应于无任何荷载施加在框架梁上的工况）。V 型柱支反力以拉力为正，压力为负。

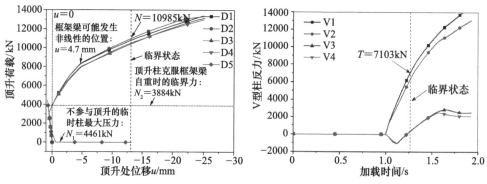

（a）顶升荷载与顶升位移关系曲线　　　　　　（b）V 型柱反力与加载时间关系曲线

图 3-36　顶升临时柱 D1～D4 时的临时柱和 V 型柱的反力示意图

从图 3-36（a）可以看出，当没有 V 型柱时，临时柱所受到的最大压力为 4461kN，此时受力最大的临时柱为 D5 柱；当 V 型柱接上时，临时柱克服框架梁的自重以及填土荷载的压力所需的顶升力为 3884kN，也就是说，当顶升荷载为 3884kN 时，可抵消框架梁的自重以及填土荷载的压力对结构产生的竖向位移（该位移值约为 0.54mm）。此外，从图 3-36（a）中还可以看出，当框架梁的顶升处位移为 −4.7mm 时，也就是用临时柱将框架梁竖直向上顶升 5.24mm 时，顶升荷载存在拐点，此时，需要减缓顶升速度，并对框架梁结构的薄弱部位（前述有指出薄弱部位的具体位置）进行持续的监测。

从图 3-36（b）可以看出，在顶升过程中，V1 和 V2 柱一直承受拉力，V3 和 V4

柱先受压后受拉，且 V1 和 V2 柱所承受的拉力最大，在临界状态下，V1 柱的最大拉力约为 7103kN（若按 V 型柱直径 1800mm，C60 混凝土的抗拉强度 2.85MPa 进行估算，V 型柱在受拉开裂时的临界荷载约为 7252kN），此时 V 型柱承受的拉力已非常接近其受拉临界荷载。因此，当同时顶升 D1~D4 这 4 根临时柱时，需要对受拉力最大的 V1 和 V2 柱的柱脚位置进行持续监测，以防止 V 型柱柱脚处的混凝土开裂。

2. 同时顶升沿 X 方向的 2 根临时柱（D1 和 D2）

顶升临时柱 D1 和 D2 时，在临界状态下，结构的整体位移以及混凝土的受拉损伤情况如图 3-37 所示。

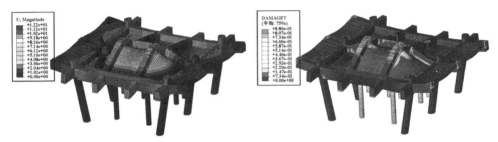

（a）结构的整体位移　　　　（b）混凝土受拉损伤（红色区域为即将开裂区域）

图 3-37　顶升临时柱 D1 和 D2 时的结构整体位移以及混凝土的受拉损伤

从图 3-37（a）可以看出，顶升临时柱 D1 和 D2 时的临界位移为 12.2mm。此外，顶升位移的作用导致混凝土框架的 2 根横梁和 1 根纵梁上表面产生了负弯矩，图 3-37（b）中的红色区域即为混凝土即将开裂的区域。因此在具体顶升过程中，应注意监测区域的变形情况。

混凝土框架应力以及型钢框架的应力如图 3-38 所示。

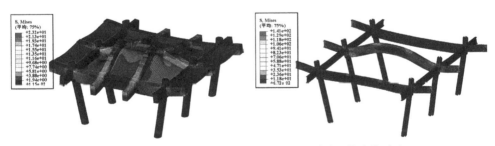

（a）混凝土框架应力　　　　（b）型钢框架应力

图 3-38　顶升临时柱 D1 和 D2 时的混凝土框架以及型钢框架的应力

从图 3-38 可以看出，在临界状态下，混凝土框架的最大应力为 23.2MPa，小于 C35 混凝土的抗压强度标准值；此时，型钢框架的应力为 141MPa，小于 Q355 钢材应力强度的比例极限 284MPa。

临时柱的支反力和顶升位移之间的关系曲线如图3-39（a）所示；V型柱的支反力和分析步时间的关系曲线如图3-39（b）所示。节点位移以及V型柱支反力方向的定义与上述内容一致。

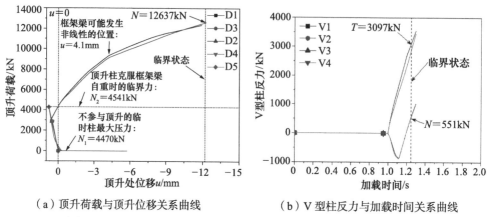

（a）顶升荷载与顶升位移关系曲线　　　　（b）V型柱反力与加载时间关系曲线

图3-39　顶升临时柱D1和D2时的临时柱和V型柱的反力示意图

从图3-39（a）可以看出，当没有V型柱时，临时柱所受到的最大压力为4470kN；当V型柱接上时，临时柱D1克服框架梁的自重以及填土荷载的压力所需的顶升力为4541kN，也就是说，当顶升荷载为4541kN时，可抵消框架梁的自重以及填土荷载的压力对结构产生的竖向位移（该位移值约为0.54mm）。此外，当框架梁的顶升处位移为-4.1mm时，也就是用临时柱将框架梁竖直向上顶升4.64mm时，顶升荷载存在拐点，此时，需要减缓顶升速度，并持续监测框架梁结构的薄弱部位（前述有指出薄弱部位的具体位置）。

从图3-39（b）可以看出，当对临时柱进行顶升时，V1和V2柱均承受拉力，V3和V4柱先承受压力后承受拉力，且V1和V2柱所承受的拉力最大，在临界状态下，V1柱承受的最大拉力约为3097kN。随着顶升位移的增加，所有V型柱承受的拉力均持续增加，这说明顶升位移产生的作用力可能转移至其他V型柱，并使得其他V型柱承受的拉力逐渐增长。因此，当对框架梁进行顶升时，需要对受拉力最大的V1和V2柱的柱脚位置进行监测，以防止该处混凝土开裂。

3. 同时顶升沿Y方向的两根临时柱（D1和D3）

当顶升临时柱D1和D3时，在临界状态下，结构的整体位移以及混凝土的受拉损伤情况如图3-40所示。

从图3-40（a）可以看出，顶升临时柱D1和D3时的临界位移为14.9mm。此外，顶升位移的作用导致混凝土框架的1根横梁和1根纵梁上表面产生负弯矩。图3-40（b）

中的红色区域即为混凝土即将开裂的区域。因此，在具体顶升过程中，应注意监测红色区域的变形情况。

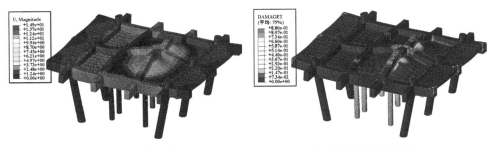

（a）结构的整体位移　　　　　　　　（b）混凝土受拉损伤

图 3-40　顶升临时柱 D1 和 D3 时的结构整体位移以及混凝土的受拉损伤

混凝土框架应力以及型钢框架的应力如图 3-41 所示。

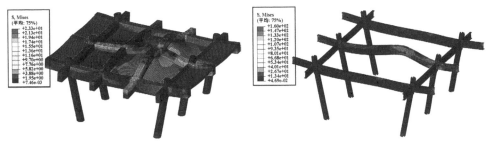

（a）混凝土框架应力　　　　　　　　（b）型钢框架应力

图 3-41　顶升临时柱 D1 和 D3 时的混凝土框架以及型钢框架的应力

从图 3-41（a）可以看出，在临界状态下，混凝土框架的最大应力为 23.3MPa，小于 C35 混凝土的抗压强度标准值；此时，型钢框架的应力为 160MPa，小于 Q355 钢材应力强度的比例极限 284MPa。

临时柱的支反力和顶升位移之间的关系曲线如图 3-42（a）所示；V 型柱的支反力和分析步时间的关系曲线如图 3-42（b）所示。

从图 3-42（a）可以看出，当没有 V 型柱时，临时柱所受到的最大压力为 4731kN；当 V 型柱接上时，临时柱 D1 克服框架梁的自重以及填土荷载的压力所需的顶升力为 4296kN，也就是说，当顶升荷载为 4296kN 时，可抵消框架梁的自重以及填土荷载的压力对结构产生的竖向位移（该位移值约为 0.54mm）。此外，从图 3-42（a）还可以看出，当框架梁的顶升处位移为 −4.2mm 时，也就是用临时柱将框架梁竖直向上顶升 4.74mm 时，顶升荷载可能发生一定的非线性变化，此时，需要减缓顶升速度，并注意监测红色区域的变形情况。

从图 3-42（b）可以看出，当对临时柱进行顶升时，V1 柱承受拉力，V2 和 V4 柱承受压力，V3 柱先承受压力后承受拉力。在顶升过程中，V1 柱所承受的拉力最大，在临界状态下，V1 柱承受的拉力约为 6815kN，此时已非常接近 V 型柱受拉开裂的临界荷载。随着顶升位移的增加，V3 和 V4 柱承受的压力继续增加，但压力值相对于 V 型柱的整体受压承载力来说可以忽略不计。因此，当顶升临时柱 D1 和 D3 时，需要对受拉力最大的 V1 柱的柱脚位置进行监测，以防止该处混凝土开裂。

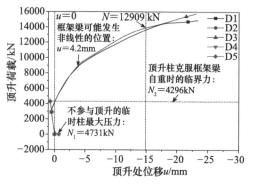
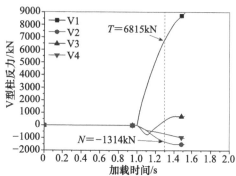

（a）顶升荷载与顶升位移关系曲线　　（b）V 型柱反力与加载时间关系曲线

图 3-42　顶升临时柱 D1 和 D3 时的临时柱和 V 型柱的反力示意图

4. 同时顶升斜对角的 2 根临时柱（D1 和 D4）

当顶升临时柱 D1 和 D4 时，在临界状态下，结构的整体位移以及混凝土的受拉损伤情况如图 3-43 所示。

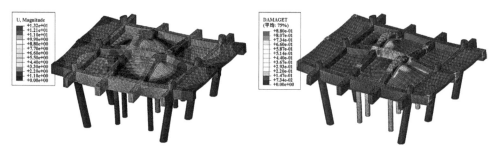

（a）结构的整体位移　　（b）混凝土受拉损伤（红色区域为即将开裂区域）

图 3-43　顶升临时柱 D1 和 D4 时的结构整体位移以及混凝土的受拉损伤

从图 3-43（a）可以看出，顶升临时柱 D1 和 D4 时的临界位移为 13.2mm。此外，顶升位移的作用导致混凝土框架的 2 根横梁上表面产生了负弯矩，1 根纵梁发生了明显的受扭作用，图 3-43（b）中的红色区域即为混凝土即将开裂的区域。因此，在具体顶升过程中，应注意监测红色区域的变形情况。

混凝土框架应力以及型钢框架的应力如图 3-44 所示。

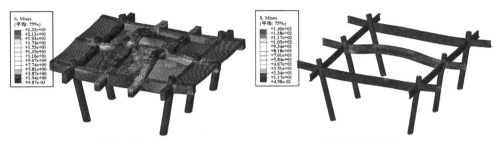

（a）混凝土框架应力　　　　　　　　（b）型钢框架应力

图 3-44　顶升临时柱 D1 和 D4 时的混凝土框架以及型钢框架的应力

从图 3-44 可以看出，在临界状态下，混凝土框架的最大应力为 23.2MPa，小于 C35 混凝土的抗压强度标准值；此时，型钢框架的应力为 140MPa，小于 Q355 钢材应力强度的比例极限 284MPa。

临时柱的支反力和顶升位移之间的关系曲线如图 3-45（a）所示；V 型柱的支反力和加载时间的关系曲线如图 3-45（b）所示。节点位移以及 V 型柱支反力方向的定义与上述一致。

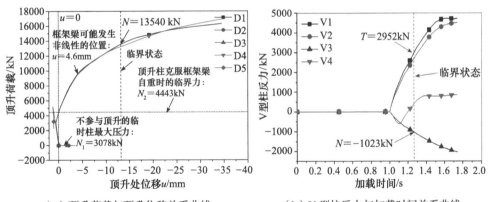

（a）顶升荷载与顶升位移关系曲线　　（b）V 型柱反力与加载时间关系曲线

图 3-45　顶升临时柱 D1 和 D4 时的临时柱和 V 型柱的反力

从图 3-45（a）可以看出，当没有 V 型柱时，临时柱所受到的最大压力为 3078kN；当 V 型柱接上时，临时柱 D1 和 D4 克服框架梁的自重以及填土荷载的压力所需的顶升力为 4443kN，也就是说，当顶升荷载为 4443kN 时，可抵消框架梁的自重以及填土荷载的压力对结构产生的竖向位移（该位移值约为 0.54mm）。此外，从图 3-45（a）还可以看出，当框架梁的顶升处位移为 −4.6mm 时，也就是用临时柱将框架梁竖直向上顶升 5.14mm 时，顶升荷载可能发生一定的非线性变化。此时，需要减缓顶升速度，并注意监测红色区域的变形情况。

从图 3-45（b）可以看出，当对临时柱进行顶升时，V1 和 V2 柱均承受拉力，V3 柱一直承受压力，V4 柱先承受压力后承受拉力，且 V1 柱所承受的拉力最大。在临界状态下，V1 柱承受的拉力约为 2952kN，此时 V 型柱承受的拉力较小。随着顶升位移的增加，V3 柱承受的压力继续增加，这说明顶升位移产生的作用力可能转移至其他 V 型柱，并使得其他 V 型柱承受的压力逐渐增长。当对框架梁进行顶升时，也需要对受拉力最大的 V1 柱的柱脚位置进行监测，以防止该处混凝土开裂。

5. 顶升单根临时柱（D1）

当顶升临时柱 D1 时，在临界状态下，结构的整体位移以及混凝土的受拉损伤情况如图 3-46 所示。

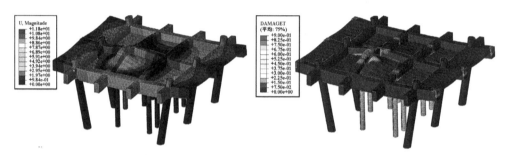

（a）结构的整体位移　　　　　　（b）混凝土受拉损伤（红色区域为即将开裂区域）

图 3-46　顶升临时柱 D1 时的结构整体位移以及混凝土的受拉损伤

从图 3-46（a）可以看出，顶升图中的临时柱 D1 时的临界位移为 11.8mm。此外，顶升位移的作用导致混凝土框架的 1 根横梁和 1 根纵梁上表面产生负弯矩。图 3-46（b）中的红色区域即为混凝土即将开裂的区域。因此，在具体顶升过程中，应注意监测红色区域的变形情况。

混凝土框架应力以及型钢框架的应力如图 3-47 所示。

（a）混凝土框架应力　　　　　　　　　（b）型钢框架应力

图 3-47　顶升临时柱 D1 时的混凝土框架以及型钢框架的应力

从图3-47中可以看出，在临界状态下，混凝土框架的最大应力为22.9MPa，小于C35混凝土的抗压强度标准值；此时，型钢框架的应力为139MPa，小于Q355钢材应力强度的比例极限284MPa。

临时柱的支反力和顶升位移之间的关系曲线如图3-48（a）所示；V型柱的支反力和分析步时间的关系曲线如图3-48（b）所示。节点位移以及V型柱支反力方向的定义与上述一致。

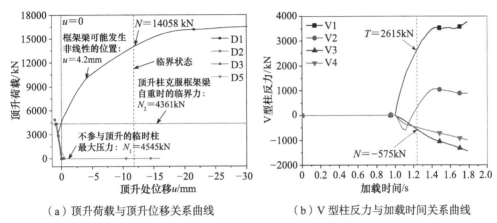

（a）顶升荷载与顶升位移关系曲线　　（b）V型柱反力与加载时间关系曲线

图3-48　顶升临时柱D1时的临时柱和V型柱的反力示意图

从图3-48（a）可以看出，当没有V型柱时，临时柱所受到的最大压力为4545kN；当V型柱接上时，临时柱D1克服框架梁的自重以及填土荷载的压力所需的顶升力为4361kN，也就是说，当顶升荷载为4361kN时，可抵消框架梁的自重以及填土荷载的压力对结构产生的竖向位移（该位移值约为0.54mm）。此外，从图3-48（a）还可以看出，当框架梁的顶升处位移为−4.2mm时，也就是用临时柱将框架梁竖直向上顶升4.74mm时，顶升荷载可能发生一定的非线性变化，此时，需要减缓顶升速度，并注意监测红色区域的变形情况。

从图3-48（b）中可以看出，当对临时柱进行顶升时，V1柱一直承受拉力，V2柱先受压后受拉，V3和V4柱均承受压力，且V1柱所承受的拉力最大。在临界状态下，V1柱承受的拉力约为2615kN，相比前述几种工况而言，单独顶升临时柱D1时，V1柱所受的拉力最小。

6. 卸载工况

在计算同时拆除8根临时柱的工况时，本书分两步进行：第一步，结构整体仅含有上部结构和临时柱，在该条件下计算结构在填土荷载和自重荷载作用下的变形情况和各部位的应力情况；第二步，加入V型柱，拆除临时支撑，在该条件下计算结构在填土荷载和自重荷载作用下的变形情况和各部位的应力情况。下面分析两个分析步骤下的结构位移和应力的情况。

第一步，将结构自重和填土荷载落在临时柱上，无 V 型柱。在第一步结束时，型钢和混凝土框架应力以及结构整体变形情况如图 3-49 所示。

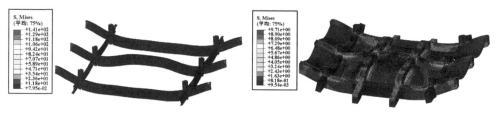

（a）第一步结束时的型钢框架应力　　　　（b）第一步结束时的混凝土框架应力

（c）第一步结束时的结构整体位移

图 3-49　第一步结束时的型钢和混凝土框架应力，结构整体变形情况

从图 3-49 可以看出，在第一步结束时，结构内部钢材的最大应力为 141MPa，混凝土的最大应力为 9.71MPa，且结构的最大位移为 3.94mm，结构是安全的。

第二步，将上部结构的填土荷载和自重落到 V 型柱上，并拆除临柱。在第二步结束时，型钢和混凝土框架应力以及结构整体变形情况如图 3-50 所示。

从图 3-50 可以看出，在第二步结束时，结构型钢框架的最大应力为 150MPa，型钢框架安全，且结构的最大位移为 19.5mm。

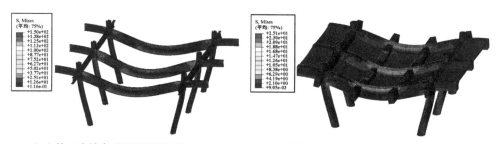

（a）第二步结束时的型钢框架的应力　　　　（b）第二步结束时的混凝土框架的应力

图 3-50　第二步结束时型钢和混凝土框架应力，结构整体变形情况（一）

（c）第二步结束时的结构整体位移情况

图 3-50　第二步结束时型钢和混凝土框架应力，结构整体变形情况（二）

此时，混凝土的最大应力为 25.1MPa，超过 23.4MPa，将混凝土框架最大应力的位置以及应力不超过 23.4MPa 的区域进行显示，如图 3-51 所示。

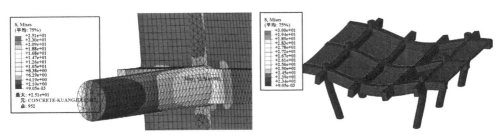

（a）混凝土框架最大应力的位置　　　（b）混凝土应力不超过23.4MPa的区域（黑色区域）

图 3-51　混凝土框架最大应力位置以及应力不超过 23.4MPa 的区域

通过查询图 3-51（a）发现，混凝土框架的最大应力点位于 V 型柱和框架梁的交点处，且该处混凝土应力较大的主要原因是应力集中；此外，图 3-51（b）也显示混凝土框架的绝大部分单元的应力均小于 23.4MPa。因此，在实际过程中，可不予考虑混凝土框架的应力超过 23.4MPa 的部分。

在第二步结束时，结构内部的钢材的最大应力为 400MPa，超过 284MPa，将钢材的最大应力的位置以及应力不超过 284MPa 的区域进行显示，如图 3-52 所示。

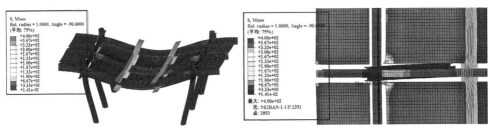

（a）结构内部所有钢材的应力图　　　　　（b）钢材最大应力的位置

图 3-52　钢材的最大应力位置以及应力不超过 284MPa 的区域（一）

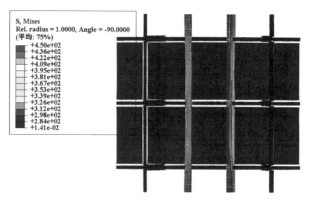

（c）钢材应力不超过284MPa的区域（黑色区域）

图 3-52　钢材的最大应力位置以及应力不超过 284MPa 的区域（二）

通过查询图 3-52（b）发现，钢材的最大应力点位于等效钢筋的角点处，且该处钢材应力较大的主要原因是应力集中；此外，图 3-52（c）也显示结构内部钢材的绝大部分单元的应力均小于 284MPa。因此，在实际过程中，可不予考虑钢材应力超过 284MPa 的部分。

综上所述，当同时拆除 8 根临时柱时对结构安全性无影响。

3.2.4　结论与建议

将上述所有的顶升方案得到的结果进行总结，并将其列入表 3-5 中。在表 3-5 中，$T_{\text{V-max}}$ 表示 V 型柱承受的最大拉力；$N_{\text{Lin-max}}$ 表示临时柱所受到的最大压力（也就是在达到临界状态下的最大顶升力）；u_c 表示临界位移（也就是允许顶升的最大位移），$\sigma_{\text{c-max}}$ 代表混凝土的最大应力；$\sigma_{\text{s-max}}$ 代表钢材的最大应力。

顶升方案结果　　　　　　　　　　表 3-5

方案	顶升柱	$T_{\text{V-max}}$/kN	$N_{\text{Lin-max}}$/kN	u_c/mm	$\sigma_{\text{c-max}}$/MPa	$\sigma_{\text{s-max}}$/MPa
1	D1~D4	7103	10985	13.1	22.3	126
2	D1&D2	3097	12637	12.2	23.2	141
3	D1&D3	6815	12909	14.9	23.3	160
4	D1&D4	2952	13540	13.2	23.2	140
5	D1	2615	14058	11.8	22.9	139

从表 3-5 中可以得出以下结论：

1）当同时顶升 4 根临时柱时，在临界状态下的 V 型柱所受到的拉力最大，应当对V型柱柱身受拉进行监测；

2）当同时顶升4根临时柱时，临时柱所受到轴压力最小，也就是说此时千斤顶在每一个顶升荷载位置所施加的顶升荷载最小；

3）单独顶升1根临时柱时，在临界状态下，V型柱所受到的拉力最小；

4）当对框架梁往上进行顶升时，有一部分V型柱要持续不断地抵抗顶升力的作用，以维持系统的平衡，因此才会使得一部分V型柱承受较大的拉力，一般来说，距离顶升的临时柱越近的V型柱所承受的拉力越大；

5）在上述五种工况下，混凝土的最大应力值为控制条件，且u_c的最小值为11.8mm，最大值为14.9mm，因此顶升位移极限值为11.8mm，并且顶升位移超过5mm后，V型柱反力的增速较快。考虑到实际工程中临时柱柱顶略微顶起后，钢垫块即可与柱顶钢板脱开并顺利取出，综合考虑体系转换结构安全和施工效率，将实际顶升位移控制值设置为3mm。

在顶升过程中，特别需要注意避免以下几种情况：

1）由于顶升荷载较大，框架梁的混凝土的强度等级仅为C35，因此需要注意避免与千斤顶接触区域内的混凝土的应力集中问题。

2）距离顶升柱最近的V型柱一般承受最大的拉力，因此在顶升过程中需要确定承受最大拉力的V型柱位置，并注意监测相应的V型柱柱顶、柱脚位置的受拉变形，以防止V型柱受拉开裂。

3）根据前述分析发现，在框架梁的上表面且靠近顶升柱的位置是最易开裂的区域。因此，在对框架梁进行顶升时，需要监测相应区域内的变形情况。

4）20轴临时柱13距离V型柱轴线距离仅3.3m，本书建议严格控制顶升荷载值，避免在V型柱支座处施加过大的顶升力，造成V型柱和型钢梁节点受拉开裂。

3.3 V型柱体系转换风险监测预警

3.3.1 体系转换监测方案

采用测量机器人对临时柱柱顶、V型柱柱顶和型钢梁跨中位移进行自动化监测。以22轴为例，监测方案如图3-53所示，在4根临时柱柱顶对应的顶板位置、2根V型柱柱顶和型钢梁跨中，共布置7个自动化监测棱镜，通过固定在负一层板上的测量机器人对棱镜的位移进行自动化监测，测量机器人的测量精度为±0.5mm。为了对测量机器人监测结果进行校核，验证监测结果的可靠性，布置一套机器视觉装置对21、

22 轴 V 型柱柱顶和型钢梁跨中位移进行自动化监测。相机焦距选为 8mm，对应视角为 37°，在 30m 安装距离下，测量面宽和测量面高分别为 20m 和 12m，室内标定的测量精度可达 ±1mm，相关参数可满足现场监测需要。在 V 型柱柱顶和型钢梁跨中设置标靶，将相机固定在变形相对独立的行车道侧墙上，和待测标靶的垂直距离为 26m[43-47]。

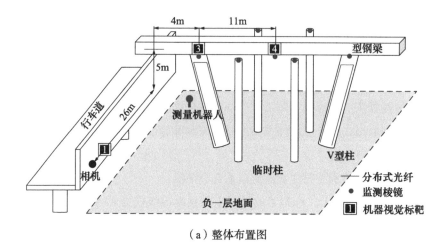

(a) 整体布置图

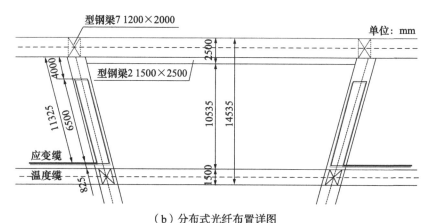

(b) 分布式光纤布置详图

图 3-53 典型断面监测点位布置图

1. 测量机器人

对临时柱柱顶、V 型柱柱顶和型钢梁跨中位移进行自动化监测。采用的测量机器人为徕卡自动化全站仪，型号为 TM50，测角精度为 0.5″，测距精度为 0.6mm＋1ppm。在 4 根临时柱柱顶对应的顶板位置、2 根 V 型柱柱顶和型钢梁跨中共布置 7 个自动化监测棱镜，通过固定在负一层板上的测量机器人对棱镜的位移进行自动化监测，根据室内试验验证，测量机器人的测量精度为 ±0.5mm（图 3-54）。

3.3 V型柱体系转换风险监测预警

图 3-54 测量机器人和监测棱镜

2. 视觉位移

如图 3-55 所示,机器视觉监测系统主要有相机、镜头、标志物、计算机、处理软件和数据平台等。其中,相机和镜头主要负责图像采集,标志物为机器视觉监测系统的追踪目标,计算机软硬件和数据平台通过处理图像数据计算出结构位移,并上传和存储位移数据,以供后续分析[48-51]。

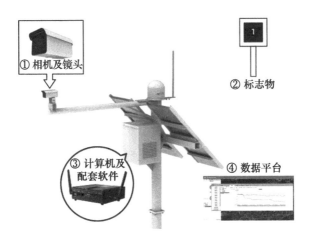

图 3-55 机器视觉监测系统

机器视觉结构位移监测的实现方法根据应用场景、标志物和算法有所差异,但其通用框架主要包括以下四个步骤。

(1) 相机标定

相机标定通过建立三维世界坐标到二维图像坐标的投影关系,并消除投影过程中的畸变,实现图像中像素点到三维世界的转换。如图 3-56 所示,针孔相机模型中通过透视变换,将三维世界坐标经相机投影变为二维坐标,转换公式如下[52-55]:

$$s\begin{bmatrix} x \\ y \\ 1 \end{bmatrix} = \begin{bmatrix} f_x & \gamma & c_x \\ 0 & f_y & c_y \\ 0 & 0 & 1 \end{bmatrix} \begin{bmatrix} r_{11} & r_{12} & r_{13} & t_1 \\ r_{21} & r_{22} & r_{23} & t_2 \\ r_{31} & r_{32} & r_{33} & t_3 \end{bmatrix} \begin{bmatrix} X \\ Y \\ Z \\ 1 \end{bmatrix} \quad (3\text{-}13)$$

可简化表达为

$$sx = K[R|t]X \quad (3\text{-}14)$$

式中，s 为尺度因子；(x, y) 为图像中的坐标；(X, Y, Z) 为世界坐标；K 为相机内参数；f_x 和 f_y 分别为镜头横向和竖向焦距；c_x 和 c_y 分别为主轴在横向和竖向的偏移量；γ 为镜头斜度系数；R 和 t 均为相机外参数向量。

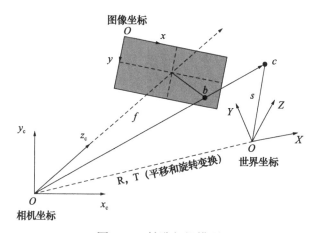

图 3-56　针孔相机模型

（2）特征提取

确定测量条件及标志物后，需要进行图像特征选择和提取，方便后续对目标进行追踪和计算。图像特征可包括灰度特征、特征点、梯度特征、形状特征、颜色特征、图像卷积块等。

（3）目标追踪

根据选取的图像特征对监测的结构对象或标志物位置进行追踪，确定其在视频和图像逐帧的位置，判断其运动状况。常用的目标追踪方法包括数字图像模板匹配、特征点匹配、全场光流、稀疏光流、几何匹配、粒子图像测速（PIV）、颜色匹配、深度学习技术等。

（4）位移计算

可通过目标追踪技术确定测量对象在图像中的位移情况，并通过相机标定得到的转换矩阵将二维图像位移转换为三维实际位移。

3.3 V型柱体系转换风险监测预警

机器视觉的测量精度与安装距离有关,有效测量范围与相机视角有关。相机安装距离、测量面宽和视角的关系为

$$D = \frac{W}{2\tan\dfrac{\theta}{2}} \qquad (3\text{-}15)$$

式中,D 为安装距离;W 为测量面宽;θ 为视角。

随着相机焦距增加,视角变窄,需要更远的安装距离以获得相同测量面宽和测量面高。结合地下枢纽工程应用场景,估算所需的测量面宽约 15m、测量面高约 10m,允许安装距离为 20~30m,根据以上参数,摄像头焦距选 8mm 较为合适,相机视角为 37°,表 3-6 为 8mm 相机焦距对应的安装参数和测量精度。

焦距 8mm 下不同安装参数对应的测量精度   表 3-6

安装距离 /m	测量面宽 /m	测量面高 /m	测量精度 /mm
15	10	6	±0.5
30	20	12	±1.0
45	30	18	±1.5
60	40	24	±2.0

相机内部参数和畸变系数等已通过配套软件的算法予以考虑。通过室内试验对采用 8mm 焦距相机的机器视觉系统进行标定。如图 3-57 所示,将相机和镜头固定在三脚架上,并将边长为 200mm 的黑底白字正方形标靶放置于可精密控制位移的升降平台,升降平台的位移控制精度为 0.1mm。试验时,分别将摄像头固定于正对标靶 5m、10m、15m 和 20m 距离处,并分别使升降平台发生 5mm、10mm、15mm 和 20mm 位移,通过机器视觉系统实时监测标靶位移值,并和真实值进行对比验证和误差分析。

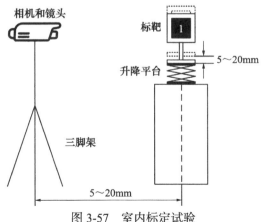

图 3-57 室内标定试验

图 3-58 为机器视觉监测得到的位移曲线，可以看出，机器视觉测得的位移值与真实值较为吻合。相机和标靶的距离分别为 5m 和 10m 时，测量值和真实值非常接近，且波动很小，可认为实时监测效果好；当距离为 15m 时，测量值和真实值仍然比较接近，但数据波动增大；当距离为 20m 时，测量值和真实值产生了一定的偏差，且数据波动更加明显。

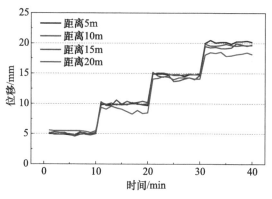

图 3-58　室内标定试验位移曲线

下面进行测量误差分析。图 3-59（a）为不同距离下各级位移测量值的最大偏差量。当相机和标靶距离分别为 5m 和 10m 时，监测过程的最大位移偏差值在 0.5mm 以内，监测精度较好；随着距离分别增大到 15m 和 20m，测量的最大偏差值显著增加。在相机和标靶距离固定的情况下，实际发生的位移越大，最大偏差位移值有变大的趋势，但规律性不强。当相机和标靶距离 20m 且实际位移为 20mm 时，实测值和真实位移的偏差值达到最大值 2.1mm。将各级位移下机器视觉测量值达到稳定状态后的 10min 数据取平均值，并与真实值比较，可以计算出测量值的平均误差率，如图 3-59（b）所示。当相机和标靶的距离分别为 5m 和 10m 时，各级位移下测量值和真实值的平均误差率均小于 2%，监测精度高；距离为 15m 时，整体监测误差仍小于 5%；但距离为 20m 时，测量误差显著增加到 10% 左右。从室内标定试验结果来看，8mm 焦距相机镜头在短距离测量（小于 15m）时精度理想，随着相机和标靶的距离增大，测量误差也随之增大。在长距离监测时，应尽量采用焦距更长的镜头。

V 型柱体系转换现场将相机和基准标靶 1 布置在相邻的行车道侧墙上，由于行车道变形相对稳定且独立，因此可以作为设备安装位置，并设置基准点。在 V 型柱柱顶和型钢梁跨中分别布置监测标靶，用来监测体系转换过程中型钢梁和 V 型柱的位移发展情况。同时，由于摄像相机可以获得施工现场的实时情况，因此管理人员可通过云平台对 V 型柱施工现场进行实时跟踪。现场照片如图 3-60 所示。

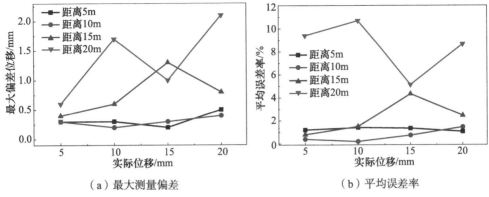

（a）最大测量偏差 （b）平均误差率

图 3-59 测量误差分析

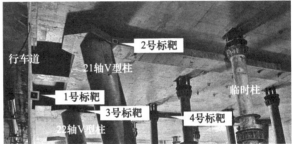

图 3-60 视觉位移装置安装现场

3. 分布式光纤

采用基于布里渊光频域分析技术（Brillouin Optical Frequency Domain Analysis，BOFDA）技术对V型柱的柱身应变进行测量。BOFDA是一种用于测量布里渊散射效应产生的光频率的技术（图 3-61）。

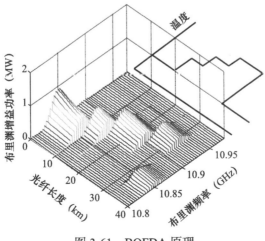

图 3-61 BOFDA 原理

其测量原理如下：

$$v(T) = v(0)(1 + C_T T) \quad (3-16)$$

$$v(\varepsilon) = v(0)(1 + C_\varepsilon \varepsilon) \quad (3-17)$$

式中，$v(T)$ 和 $v(\varepsilon)$ 分别为温度和应变引起的频率变化；$v(0)$ 为基准频率；C_T 和 C_ε 均为温度和应变系数。

相比于其他监测技术，BOFDA 技术的优势主要体现在以下几点：

1）使用标准通信光纤作为监测介质，测量快速，并且成本可控；

2）对于应变和温度有较好的空间分辨率和长达 50km 的量程，因此可以替代成千上万个普通传感器；

3）可以在复杂环境下工作，并且不受电磁干扰等因素影响。

本工程采用的监测设备型号为德国柏林 fibrisTerre 公司生产的 fTB5020 分布式光纤应变和温度量测系统（图 3-62），其基本参数如表 3-7 所示。

图 3-62 德国 fibrisTerre 公司 fTB5020 分布式光纤采集仪

fTB5020 光纤采集仪参数　　　　表 3-7

BOFDA 模式（双端监测）：光纤闭环			
距离范围（光纤闭环）		50km	
空间分辨率	2km 光纤	0.2m	
	25km 光纤	0.5m	
	50km 光纤	1.0m	
动态范围		>20dB	
精度范围		精度	范围
	应变	<2 微应变	±3%
	温度	<0.1℃	-200～1000℃
	布里渊频率	<100kHz	9～13GHz
单次监测耗时	0.2km 光纤	20s	
	2km 光纤	1min	
	10km 光纤	8min	
	25km 光纤	25min	

续表

BOFDR模式（单端监测）		
距离范围	25km	
空间分辨率	1.5m	
精度范围	精度	范围
应变	＜20微应变	±3%
温度	＜1℃	-200～1000℃
布里渊频率	＜1MHz	9～13GHz

如图3-63所示，现场在负一层西区13轴、中区22轴南北侧共4根V型柱上布置分布式光纤应变缆和温度缆，光纤采用扎带绑在纵筋表面，这种柔性固定方式可以较为有效地避免刚性固定所带来的监测误差。并在中区、西区体系转换全过程进行监测。以22轴为例，当21～23轴进行体系转换时，转换开始前监测一次数据，每级加、卸载完成后测量一次数据，其余各轴转换时仅在转换完成监测一次数据。

图3-63 分布式光纤现场监测照片

3.3.2 整体变形监测分析

1. 体系转换整体情况

1）中区体系转换共分为8组，从2021年12月16日开始，2022年1月7日结束。西区体系转换分为11组，从2022年4月10日开始，2022年6月29日结束，其中16、17轴的4根V型柱和8根临时柱由于地面钢便桥桥桩穿越，待钢便桥拆除以及型钢梁浇筑养护后转换，因此体系转换时间最晚。转换现场照片如图3-64、图3-65所示。

2）将千斤顶顶升荷载值分为8级。中区转换时，临时柱柱顶垫块基本在第4～5级加载后与顶板脱开，这表明采用"恒载＋活载"方式计算分级顶升荷载值整体上较为合理。但在西区转换时，第1～2级加载临时柱即与顶板脱开，经过与设计院和相关专家研讨,对分级加载值进行了微调。为了进一步提高分级荷载值的准确性,应在体系转换前结合临时柱柱身或柱顶轴力实测值,对有限元仿真结果进行验证。本工程在临时钢管柱表面布置了应变式轴力计,但受现场施工条件复杂、供电线过长等因素影响,实测的临时钢管柱轴力存在一定的离散性,因此实测结果仅作为参考。

图 3-64　中区体系转换现场照片

图 3-65　中区体系转换现场照片

3）20轴体系转换过程中，13号钢管柱距离V型柱净距不足2m，采用千斤顶加载时，13号钢管柱柱顶较难脱开。由于钢管柱和V型柱距离较小，杆系有限单元法计算误差较大。在现场施工中，严格控制该钢管柱顶升荷载，并对邻近V型柱、型钢梁节点和顶板加强人工监测，保证转换安全。

2. 临时柱顶板位移

图3-66为体系转换过程中临时柱顶板位移。如图3-66（a）所示，中区21轴（第一批）和22轴（第二批）在加载阶段同一批4根临时柱柱顶均产生向上位移，至第4～5级时所有临时柱柱顶的钢垫块均顺利脱开，顶升位移均未超过3mm，结构较为安全。在卸载阶段，同一批4根临时柱柱顶均产生向下位移，平均总沉降量为-5.7mm，并且在卸载前期位移发展较为充分，采用卸载量逐级递增的多级卸载方式较为合理。而第23轴（第三批）和20轴（第四批）转换时，各临时柱顶板位移数据较为离散，卸载阶段整体沉降较小，甚至产生上浮，现场加强对柱顶顶板区域裂缝观测，未发现明显开裂。如图3-66（b）所示，西区转换时，各临时柱顶板位移的变化趋势一致，均表现为加载阶段上浮，最大上浮量为4.4mm；卸载阶段下沉，最大沉降量为7.9mm。

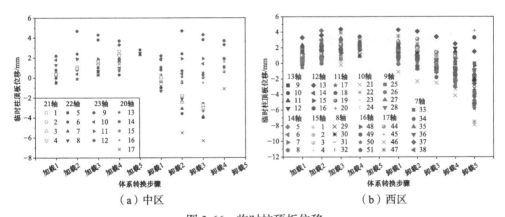

图3-66 临时柱顶板位移

3. V型柱柱顶位移

图3-67和图3-68为中区和西区V型柱柱顶位移变化图，监测主要在当前1根轴和相邻1根轴（共3根轴）的体系转换时段，转换顺序为相邻轴1→当前轴→相邻轴2，但第一批转换（中区21轴，西区13轴）转换顺序不同，为当前轴→相邻轴1→相邻轴2。

1）相邻轴转换时，V型柱柱顶位移整体较小，大部分位于±1mm区间范围内，这表明由于V型柱刚度较大，相邻轴体系转换对V型柱的影响较小。中区V19-2，V22-1，V25-1，西区V7-2，V15-2和V16-2位移相对较大，最大上浮量为3.3mm，最大下沉量为 2.6mm。除了监测误差，V 型柱施工质量的细微差异也是造成结构响应不同的原因之一。

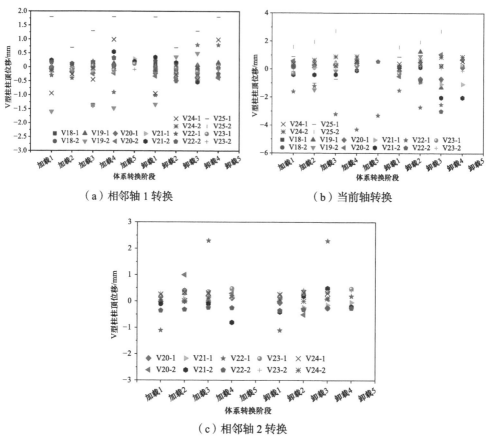

图 3-67 V 型柱柱顶位移（中区）

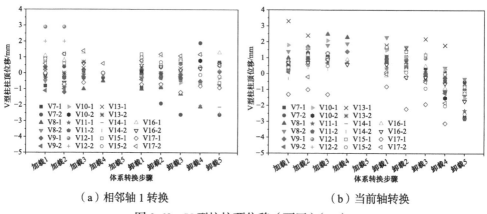

图 3-68 V 型柱柱顶位移（西区）（一）

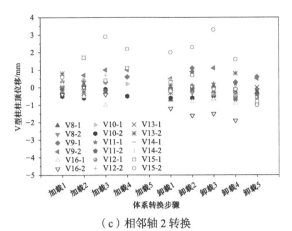

(c) 相邻轴 2 转换

图 3-68　V 型柱柱顶位移（西区）（二）

2）当前轴转换时，西区 V 型柱柱顶基本遵循加载时上抬、卸载时沉降的发展规律。中区 V 型柱柱顶在卸载初期表现为下沉，但在后几级卸载时变形维持稳定或有所恢复。这是因为中区 V 型柱跨度整体较大，V 型柱受压－弯－剪作用更加明显，测点均布置在 V 型柱柱顶外侧，柱顶受弯曲作用表现为外侧受拉，内侧受压，使柱顶外侧下沉量减小。需要注意的是，中区 22 轴南侧（V22-1）柱顶在加载阶段发生了明显的下沉，这可能是由于焊接误差等原因导致此处 V 型柱相较设计值偏短，同时混凝土养护过程中会产生一定量的收缩，顶升过程中柱顶进一步下沉，造成柱顶弯矩值增大，V 型柱顶节点存在一定的开裂风险。工程现场在发现该问题后，在第 3、4 级加载后对 22 轴南区 V 型柱柱顶节点进行了仔细检查，确认没有开裂问题后，再进行下一级加载。

4. 型钢梁跨中位移

图 3-69 和图 3-70 为体系转换过程中型钢梁跨中位移的变化规律，监测主要在当前轴和相邻 1 根轴（共 3 根轴）的体系转换时段，转换顺序为相邻轴 1→当前轴→相邻轴 2，但第一批转换（中区 21 轴，西区 13 轴）转换顺序不同，为当前轴→相邻轴 1→相邻轴 2。

1）除中区 21 轴外，相邻轴 1 体系转换时，当前轴型钢梁整体符合加载时上升、卸载时下沉的变化规律，但由于型钢梁此时仍由 4 根临时柱支承，因此跨中挠度均很小，大部分未超过 ±2mm。

2）当前轴进行体系转换时，型钢梁跨中在加载阶段产生向上的位移，25 轴上抬量达到 6.7mm；在卸载阶段，型钢梁跨中发生明显下沉，22 轴最大沉降量为 13.7mm。中区转换后，跨中沉降量大于西区，这是由于中区型钢梁跨度整体大于西区，并且中区每一轴对应的3~5根临时柱距离型钢梁水平距离更近，对该轴型钢梁的支承作用更明显，而对其他轴型钢梁则影响较小；西区每一轴对应的4根临时柱分布更加分散，使整个结构形成完整的框架体系，对单组V型柱进行体系转换时，结构受到的影响较小。中区第一组21轴体系转换时型钢梁跨中共下沉了7.8mm，而西区第一组13轴转换时型钢梁跨中最大仅下沉了0.4mm，除了型钢梁跨度和临时柱位置的影响，西区负一层额外设置了一道临时混凝土支撑，进一步增强了结构的整体性。

3）相邻轴2体系转换时，由于当前轴临时柱已经转换完成，受相邻临时柱卸载影响，型钢梁跨中进一步下沉，其中20轴跨中沉降量最大，达到3.1mm。相比较而言，西区型钢梁的变形整体较小。

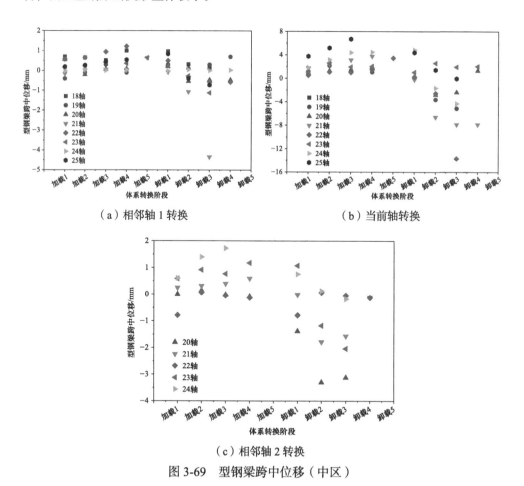

图 3-69　型钢梁跨中位移（中区）

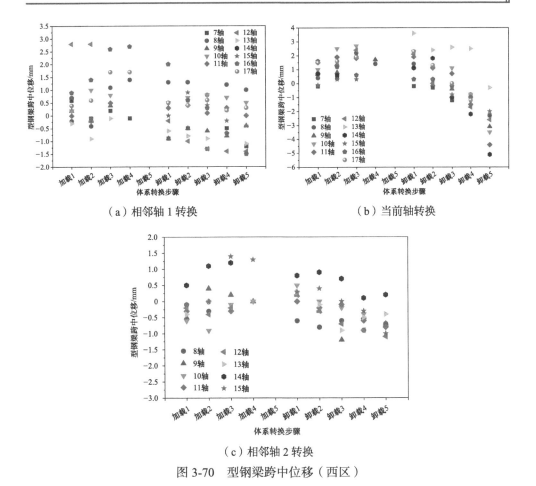

(a) 相邻轴1转换

(b) 当前轴转换

(c) 相邻轴2转换

图 3-70 型钢梁跨中位移（西区）

3.3.3 体系转换全过程分析

中区第二批转换22轴跨度大，V型柱倾角达到13°，由3.3.2节可知，在体系转换过程中，型钢梁跨中的挠度最大。因此，本节选取22轴为分析对象，对V型柱节点位移、负一层V型柱柱身应变、型钢梁跨中挠度等在中区7组体系转换全过程的发展规律。

1. V型柱柱顶位移

图3-71为测量机器人和机器视觉技术测得的21轴和22轴北侧V型柱柱顶位移对比。测量机器人和机器视觉测得的位移值吻合较好，机器视觉测得的柱顶沉降值稍稍偏大，并且由于机器视觉测量频率更高，因此其数据的波动性相比测量机器人更大。由图3-71（a）可知，第一批（21轴）、第二批（22轴）和第四批（20轴）三组转换对21轴北侧V型柱柱顶位移影响较大，转换完之后，V型柱柱顶位移均有显

著增长，表明结构转换的影响范围大致在相邻一跨范围以内，采用分批转换方案较为合理。第二批转换和第三批转换中间间隔时间较长，此阶段21轴北侧V型柱柱顶位移仍在不断发展。第四批到第六批转换时间间隔很短，且临时立柱和支撑快速拆除，此阶段因受现场施工扰动影响，数据振动幅度较大。图3-71（b）中，由于22轴V型柱柱顶的3号标靶在监测约125h后受脚手架遮挡，因此机器视觉未能测得整个转换阶段的完整数据。由于第一批转换时，22轴仍有临时立柱支撑，因此柱顶位移较小，第二批转换后柱顶发生明显下沉，两种监测方式均能有效反映结构位移的发展趋势。

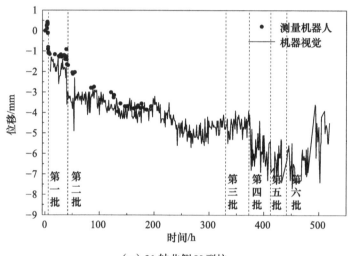

(a) 21轴北侧V型柱

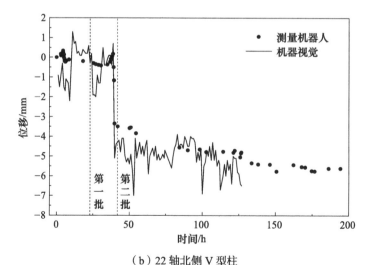

(b) 22轴北侧V型柱

图3-71 V型柱柱顶位移（全过程）

2. 型钢梁跨中挠度

图 3-72 为测量机器人和机器视觉技术测得的中区转换全过程 22 轴型钢梁跨中位移对比,其中 382～564h 段受临时柱拆除施工遮挡影响,监测数据缺失,但第七批转换后监测数据恢复,这表明机器视觉测量易受现场遮挡的影响,但遮挡解除后监测即恢复。测量机器人和机器视觉测得的型钢梁跨中位移值吻合较好。第一批(21 轴)转换后,22 轴型钢梁仍由临时柱支承,因此跨中位移变化不大;第二批(22 轴)转换后,由于 21 轴、22 轴临时柱均已经卸载完毕,22 轴型钢梁跨中沉降较大,达到 -14.6mm;由于第二、三批转换时间间隔较长,125h 左右受地面永久桥施工影响,型钢梁跨中沉降增长到 -20.0mm 左右;第三批(22 轴)转换后,型钢梁跨中沉降增加至 -29.4mm;之后第四～七批转换时,22 轴型钢梁跨中沉降稳定在 -30.0mm 左右。这表明型钢梁跨中沉降仅受当前跨和相邻一跨转换施工的影响,验证了分区转换施工方案的合理性。22 轴型钢梁跨度为 $l_0=25.6$m,型钢混凝土梁的挠度允许值为 $l_0/400=64.0$mm。因此,在整个转换过程中,型钢梁处于安全状态。

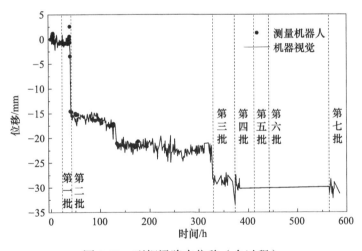

图 3-72 型钢梁跨中位移(全过程)

3. V 型柱柱身应变

(1)数据处理

图 3-73 为 22 轴北侧 V 型柱在中区转换全过程期间(第一批至第七批)分布式光纤应变缆测得的应变原始值。负一层 V 型柱所在区段为分布式光纤的 13.8～30.8m 范围,其中 13.8～20.3m 为 V 型柱外侧(自下而上),24.3～30.8m 为 V 型柱内侧(自上而下)。V 型柱外侧和内侧应变变化不一致,内侧在卸载时,产生较为明显的压

应变,特别是在第二批卸载和第二、三批之间,结构压应变较大;外侧柱身应变值则相对较小,这说明卸载时 V 型柱内侧受压更明显,除了受到轴力作用,柱身还受到较大的弯矩和剪力。另外,需要注意的是,第七批转换时,柱身的变形和前几批转换完全相反,具体原因将在后面的内容详细展开讨论。

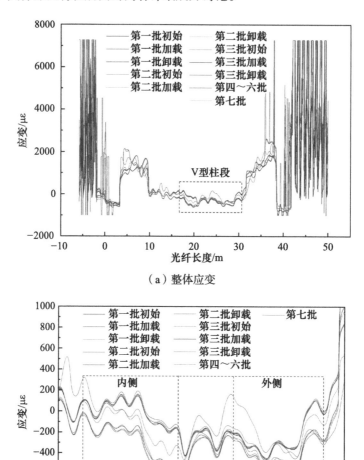

图 3-73 22 轴北侧 V 型柱分布式光纤监测应变原始值

图 3-74 为分布式光纤监测获得的 13.8～30.8m 段布里渊频谱图,结合应变、温度等原始数据发现,实测值存在一定的波动性,这可能是由于扎带绑扎处产生了应力集中,使该处应变值产生误差。根据有限元计算结果,V 型柱在压－弯－剪作用下柱

身应变为线性分布,因此采用高斯滤波函数对实测数据进行处理,在削减误差时,不会对真实值产生影响。

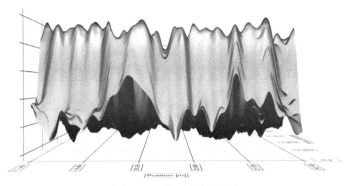

图 3-74 布里渊频谱图

高斯滤波是一种线性平滑滤波,概率密度函数服从正态分布,在数字图像处理当中,用于处理被高斯噪声干扰的图像。其中一维高斯函数的公式形式为

$$G(x)=\frac{1}{\sqrt{2\pi}\sigma}e^{\frac{-(x-\mu)^2}{2\sigma^2}} \tag{3-18}$$

式中,σ 为标准差,决定整个图形的宽度。σ 越大,则图形越宽,尖峰越小,图形越平缓;σ 越小,则图形平缓,越集中,中间部分也就越尖,图形变化比较剧烈。

对函数选取 $\mu=0$,并假设 $6\sigma=4m$,按照卷积边缘的 $+3\sigma$ 原则,则为 $+3\sigma=+2m$,由于光纤监测数据是按照每 0.05m 读取一次数据,所以参照此在具体 x 的取值间隔,也以每间隔 0.05m 计算一次高斯函数值。为此,得到高斯函数的曲线,如图 3-75 所示。

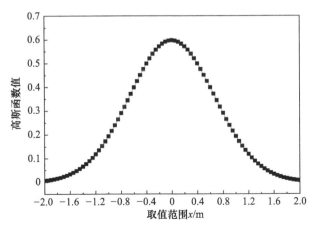

图 3-75 高斯函数曲线图($6\sigma=4m$)

对进行温度修正后的应变变化曲线图进行高斯函数滤波处理,按照13.8m~20.3m~24.3m~30.8m的取值计算,因高斯滤波±3σ卷积边缘,两边分别延伸至11.7m和32.9m,并据此对13.8~30.8m段内的数值进行高斯滤波处理。以第七批体系转换为例,对比滤波前、后的V型柱应变变化值。可以看出,滤波后曲线的波动显著减小,在V型柱柱段范围内呈现良好的线性(图3-76)。

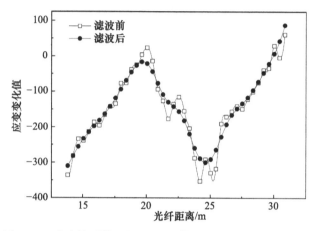

图3-76 滤波前后第七批V型柱体系转换应变变化值对比

(2)温度影响

由于V型柱结构体系为超静定结构,温度变化在结构中会产生温度次应力。每一次体系转换总时长约5h,不考虑温度变化带来的影响。但由于转换在12月进行,不同转换批次之间气温变化较大,温度变化对结构内力的影响不能忽略,通过监测获得的温度变化及钢筋和混凝土的线膨胀系数,对测得的V型柱柱身应变进行修正。修正方法如下:

$$\varepsilon_1 = \varepsilon_m - (T_1 - T_{ini})\alpha_c \tag{3-19}$$

式中,ε_1为修正后的柱身应变;ε_m为分布式应变光缆实测的应变值;T_1为分布式温度光缆实测的温度值;T_{ini}为温度初始值;α_c为混凝土的温度膨胀系数。

(3)轴力和弯矩计算

根据斜柱设计方案,明确弹性模量E、截面面积A、惯性矩I、混凝土保护层厚度a_s,以及光纤距离中性轴的距离y的计算公式与具体数值。

斜柱截面设计与布置方案如图3-77所示。

1)弹性模量E。

钢筋采用的是36根#32的HRB400E级钢筋,所以钢筋弹性模量$E_s = 2.1 \times 10^8 kN/m^2$。根据斜柱设计方案,斜柱采用C60混凝土,所以混凝土弹性模量$E_c = 3.6 \times 10^7 kN/m^2$。

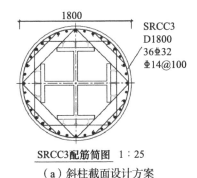
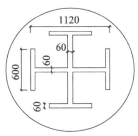

(a)斜柱截面设计方案　　　　　(b)斜柱工字钢布置方案

图 3-77　黄木岗枢纽斜柱设计方案

2)截面面积 A。

工字钢截面面积 $A_{工字钢}=4\times0.6\times0.06+2\times1\times0.06-0.06\times0.06=0.2604$（$m^2$）。

钢筋截面面积 $A_{钢筋}=\pi\times0.032^2/4\times36=0.029$（$m^2$）。

总的钢材截面面积 $A_s=A_{工字钢}+A_{钢筋}=0.2894$（$m^2$）。

混凝土截面面积 $A_c=\pi\times1.8^2/4-0.2894=2.2553$（$m^2$）。

3)惯性矩 I。

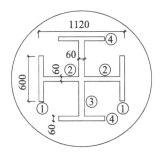

图 3-78　惯性矩计算步骤

工字钢的惯性矩计算步骤参照图 3-78 所示的顺序计算惯性矩。

$$I_1=\frac{0.06\times0.6^3}{12}\times2=2.16\times10^{-3}\ (m^4)$$

$$I_2=\frac{0.47\times0.06^3}{12}\times2=1.692\times10^{-5}\ (m^4)$$

$$I_3=\frac{0.06\times1^3}{12}=5\times10^{-3}\ (m^4)$$

$$I_4=\frac{0.06\times1.12^3}{12}-\frac{0.06\times1^3}{12}=2.025\times10^{-2}\ (m^4)$$

因此,工字钢的惯性矩为

$$\begin{aligned}I_{工}&=I_1+I_2+I_3+I_4\\&=2.16\times10^{-3}+1.692\times10^{-5}+5\times10^{-3}+2.025\times10^{-2}\\&=2.74\times10^{-2}\ (m^4)\end{aligned}$$

钢筋的惯性矩:

$$I_{钢筋}=\frac{\pi\times0.032^4}{64}\times36=1.85299\times10^{-6}\ (m^4)$$

总的钢材惯性矩：

$$I_s = I_{工字钢} + I_{钢筋} = 2.74 \times 10^{-2} \text{ (m}^4\text{)}$$

混凝土惯性矩：

$$I_c = \frac{\pi \times 1.8^4}{64} = 0.5153 \text{ (m}^4\text{)}$$

4）光纤距离中性轴的距离 y。在现场监测时，光纤绑扎在钢筋笼外侧，由于钢筋的混凝土保护层厚度为 $a_s = 40\text{mm}$，所以光纤距离中性轴的距离为

$$y = R - a_s = 900\text{mm} - 40\text{mm} = 860\text{mm} = 0.86\text{m}$$

5）计算抗拉刚度 EA、转动刚度 EI：

$$EA = E_s A_s + E_c A_c = 14.2 \times 10^9 \text{ (kN)}$$

$$EI = E_s I_s + (E_s - E_c) I_c = 2.33 \times 10^7 \text{ (kN·m}^2\text{)}$$

（4）计算柱顶和柱底的弯矩与轴力

结合每一组转换与转换间的相关数据，按照轴力公式和弯矩公式对斜柱柱顶和柱底的弯矩与轴力进行计算。

V型斜柱的轴力计算公式：

$$\frac{N}{EA} = \varepsilon_N \tag{3-20}$$

V型斜柱的弯矩计算公式：

$$\frac{M}{EI} y = \varepsilon_M \tag{3-21}$$

式中，ε_N、ε_M 为光纤监测所获得的实测监测值；N 为斜柱的轴力；M 为斜柱的弯矩；E 为弹性模量；A 为截面面积；I 为截面对中性轴的惯性矩；y 为光纤距离中性轴的距离。

4. 体系转换过程应变分析

（1）转换全过程22轴北侧V型柱柱身应变变化

图3-79～图3-84为体系转换全过程22轴北侧V型柱负一层柱身应变变化，规定受拉为正、受压为负。2021年12月16日进行第一批21轴V型柱体系转换，此时22轴仍由临时柱支承，并且中区同一批转换的临时柱位置更加集中于对应轴的V型柱范围，因此22轴V型柱负一层柱身应变变化很小，加载阶段最大受拉值为16με，出现在加载4的柱内侧19m处；卸载阶段柱身受压应变均不超过5με，表明柱身受力变化很小。第一批转换和第二批转换间隔1d，在此期间V型柱柱身产生不超过15με的受拉变形。

3.3 V型柱体系转换风险监测预警

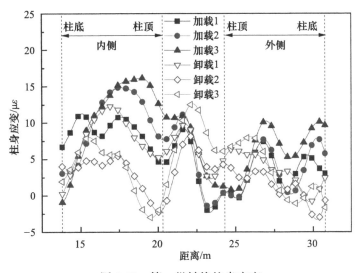

图3-79 第一批转换柱身应变

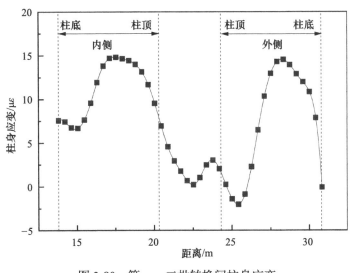

图3-80 第一、二批转换间柱身应变

2021年12月17日进行第二批22轴V型柱体系转换,在加载阶段,V型柱内侧柱顶混凝土受拉,在第四级加载后,内侧柱顶19.2m处的受拉应变达到28.5με,而内侧柱底和外侧柱身的整体应变变化值很小,这表明临时柱柱顶千斤顶加载时,V型柱内侧柱顶局部明显受拉,柱底则几乎不受影响;在卸载阶段,第一级卸载时,内侧柱顶的受拉应变进一步增大,在19m处达到了40.5με;第二级卸载后,柱身受拉应变恢复,整体转为受压,但应变量不大,表明此时柱身受力变化较小;第三级卸载后,柱身产生非常明显的应变变化,内侧与外侧柱身应变随位置的变化基本呈线性,其中

147

内侧柱底 13.8m 处的应变值为 $-22.8\mu\varepsilon$，柱顶 19.2m 处的应变值为 $-185.9\mu\varepsilon$；外侧柱顶 24.3m 处的应编值为 $40.9\mu\varepsilon$，柱底 30.3m 处的应编值为 $-110.3\mu\varepsilon$。柱底内侧受拉，柱顶外侧受拉，V 型柱受轴力 - 弯矩 - 剪力的共同作用。第二、三批转换之间柱身也发生了较大的受压应变，可能原因是这段时间内降雨引起结构上覆土容重的增大，以及温度下降引起结构的整体收缩。

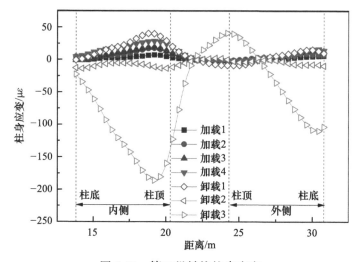

图 3-81 第二批转换柱身应变

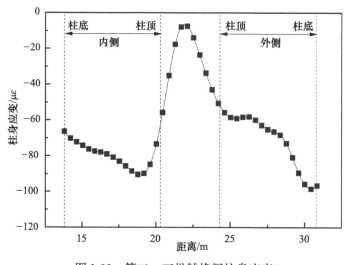

图 3-82 第二、三批转换间柱身应变

2021 年 12 月 29 日进行第三批 23 轴 V 型柱体系转换，对 22 轴 V 型柱仍有较为显著的影响，应变变化规律和 22 轴体系转换整体较为类似。其中在加载阶段，内、外侧柱顶均受拉，最大拉应变出现在第 2 级加载时，内侧柱 19.6m 处拉应变值为

14.4με。在卸载阶段，第一、二级卸载后，柱身拉应变基本全部恢复，第三、四级卸载时柱身产生较大的受压，最大压应变值出现在第四级卸载后的18.9m处，大小为-52.1με。结合上节中的V型柱柱顶和临时柱柱顶沉降可以发现，设计卸载方案采用10%、15%、20%、25%和30%的五级卸载方式，发现第一、二级卸载时V型柱柱顶沉降和柱身内力均较小，顶升阶段结构的上抬得以恢复；第三级卸载之后，V型柱沉降量增大，柱身内力显著增大，这表明前期卸载量偏保守。

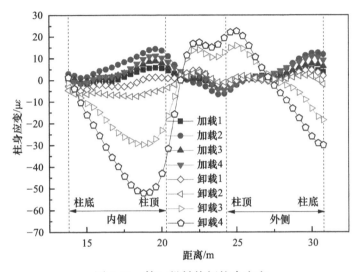

图 3-83 第三批转换间柱身应变

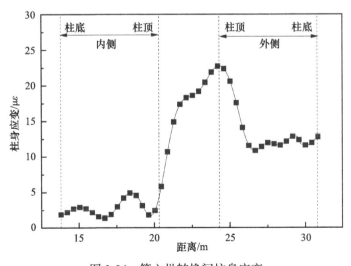

图 3-84 第六批转换间柱身应变

2021年12月31日—2022年1月3日进行第四至六批（第20轴、19轴和24轴）

体系转换。监测结果表明，22轴V型柱整体受拉，最大拉应变发生在柱外侧，且不超过25με。这说明体系转换的影响范围主要在当前跨和相邻1跨共计3跨范围，范围外的体系转换对结构影响较小。

如图3-85所示，在中区转换完成后，在2022年5月20日对结构进行了一次监测，发现V型柱柱身应变发生较大变化。内侧柱底最大压应变超过300με，内侧柱顶和外侧柱底产生拉应变，这与之前体系转换时V型柱应变的变化趋势相反。

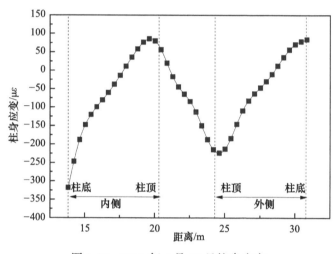

图3-85 2022年5月20日柱身应变

（2）V型柱内力变化情况

图3-86、图3-87分别为22轴北侧负一层V型柱在体系转换全过程中，分布式光纤监测得到的柱身轴力变化图及弯矩变化图。由于光纤在柱顶、柱底均有弯折，因此在柱端位置测得的应变值可能存在一定误差。考虑到阶段5（22轴卸载）、阶段6（22轴到23轴转换间）、阶段8（23轴卸载）、阶段10（全部卸载完）中柱身应变值较大，且线性度较好，因此对上述几组数据中柱身应变进行线性拟合后修正，以进一步减小测量带来的误差。各批次转换对应的柱身轴力和弯矩实测值和拟合值见表3-8和表3-9。经过修正后，柱顶和柱底轴力差值显著减小，符合实际情况。

由图3-86可知，随着体系转换的进行，V型柱柱身轴力逐渐增大，临时柱顶升时，V型柱柱身略微受拉，卸载时，V型柱柱身受压，并且在22轴、23轴转换时，受压更加明显。如图3-87所示，在体系转换过程中，V型柱柱端受到顺时针弯矩作用，即负一层柱顶外层受拉、内侧受压，负一层柱底内侧受拉、外侧受压。其中，第二、三批转换柱端弯矩增长较快。另外，需要注意的是，全部转换完成后，2022年5月20日的监测结果表明柱端产生了较大逆时针弯矩。

3.3 V型柱体系转换风险监测预警

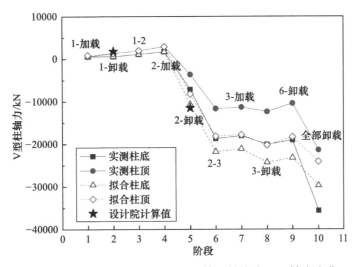

图 3-86　22 轴北侧负一层 V 型柱体系转换全过程轴力变化

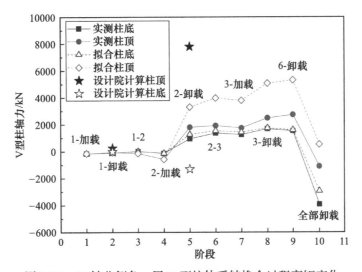

图 3-87　22 轴北侧负一层 V 型柱体系转换全过程弯矩变化

V 型斜柱在体系转换过程中的轴力计算值
（包含实测数值与拟合数值，单位：kN，拉为正，压为负）　　表 3-8

阶段	1	2	3	4	5	6	7	8	9	10
实测柱底	608	−16	531	607	−8847	−11567	650	−2028	1038	−16571
实测柱顶	887	431	655	959	−6552	−7992	318	−1048	1955	−10973
拟合柱底	608	−16	531	607	−12371	−11100	650	−3165	1038	−6498
拟合柱顶	887	431	655	959	−11122	−9926	318	−2438	1955	−5797

V型斜柱在体系转换过程中的弯矩计算值
（包含实测数值与拟合数值，单位：kN·m，顺时针为正） 表3-9

阶段	1	2	3	4	5	6	7	8	9	10
实测柱底	-141	55	103	-137	1076	411	-115	423	-148	-5450
实测柱顶	-137	86	-81	-427	2361	116	-179	748	244	-3826
拟合柱底	-141	55	103	-137	1398	266	-115	312	-148	-4530
拟合柱顶	-137	86	-81	-427	3867	669	-179	1280	244	-4789

注：阶段1—第一批转换加载后；阶段2—第一批转换卸载后；阶段3—第一批和第二批转换间；阶段4—第二批转换加载后；阶段5—第二批转换卸载后；阶段6—第二批和第三批转换间；阶段7—第三批转换加载后；阶段8—第三批转换卸载后；阶段9—第六批转换卸载后；阶段10—全部转换完成后。

图3-87中的星号点为设计院给出的第一、二批转换后的轴力和弯矩值。V型柱轴力的计算值和实测值吻合较好，特别是修正后的柱底轴力值-10640kN，和设计值-11472.4kN，偏差为7.3%，设计值更加保守。计算弯矩值显著大于实测值，例如第二批转换卸载完之后，柱顶实测弯矩值为3867kN·m，设计院给出的弯矩设计值为7800kN·m，偏差为50.4%，除了监测误差，可能的原因包括实际工程中V型柱和节点之前难以做到完全刚接，并且V型柱的施工工序为先施作柱节点，然后焊接中间柱段型钢梁，最后浇筑中间柱段混凝土，因此柱段和节点之前存在施工缝，整体性不强，导致柱顶弯矩未完全传递至中间柱段。

图3-88为体系转换全过程的气温、天气情况和柱身温度的变化图。之前型钢梁跨中在第二、三批转换之间的挠度从15.6mm增长到21.0mm，原因之一是12月21日发生了较大规模的降雨，使得V型柱位置顶板上方的覆土层容重增加。V型柱柱身温度变化趋势和气温一致，第二批和第三批转换之间，2021年12月27日气温大幅度降低后又回升，温度变化使得光纤测得的应变产生了较大的变化，采用材料温度膨胀系数修正后，柱顶实测仍产生了-9926kN的轴力，而弯矩变化值则很小；第三批到第六批转换，环境温度较为稳定，此时测得的柱身轴力和弯矩变化均很小；第七批转换后至2022年5月20日，环境温度整体升高，V型柱柱顶轴力增加-5797kN，弯矩增加-4789kN·m。除了地下空间中荷载变化引起的结构内力变化，考虑到V型柱体系为超静定结构体系，温度变化将在结构中产生温度次应力，因此体系转换应尽量在较短的时间内集中完成，避免因环境变化而引起更加复杂的结构响应。

3.3 V型柱体系转换风险监测预警

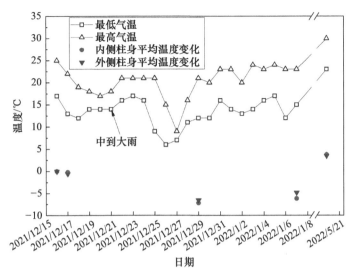

图 3-88 体系转换全过程气温和柱身温度变化

第 4 章

黄木岗枢纽桥梁快速拆除技术

4.1 黄木岗多层立交桥的快速拆除技术

4.1.1 前言

随着我国城市规模的不断扩大和城市交通的快速发展，城市繁华区部分原有的地面多层立交存在交通噪声大、公共交通换乘困难、人车混行安全隐患等诸多问题，极大制约了城市交通效率和质量的提升，影响城市片区形象和整体功能。因此，拆除地面多层立交是提升城市繁华区通行效率、改善轨道交通换乘条件、优化片区慢行系统和提高城市交通网络效益的重要举措。但在拆除地面多层立交时，面临工程规模大、桥梁结构和周边环境复杂、作业空间有限、工期要求紧、交通疏解难度大等一系列难点。

深圳黄木岗多层立交的快速拆除技术解决了多层立交拆除工程中施工场地狭小、交通疏解困难、拆除吊运效率低等一系列难题，大大提高了立交的拆除速度，并保证了周边建构筑物的安全，在施工安全、效率、绿色环保等方面取得突出效果。

4.1.2 工程概况

黄木岗片区是未来城市发展的重点区域。黄木岗立交的四层立交桥梁对城市产生严重割裂，慢行交通服务水平差，行人过街绕行时间长，人车混行安全隐患大，影响整个片区的城市形象和城市功能。目前正在建设轨道交通14号线，并设黄木岗站，与既有7号线、规划24号线形成地铁换乘枢纽。黄木岗立交为五岔路口四层立交桥，由上往下依次为A、B、C匝道桥、笋岗西路主桥、泥岗西路-华富路主路、地下环岛（图4-1）。

图4-1 黄木岗立交桥原状

黄木岗立交桥拆除范围为A匝道、B匝道、C匝道、笋岗西路主线桥梁及墩柱，拆除桥梁总长度1544单延米，钢筋混凝土约14619m³。拆除范围如图4-2所示。拆除完成全景如图4-3所示。

图4-2 黄木岗站立交拆除范围示意图　　图4-3 黄木岗立交桥拆除完成全景图

4.1.3 施工方法概述

梁体切割前先拆除桥面的附属设施、挂件及护栏等，采用铣刨机铣刨路面铺装沥青混凝土层。桥面铣刨干净后，配备专业测量人员分别对主桥及A、B、C匝道桥按切割线布置图进行穿绳孔、切割线现场放样，用红油漆标示，切割施工顺序与拆除顺序相同。切割施工过程中产生的泥浆水采用设置在梁底的自制帆布集水槽收集，通过连接在集水槽预留口的集水软管导流至地面的泥水收集池，经沉淀后排走。

A匝道、B匝道、C匝道、笋岗西路主线两端部分采用满堂支架搭设，经绳锯切割后吊运至存梁场；主线桥南北线高度在2～8m、地面平整度不超过5%的箱梁，采用模块车对桥梁预支撑，绳锯切割完成后，由模块车直接驮运至存梁场，经二次切割解体后运至弃梁场；A、B匝道桥高度在8～15m、地面平整度不超过5%的箱梁，采用模块车对桥梁预支撑，绳锯切割完成后，通过900t履带吊吊运至无支架模块车上，最后转运至存梁场。黄木岗立交桥需要拆除的下部结构主要是墩柱，均为圆柱形墩，最大直径为1.6m，最大高度约13.18m，回填面以上的既有桥墩柱均需拆除，全部采用钢丝绳锯分段切割。在桥墩周边搭设定位支撑架，采用绳锯进行切割破断，切割的同时楔入三角钢支承，预先采用吊机挂吊。桥墩吊除采用全地面起重机单机实施，吊转至平板车上，逐段运至存梁场。采用该工法封闭道路条件下拆除工期仅为9d（总工期18d），传统支架支撑法拆除工法施工周期为26d，该工法将施工效率大幅提升。

4.1.4 工法特点与适用范围

本工法采用模块台车支顶切割驮运（图4-4）、模块台车支顶切割吊运（图4-5）、满堂支架支顶切割吊运（图4-6）三种工艺相结合的方式，采用大吨位起重设备对多层立交进行分层分区拆除，施工过程安全可靠，机械之间相互干扰小，拆除效率高。

图 4-4 模块台车支顶切割驮运

图 4-5 模块台车支顶切割吊运

图 4-6 满堂支架支顶切割吊运

本工法在实施过程中充分运用BIM模型（图4-7），可以保证拆桥过程的安全、高效。

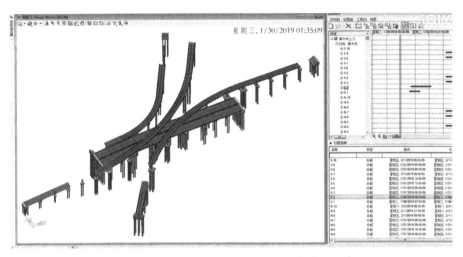

图4-7 黄木岗立交桥拆除的BIM仿真模拟示意图

本工法实现施工全过程一体化管理，各阶段施工统筹安排地盘管理，专业工序转换时做到无缝衔接，可实现全天高效连续作业。

本工法施工全过程无粉尘，噪声小，拆除的桥梁段可实现回收利用，绿色环保，不扰民。

本工法适用于施工高度不局限的城市繁华地区地面多层立交的拆除施工，尤其适用于快速拆除工程规模大、现场地形和周边环境复杂、工期要求紧、交通疏解难度大的情况下的城市地面多层立交。

4.1.5 基于BIM技术的施工流程

使用无人机航拍技术和倾斜摄影技术收集现场信息，结合BIM软件建立实景模型，严格按照施工计划进行模拟每一块梁段的拆除情况，可以做到查漏补缺，优化方案，检测施工可实施性。拆除桥梁时，应遵循"安全第一、施工有序、平衡对称、化整为零，逆向施工"的原则，采用金刚石绳锯对桥梁和下部结构进行切割，通过大型起吊设备进行吊装，利用模块车和平板车将切割的桥梁和墩柱运送至存梁场存放，从而实现快速、高效拆除的大规模多层立交桥。结合桥梁结构特点、施工场地和周围环境因素，按照分层（多层立交自下而上分层拆除）、分区（单个桥梁按标高由高到低分跨拆除）、分块（结合桥梁、驮运车和吊车条件综合确定分块方案）的方式拆除桥梁。施工流程如图4-8所示。

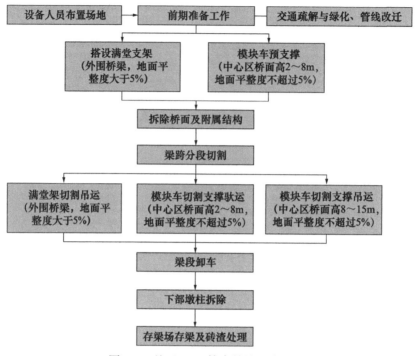

图 4-8 基于 BIM 技术的施工流程图

4.1.6 材料与设备

1. 材料

模块车支撑施工采用的主要材料为型钢、钢板、螺栓、红铁木、三合板、标准节等；梁段切割和吊运施工采用的主要材料为金刚石线锯、金刚石钻头等；作业场地加固施工采用的主要材料为级配碎石、水泥等。施工过程中采用的都是常规材料，不作特别说明。

2. 设备配备

施工主要配备桥段切割、吊运、运输和模块车支撑施工需要的机械设备，具体型号和数量可根据工程需要进行调整，如表 4-1 所示。

主要机具设备表　　　　表 4-1

序号	名称	用途	备注
1	金刚石绳锯切割机	梁体切割	切割梁体
2	金刚石筒锯钻孔机	梁体切割钻孔	绳锯引孔、吊装开孔
3	动力头	梁体运输	可随意组合
4	模块车		

续表

序号	名称	用途	备注
5	静音发电机	现场供电	主要供绳锯、筒钻、照明
6	平板车	梁块运输	运输梁块
7	履带式起重机	梁块吊装	梁块吊装、卸车
8	汽车式起重机	辅助吊装	辅助吊装
9	随车式起重机	材料倒运	材料倒运
10	挖掘机	场平	用于场平及路堤挖除
11	双钢筒压路机	存梁场、现场压实	
12	振动压路机	沥青道路压实	修筑平交路口、存梁场废渣压实等
13	推土机	现场碎石摊铺推平	
14	平地机	水稳层找平	
15	沥青摊铺机	沥青摊铺	
16	沥青铣刨机	道路接口铣刨	切割缝沥青清除
17	混凝土搅拌运输车	混凝土运输	混凝土运输
18	泵车	现场混凝土浇筑	现场混凝土浇筑
19	拖车	发电机拖运	发电机拖运
20	洒水车	存梁场及现场洒水	工地洒水、切割用水
21	雾炮机	存梁场及现场降尘	降尘
22	气割枪	现场钢材切割、焊接	破碎场地钢筋切割
23	电焊机	现场钢材切割、焊接	现场加工焊接
24	泥浆运输车	绳锯泥浆外运	绳锯泥浆运输
25	升降车	现场人员上桥作业	桥梁拆除人员升降
26	汽油夯	现场路面压实	路面夯实
27	自卸车	现场碎石倒运	配合起重设备铺路
28	装载机	现场道路碎石铲运	路面回填

4.1.7 操作要点

1. BIM 模型的建立

工程正式开工前，采用 BIM 软件对整体施工方案进行仿真推演。根据无人机航拍技术和倾斜摄影技术收集现场信息建立 BIM 实景模型，如图 4-9 所示。

图 4-9 基于无人机航拍技术和倾斜摄影技术建立的 BIM 黄木岗实景模型

2. BIM 模型的分析

在已经建立的 BIM 模型基础上，对其进行分析，以快速地获取需要拆除的工程量及对应位置，统计关键信息，提前制订拆除方案。此外，运梁线路和渣土车进出线路的优化方案设计也是拆除桥梁的重点和难点之一。为避免运梁过程中出现拥堵现象，在施工准备阶段，利用 BIM 软件进行线路模拟，对易发生冲突拥堵位置进行线路优化设计（图 4-10、图 4-11）。对于施工现场机械设计位置较近区域，项目开工之前，利用 BIM 软件对吊机站位点进行模拟仿真，避免施工机械空间位置冲突，影响施工（图 4-12）。

3. BIM 技术模拟拆除施工

首先通过 BIM 软件进行施工场地布置，划分出设备存放区、废料处理区、应急物资材料存放区以及防撞前的位置等。然后采用 BIM 软件模拟整个拆除过程，可以做到查漏补缺，优化方案，检测施工的可实施性（图 4-13）。

图 4-10 运梁时黄木岗立交易发生冲突拥堵的位置

4.1 黄木岗多层立交桥的快速拆除技术

图 4-11 基于 BIM 的黄木岗立交线路优化设计

图 4-12 基于 BIM 对黄木岗立交吊机站位点进行模拟

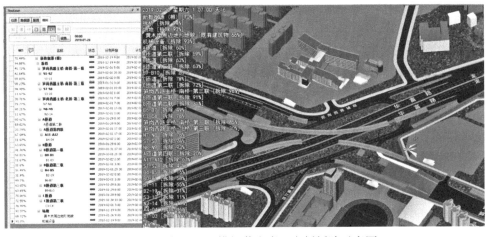

图 4-13 采用 BIM 模拟黄木岗立交桥拆除示意图

4. BIM 技术监控拆除施工

采用 BIM 技术对现场进行实时监控，若在监控过程中发现问题，可通过手机客户端即刻上传至项目部，专业人员迅速投入处理状态，再将完善的地方在模型中进行修正，并继续进行现场监控。采用 BIM 技术监控拆除现场的流程如图 4-14 所示。

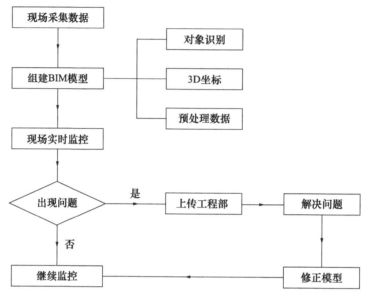

图 4-14　BIM 技术监控黄木岗立交拆除现场的流程

5. 前期工程

前期工程是本项目工程实施的前提条件，其能否顺利实施，决定能否实现拆桥施工。前期工程主要包括交通疏解工程、绿化迁移工程、管线改迁保护、存梁场建设及临时用水、用电等内容。

（1）交通疏解

根据现场调查的实际情况及交通管理部门的要求编制详细的交通疏解工程专项方案，明确交通疏解的范围、时间及保障交通畅通的措施，并经相关部门批准后严格实行。

（2）绿化迁移

工程实施拆除范围内的绿化需要全部迁改，由绿化迁移单位实施，项目部提供迁移范围、数量，并配合迁移单位进行围蔽、剪枝、搬迁。

（3）管线改迁保护

详细调查和收集整理施工范围内及邻近的所有电力、燃气、通信、给水、雨水、污水等管线资料，确定每条管线的材质、大小、埋深及走向。管线的平面保护范围可设置为立交桥投影范围外10m,对保护范围内的管线采用临时拆除、改迁或盖板保护措施,并对邻近的管线做好监控和保护措施(图4-15)。

(4)临时用水、用电

临时用水采用送水车直接运送到工作面,设置增压泵增压供现场使用;施工用电采用柴油发电机进行供电,工程用电包含动力用电和照明用电,以动力用电为主。在每个作业面配置一台柴油发电机。每台发电机配置一个总开关箱。为满足施工用电的配电安全要求,应根据施工现场实际需求设置若干分配电箱,且照明与动力分开。

(5)存梁场建设

在拆除施工现场附近建设存梁厂,用于存放梁块、堆放渣土、组装设备及临时堆放材料。存梁场四周采用水马全封闭围蔽,并平整场地,进行硬化处理,保证运梁和卸梁设备安全(图4-16)。

图4-15 管线改迁现场　　　　图4-16 存梁场

(6)临时道路、施工场地

进场临时道路从附近的市政道路直接引入施工场地,局部采用混凝土硬化,总体施工场地硬化标准为25cm厚C30混凝土。大型吊机站位点及绿化带软弱地基采用C30钢筋混凝土,厚30cm,设置ϕ20@200双层钢筋网,以保证吊装、运输安全。在拆桥过程中,应有专人维护路况。对施工场地范围内的土层,可采用地质雷达扫描探测地下空洞情况,并采取合理的避让或加固措施。

6. 满堂支架搭设和模块车就位支撑

对于地面平整度大于5%的箱梁,采用满堂支撑架搭设,在需要搭设满堂支架的部位,采用高效、稳定的盘扣式支撑架体系进行施工。根据桥梁投影面积,两侧分别外扩1m范围进行清表处理,经压实后,采用C30混凝土进行硬化处理,混凝土厚度为250mm(图4-17)。

图 4-17 满堂支架搭设现场

对高度在 2~8m、地面平整度不超过 5% 的箱梁，采用模块车对桥梁预支撑。模块车为 4 轴或 6 轴的液压动力模块车，可根据梁块特点进行 4＋4 轴、6＋6 轴和 4＋6 轴的灵活拼装。各模块运输车之间可横向或纵向连接，可进行刚性并车或软并车。模块车支架由预制钢结构件拼装成，由立柱、横梁及连接件组成不同高度的构件，再根据具体的支承高度进行拼装组合。根据现场实测各支顶梁段底标高及计划地基处理后的标高差确定模块车支架高度，并配置模块车支架（图 4-18）。

图 4-18 模块车就位支撑现场

7. 桥面及附属结构拆除

（1）桥面铺装铣刨

路面铺装沥青混凝土层采用铣刨机进行铣刨，为防止切割过程中出现卡绳现象，应当沿金刚石绳锯切割路线对桥面沥青铺装层进行铣刨。清理铣刨下来的沥青，并对桥面进行冲洗，统一收集碎屑后，将其运至弃渣场（图 4-19）。

图 4-19　桥面铺装铣刨现场

（2）附属结构拆除

桥面防撞栏杆为钢结构，采用气割将防撞栏杆切割成小段，然后由平板车运至堆弃点，由桥梁中间向两端对称进行切割。防撞护栏采用破碎锤破除，用挖掘机装车，由自卸汽车运至弃渣场（图 4-20）。

图 4-20　拟拆除桥上的附属结构物

8. 梁跨分段切割

（1）穿绳孔、切割线布置

切割前，根据梁块分段情况，将切割线放样于桥面上。在桥梁两侧防撞护栏上各设置一个分界点，并采用红色油漆标出切割线。穿绳孔均采用金刚石薄壁钻机钻孔，穿绳孔需在正式切割前施工完毕（图 4-21、图 4-22）。

（2）梁段切割

采用全液压金刚石绳锯切割机对桥梁进行切割施工（图 4-23），在穿绳孔施工完成后，固定绳锯及导向轮，并安装金刚石绳索。金刚石绳锯就位后，启动电动电机，并提升张力，待绳锯适当绷紧后供应循环冷却水，随后启动第二个电动电机进行回转切割，采用水流冷却金刚石绳锯，并将碎屑带走。在切割过程中，应密切关注机器底座的稳定性，并保证切割绳位于同一平面内。

（a）金刚石薄壁钻机

（b）穿绳孔和切割线布置现场

图 4-21　钻机与布置现场

图 4-22　吊绳穿线打孔

图 4-23　金刚石绳锯钻机与金刚石绳锯切割梁段图

9. 梁块驮运或吊运

桥梁拆除之后，应根据场地情况、运输线路、存放场地及切块大小的不同而采用不同的运输方式。

（1）模块车支撑切割驮运

对高度在 2～8m、地面平整度不超过 5% 的箱梁，采用模块车对桥梁进行预支撑，利用绳锯切割完成后，直接使用模块车驮运至存梁场（图 4-24）。

图 4-24　带支架模块车驮运方梁段图

（2）模块车支撑切割吊运

对高度在 8～15m、地面平整度不超过 5% 的箱梁，采用模块车对桥梁进行预支撑，利用绳锯切割完成后，通过大型吊装设备将其吊运至模块车上，最后转运至存梁场（图 4-25）。根据项目特点、桥型布置、桥梁尺寸和质量，综合考虑现场地上、地下及周围构筑物的情况，结合工期等相关要求，尽可能大段吊装桥梁，分段切割数量少，综合安全性、工期目标和经济性，选择适宜的主吊设备和辅助设备。选择和设计吊点时，应满足自身强度和桥节局部强度的要求，综合采用兜捆式吊装、吊带直接兜吊翼缘板等方式进行吊装。

图 4-25　切割后吊运

(3)满堂架切割吊运

对地面平整度大于5%的箱梁,搭设满堂盘扣架支撑体系进行预支撑,利用绳锯切割完成后,通过大型吊车将其吊运至平板车上,并转运至存梁场或外部弃渣场(图4-25)。建立并部署施工车辆调度系统,实时监控各个施工车辆的位置和交通拥堵等信息,使项目管理人员能够及时查询工程进展情况,便于在发现问题时快速做出决策,从而提高工作效率。

10. 下部墩柱拆除

桥梁需要拆除的下部结构主要是墩柱,回填面以上的既有桥墩柱均需拆除,全部采用钢丝绳锯分段切割。在桥墩周边搭设定位支撑架,采用绳锯进行切割破断,在切割时楔入三角钢支承,预先采用吊机挂吊。桥墩吊除采用全地面起重机单机实施,吊转至平板车上,逐段运至存梁场(图4-26)。

承台结构根据标高进行处理,标高超过填筑路面的部分,进行液压破碎,钢筋现场切除,将处理形成的渣土及时外运至弃渣场;在填筑路面标高以下的部分,采用填埋进行处理。

图4-26 独立墩柱切割、吊装示意图

11. 存梁场存梁及砖碴处理

拆除施工时,存梁场规划设置梁块及渣土堆放区,并设置设备机具及材料临时存放区。存梁场前期作为设备进场时的临时存放和组装场地,拆除工程选用的设备分大件运至工地后,分履带吊组装区、臂杆存放区、吊具存放区、索具存放区、配重存放区、路基箱存放区和工具存放区。梁块和墩柱按照施工拆除的先后顺序整齐堆放在存梁场。

当存梁场和运梁道路无法满足运梁和吊梁设备要求时,采用30cm厚C30钢筋混凝土硬化处理,路堤结合现场情况统一采用片石混凝土挡墙进行挡护。场内堆积砖渣采用原位碾压回填、外运等方式进行处理。

4.1.8 监控量测与分析

在项目施工期间,应对结构工程及施工区域周围重要的地下、地面建筑物、地面道路等实施变形方面的监测,为业主提供及时、可靠的信息,用以评定该工程在施工期间的安全性及施工对周边环境的影响,并及时、准确地预报可能发生的危及施工、周边环境安全的隐患或事故，以便及时采取有效措施消除隐患，避免发生事故。在拆除过程中，主要需对工程拆除过程中的梁体挠度、墩台沉降位移、支架及基础沉降、周边地下管线、城市道路等进行监测，具体的监测项目见表4-2。

施工监控量测表　　　　　　　　　　　　　　　　　　　表4-2

	监测项目	断面间距	仪器设备	精度要求
1	监测基准点	设置3~4个	精密水准仪 全站仪	标准偏差：≤0.3mm/km 角度：1″；测距1.5mm+2ppm
2	现场巡视	—	相机、游标卡尺等	—
3	地下管线沉降	15m且管线转角接头等重要部位	精密水准仪	标准偏差：±0.3mm/km
4	跨中变形/梁体挠度	连续梁桥每跨中部，对于宽度大于10m的桥梁每跨中部沿宽度方向设置2~3监测点	精密水准仪 全站仪	标准偏差：≤0.3mm/km 角度：1″；测距1.5mm+2ppm
5	支架及基础沉降	沿支架平台底托和基础设置，点间距10~30m	精密水准仪 全站仪	标准偏差：≤0.3mm/km 角度：1″；测距1.5mm+2ppm
6	墩柱水平/竖向位移	在待拆除桥梁对应墩台台帽处设置，垂直于车流方向每侧一个测点	精密水准仪 全站仪	标准偏差：≤0.3mm/km 角度：1″；测距1.5mm+2ppm

4.1.9 安全、环保措施以及效益分析

1. 质量控制

1）立交拆除所用施工原材、构配件、实体质量必须满足设计和相应的施工及验收规范要求。

2）根据工程桥梁的分布特点和结构特点，采用不同的支撑、切割和运输方式，提高施工效率，确保施工安全。

3）根据桥梁的宽度和位置设置合理的穿绳孔位置和切割方案，梁段竖向切割切口为内八字形，下窄上宽，斜角角度约75°，横向同样采用斜切，切缝中插入楔形铁片以防止切割中卡绳。

4）匝道桥预应力弯桥切割时，应减少支撑架体与支撑物的摩擦力，增加限位装置，允许其有一定的水平位移，防止切割拆除弯桥时桥段侧滑。

5）模块车之间的高差先采用短标准节调整，而后采用红铁木、三合板进行微调整，模块车就位处的地面坡度高差不得大于300mm，小于300mm以内高差由模块车自主调平补偿。

6）起重机按规定位置站位，履带下铺设专用路基箱，用以加强地表承载力。

7）在运输过程中，采取符合运输安全规定的防倾倒、防滚动、防滑动措施，包括采用麻绳、钢丝绳、链条葫芦或拉紧器牢固捆绑，打楔子等固定梁段。

8）各分部工程施工前，按照设计及施工规范要求编制实施性施工组织设计，经工程监理单位审查批复后实施。

9）施工现场值班技术人员必须各负其责，相互配合，把好各工序中施工过程的质量检验关，如出现异常情况，应及时上报质量管理小组。

2. 安全措施

1）认真贯彻执行有关安全的方针政策、规章制度，牢固树立"安全第一"的思想，坚持"安全第一、预防为主、综合治理"的方针。

2）在每跨跨中、桥墩处、1/4跨中布置沉降监测点，以便在拆桥过程中及时观测墩顶处、梁跨中、反弯点等的变形情况。

3）在切割中出现断绳时，应立即停止该机运转，检查断绳处的位置及断绳原因，断口重新接绳时，应停止旁边影响接绳的运行设备，应急人员协助立即接绳，接绳完毕后继续工作。

4）拆除桥梁前，在地面标识出地铁结构轮廓范围，大型吊装设备站位、重大荷载运输荷载集中点应严格避开地铁结构位置。

5）桥段切割完成后，检查模块车和模块是否存在偏差、稳定性、泄漏、故障等，并逐个检查每个液压分组的压力，以确保载荷分布达到设计要求。

6）进行现场吊装作业时，应建立统一的协调机制，吊车的司机、司索和起重指挥人员必须持有有效的操作证和上岗证，并且起重指挥人员与塔吊机组人员要固定下来，如无特殊原因，不得随意更换指挥人员。

7）在运输过程中，操作手应严格按照操作指挥的指令操作模块车运输，辅助人员应随时查看模块车、支架、梁段的稳定性及道路情况。

8）应对特殊管线（如燃气管线及电力管线）进行管线加固，其上方不得放置重物，并做好安全标志。

9）配电箱应符合统一的标准要求，箱内零件齐全，并符合规范，胶盖闸只作断路开关使用，不得加熔丝。碰插保险内保险丝的规格应符合要求，严禁用铜、铝、铁丝代替保险丝，箱内漏电保护器灵敏、有效，无带电裸露线，无杂物，箱门要有锁，防雨措施良好。

3. 环保措施

模块车支撑切割桥段机动性强，可极大地缩短施工周期，同时可以在施工过程中及时回收废水、碎屑,对周围环境影响较小,施工过程中飞尘少、噪声小。除执行国家和地方有关环境保护的法律法规外,还要注意以下几点:

1)根据天气情况,施工现场每天应安排专人及时清扫、洒水,对施工现场卸料后易产生的扬尘,应立即采用有效措施洒水降尘。

2)施工废水、泥浆经预处理和三级沉淀后排放,采用专用运输车辆运输废水、泥浆;生活污水要进行集中处理,达标后排放入指定地点。

3)现场运输易飞扬的细颗粒散体材料和建筑垃圾时,遮盖封闭严密,以免沿途泄漏、遗撒,卸时应采取有效措施防止扬尘。清运垃圾、渣土时,应提前适量洒水,并按规定及时清运消纳,清运施工垃圾时,必须采用密闭式专用容器吊运。

4)选用先进的环保设备从源头上降低噪声,同时优化施工工艺,采用低噪声的切割、吊装、运输设备进行施工。应为施工现场的小型强噪声固定设备搭设隔声设备房,把其对周边的干扰降至最低。

5)把切割下来的梁段临时存放在存梁场,后期安排转运到规定的弃渣场或再生料加工厂。

6)合理利用工程建设范围,科学布置、规范围挡,做到标牌清楚、齐全,各种标识醒目,施工场地整洁文明。应根据施工进度提前做好材料计划,合理安排材料的采购、进场时间和批次,减少库存,材料堆放整齐,减少二次搬运。

7)合理安排施工作业、重型运输车辆的运行时间,避开噪声敏感时段;产生较高噪声、较高振动的施工作业应尽量安排在环境噪声值较高的白天施工;禁止施工人员在居民区附近和夜间施工时高声喧哗,避免人为噪声扰民。

4. 效益分析

(1)经济效益

本工法应用于黄木岗立交拆除工程,通过可靠的施工方案与高效的施工组织,大大提高了施工效率,保证了施工安全,有效节约了施工工期,减少了黄木岗立交桥的拆除费用和时间成本,经济效益显著,为黄木岗交通枢纽建设工程顺利开展提供了保障。

(2)社会效益

黄木岗多层立交拆除工程是黄木岗交通枢纽建设的首项工作,也是深圳市目前拆除规模最大、工期最为紧迫、交通疏解难度最大的代表性工程,该项目按时顺利完工可以产生重大的社会意义。深圳市政府高度重视黄木岗立交拆除工作,成立了多部门协同的组织机构对拆桥工作进行全程督导。采用本工法进行施工,最大限度地减小了立交拆除工作对城市繁华地段交通通行的影响。整个拆除工程封闭道路下历时8d(总工期18d),相比传统支架支撑法预期的工期26d,大幅提升施工效率,完美体现"深圳速度",具有重大的社会效益。

(3)环境效益

黄木岗立交拆除工程遵循绿色施工原则,有效减小飞尘、噪声对周边环境的影响,并及时回收桥段切割施工过程中产生的泥浆水,减少水污染及对场地地基的影响,拆除的桥梁段实现充分回收利用,具有显著的环境效益。

4.2 临时钢便桥的快速拆除技术

4.2.1 前言

伴随着经济的迅猛发展,人民群众对交通基础设施的要求也随之提高,交通设施的建造、改建、改造施工过程中会造成交通严重受阻,特别是在人口众多的城市,交通基础的施工给城市交通带来前所未有的压力。为缓解因交通工程建设、改建、加固所造成的交通压力,修建便桥是十分必要的。便桥是一种临时的交通设施,等交通设施工程完工并正式投入使用后,便桥就会被拆除。在黄木岗综合枢纽建设中,拆除临时钢便桥时,综合考虑了工期、安全、环保与经济等多方面的因素,取得预期的效果。故本书以黄木岗钢便桥的拆除作为工程案例,来详细介绍其工法。

4.2.2 工程概况

1. 项目概况

黄木岗综合交通枢纽坐落于笋岗西路、泥岗西路、华富路、华强北路四岔路口,为既有7号线、新建14号线以及规划24号线的三线换乘枢纽。临时钢便桥位于华富路西侧,周边有深圳体育中心、市第二人民医院、实验中学、设计大厦等公共资源(图4-27)。

2. 钢便桥概况

华富路临时钢便桥共分为左、右两幅分离式桥梁,位于华富路西侧。上部结构形式均采用分片式钢箱梁,下部结构采用钻孔灌注桩、桩式墩台。全桥采用结构简支、桥面连续(图4-28、图4-29)。

单幅钢箱梁横向两梁片实腹式横隔板间横联处设置横联隔板。为保证外形美观、改善箱内防腐条件,钢箱梁两端采用钢板焊接封闭。钢箱梁顶板兼作桥面承重结构,钢箱内顶板纵向加劲肋采用U形闭口肋,钢箱悬臂部分顶板采用U形及I形肋,钢箱内底板纵向加劲肋采用I形肋。标准节段钢箱梁结构如图4-30所示。钢箱梁支点处及纵向 3m 与钢箱梁纵向一般 3m 标准横断面分别如图 4-31、图 4-32 所示。

钢箱梁桥面采用正交异性板结构，顶板纵肋采用 U 形＋一字加劲肋。单幅钢箱梁两片钢箱梁之间采用横向连接成整体。横隔板分为中横隔板和端横隔板，端横隔板设置在支座对应位置。钢箱梁纵横向节段之间全部采用焊接连接。梁底由于桥面纵坡变化，通过支座垫块予以调整，以便水平放置支座。在拆除和吊装梁段的过程中，严禁碰撞未拆除梁段，以防造成未拆除梁段滑落。

图 4-27 临时钢便桥地理位置图

图 4-28 临时钢便桥平面图

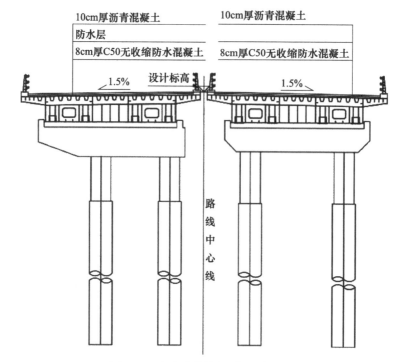

图 4-29 钢便桥横桥向断面布置图

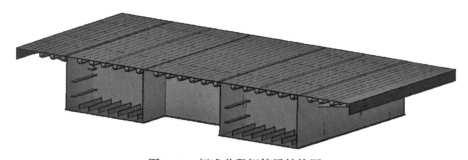

图 4-30 标准节段钢箱梁结构图

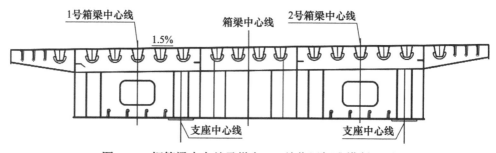

图 4-31 钢箱梁支点处及纵向 3m 处位置标准横断面图

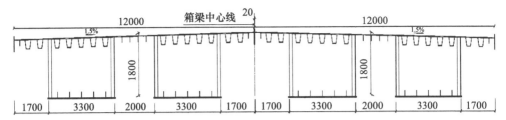

图 4-32 钢箱梁纵向一般 3m 内标准横断面图

3. 周边环境情况

钢便桥位于福田华富路上方,跨越笋岗西路及华富路辅道,地处福田中心区。钢便桥东侧紧邻华富路新建永久桥,上跨现状通行道路笋岗西路及华富路辅道,上跨14号线黄木岗站附属结构D下沉广场,西靠税务大厦、市二医院与7号线C出入口(图 4-33、图 4-34)。

(a)钢便桥北端

(b)钢便桥北端梅岗南街

(c)钢便桥市二医院段

(d)钢便桥C下沉广场段

图 4-33 周边环境情况(一)

（e）钢便桥笋岗西路段　　　　　　（f）钢便桥市政大厦及D下沉广场段

图 4-33　周边环境情况（二）

图 4-34　钢便桥税务大厦段

（1）地基情况

拆除节段时，吊车均站位于现状沥青道路及硬化的钢筋混凝土便道上，根据原设计道路承载力设计，吊车站位吊装处的地基承载力均满足要求。在现场施工前，可对基础进行承载力检测和复核，确认其是否满足方案要求，对吊装站位下部管线及孔洞情况进行排查，若发现存在不密实情况，必须加固并确认地基检测合格后方可进行施工。

（2）管线情况

根据钢便桥拆除吊车站位布置，桥梁拆除周边所涉及的管线主要为梅岗南街至市二医院辅道，下方存在桥下交通疏解施工时新建的一条燃气管线、电力管线、通信、给水管道；桥梁拆除施工前，对管线进行产权单位现场核查确认，并进行现场标识，道路范围的管线在路面张贴管线警示贴纸。吊装站位时，严禁吊车支腿站位于管道上方，站立附近区域设置路基箱进行保护。

4.2.3 施工方法概述

1. 施工顺序

根据所处位置不同,分四个区域拆除钢便桥(图4-35)。钢便桥拆除分为两个作业面,配置两套设备、作业人员资源,平行独立组织施工(图4-36)。

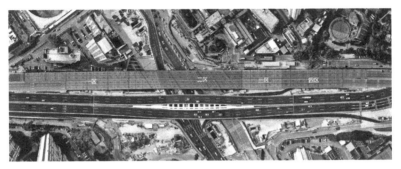

图 4-35　拆除分区平面图

图 4-36　总体拆除顺序图

四个区域内部的拆除顺序如图4-37～图4-40所示。

图 4-37　一区拆除顺序图

图 4-38 二区拆除顺序图

图 4-39 三区拆除顺序图

图 4-40 四区拆除顺序图

2. 工艺流程图

拆除桥梁的工艺流程如图 4-41 所示。

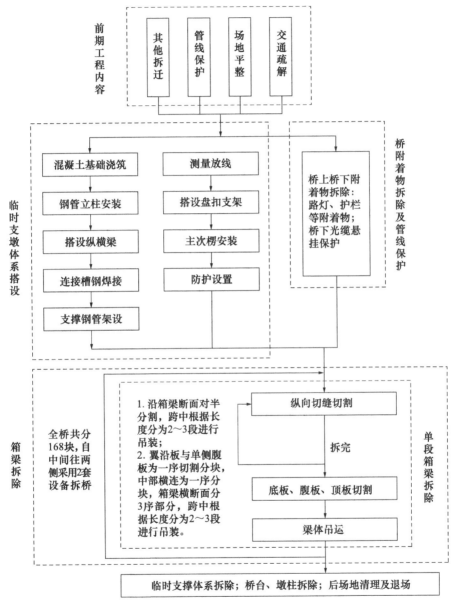

图 4-41 桥梁拆除工艺流程图

3. 材料与设备

施工机械设备按照"先进、高效、安全、环保"的原则配置，拆桥时投入的主要机械设备见表 4-3。

钢便桥拆除投入主要施工设备表　　　　表 4-3

序号	设备名称	规格型号	数量	备注
1	履带起重机	630t	1台	吊装钢便桥节段
2	汽车起重机	500t	1台	吊装钢便桥节段
3	汽车起重机	80t	1台	安装配重
4	汽车起重机	25t	1台	安装临时支撑、配重
5	叉车	10t	2台	安装临时支撑
6	载重150t平板车	长14～24m	8台	运输钢便桥节段
7	平板车	9.6m	6台	运输材料及配重
8	爬行焊机	—	2台	拆除切割梁面
9	炮机	60型	2台	破除节段缝桥面沥青
10	挖机	120型	2台	平整桥下场地
11	风镐	—	10台	破除节段缝桥面板混凝土
12	登高车	8m	4台	梁底气割作业
13	曲臂车	16m	2台	跨路段梁底气割作业

4.2.4 操作要点

1. 交通疏解、场地硬化与箱梁分块

华富路临时钢便桥拆除站位主要位于临时钢便桥西侧辅道及桥下沥青道路施工，在吊装过程中，对现场交通运行影响较大，为保证基本通行要求，采取临时导行措施，如图 4-42～图 4-44 所示。

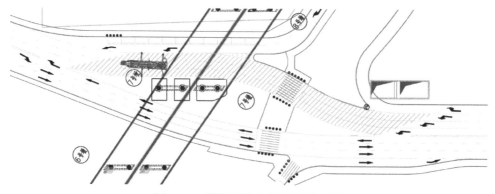

图 4-42　笋岗西路交通导行平面图

4.2 临时钢便桥的快速拆除技术

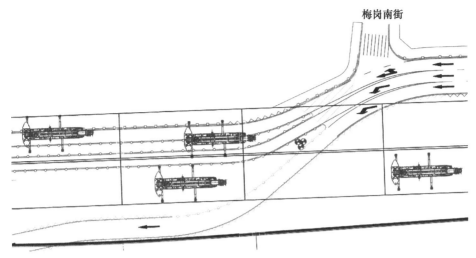

图 4-43 华富路辅道交通导行平面图一

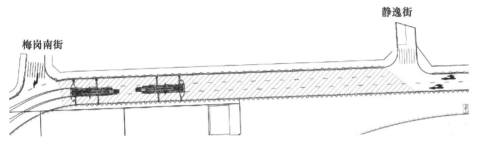

图 4-44 华富路辅道交通导行平面图二

左线 0~3 号墩、左线 13~15 号墩、右线 2~3 号墩、13~14 号墩桥梁拆除后，下方场地为填方路基段，为方便箱梁拆除吊运，在场地整平后，采用 20cm 厚 C20 混凝土局部对该范围进行硬化，如图 4-45 所示。

图 4-45 临时钢便桥拆除硬化范围平面图

根据临时钢便桥拆除吊装设备选型、现状支撑体系布置限制、吊装站位限制等因素影响，对钢便桥进行分跨分块进行设计，分块质量在考虑上部混凝土铺装层及沥青层的情况下，满足吊装安全要求及下部支撑体系承载能力（个别吊重影响吊运前拆除沥青及压重混凝土）。全桥由左、右两幅钢箱梁组成，左幅 15 跨，右幅共 12 跨，根据每跨的不同长度及吊装条件，将纵向分块划分为 2 段、3 段或 4 段三种情况，共划分为 168 块分段，如图 4-46 所示。

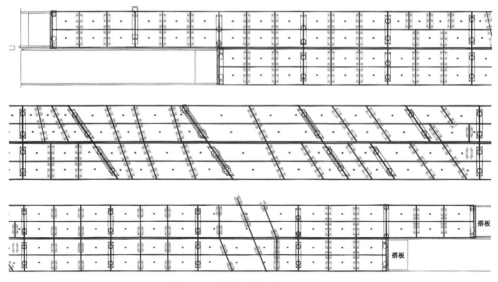

图 4-46　箱梁分块平面示意图

2. 临时支墩的设计

临时支墩基础采用 C30 混凝土浇筑，临时支墩基础尺寸设计为独立基础形式，4 根立柱为一组的基础设置，基础尺寸为 2800cm×2300cm×30cm，基础浇筑时顶面钢管立柱定位预埋 50cm×50cm×1cm 钢板，混凝土基础采用现场提前定位浇筑成形及场外现浇预制，再转运安装进行施工，预制基础块下部采用高强度砂浆进行整平。临时支墩基础设计平面与立面图如图 4-47～图 4-52 所示。

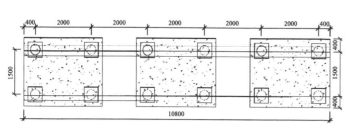 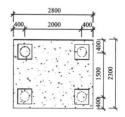

图 4-47　常规路段支墩基础设计平面图

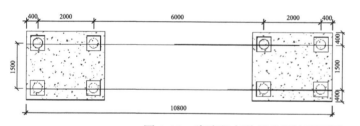 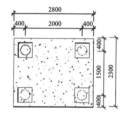

图 4-48　跨路段支墩基础设计平面图一

4.2 临时钢便桥的快速拆除技术

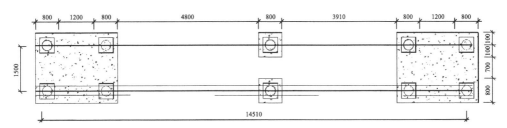

图 4-49 跨路段支墩基础设计平面图二

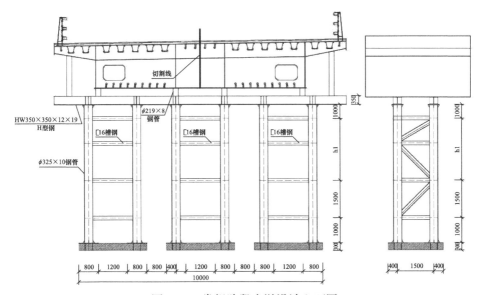

图 4-50 常规路段支墩设计立面图

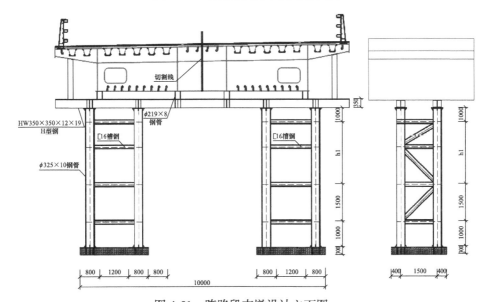

图 4-51 跨路段支墩设计立面图一

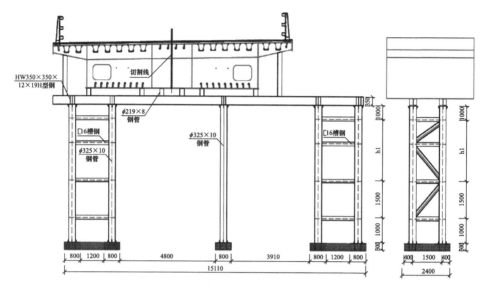

图 4-52　跨路段支墩设计立面图二

3. 临时支墩的验算

本书分别就三种支墩布置分别采用 MIDAS GEN 三维有限元模拟,三种模型分别如图 4-53 所示。

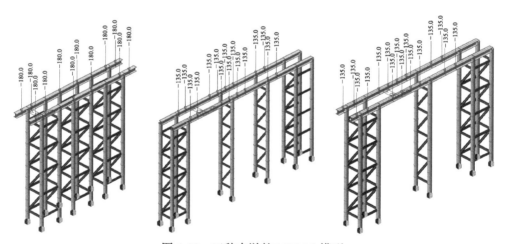

图 4-53　三种支墩的 MIDAS 模型

数值结果如图 4-54～图 4-61 所示。

由图 4-54～图 4-61 可以得出三种模型钢系梁的最大位移、最大弯矩、剪力与柱最大轴力。然后分别对钢系梁和钢立柱的正应力与剪应力、稳定性、冲切/局压进行验算。综合三种类型临时支墩布置进行模拟分析,在临时钢立柱底部采用固定约束下,临时钢系梁、钢立柱及混凝土基础满足强度及稳定性要求。

4.2 临时钢便桥的快速拆除技术

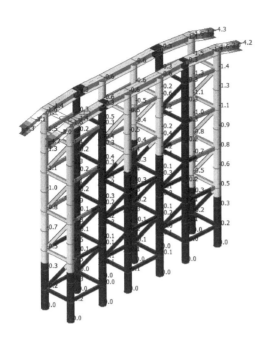

（a）竖向

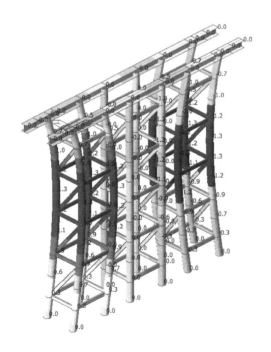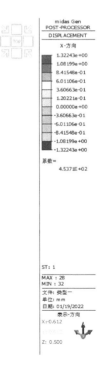

（b）横向

图 4-54　第一种支墩的位移云图

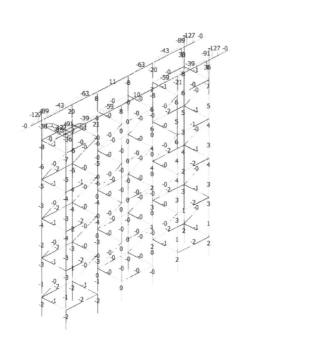
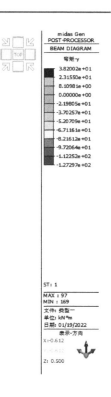

图 4-55　第一种支墩的弯矩图

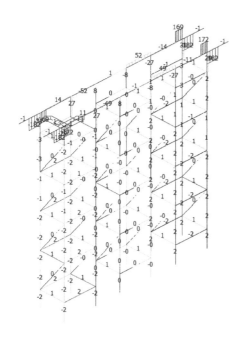

图 4-56　第一种支墩的竖向轴力图

4.2 临时钢便桥的快速拆除技术

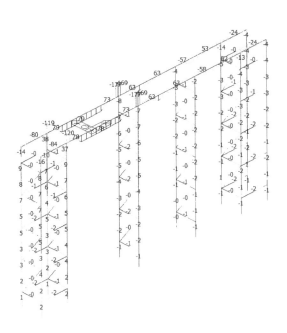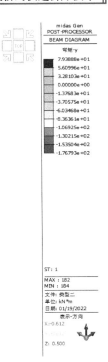

图 4-57　第二种支墩的弯矩图

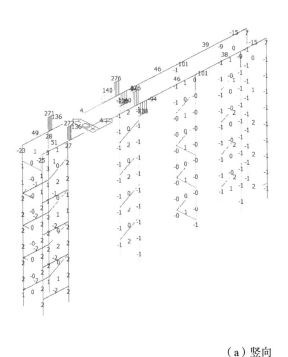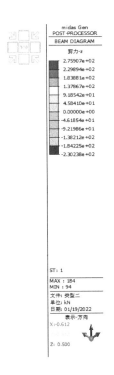

（a）竖向

图 4-58　第二种支墩的轴力图（一）

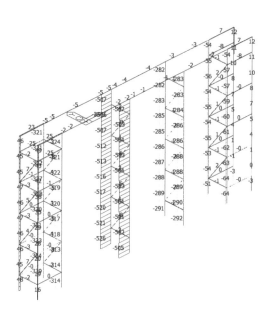

(b)横向

图 4-58 第二种支墩的轴力图(二)

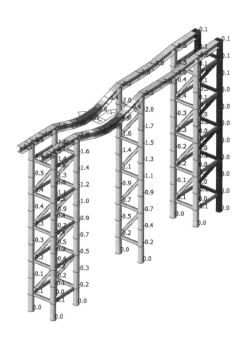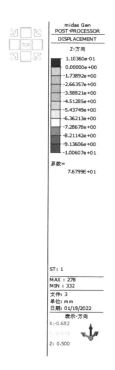

(a)竖向

图 4-59 第三种支墩的位移云图(一)

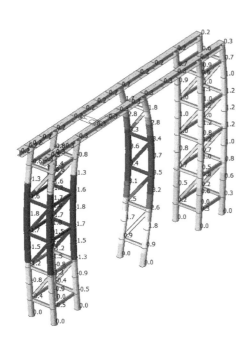

(b)横向

图 4-59　第三种支墩的位移云图（二）

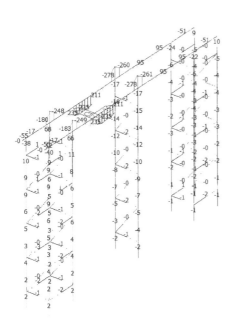

图 4-60　第三种支墩的弯矩图

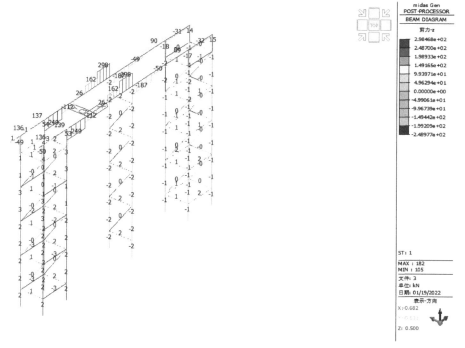

图 4-61　第三种支墩的竖向轴力图

4. 临时支墩的搭设

首先对采用 ϕ48 盘扣支架对 D 下沉广场段吊车站位顶板区域下方进行盘扣支架支撑。支架搭设流程如下：放线定位→按定位放置可调底座→在可调底座上放置标准基座→在标准基座上安装扫地横杠→在标准基座上安装扫地斜杆→用水平尺校正水平和垂直→用钢卷尺校正立杆对角线保证架体方正→安装立杆和横杆→安装斜杆→直至封顶安装端横杆和斜杆→安装可调顶托、横梁和纵梁→检查验收。

然后将顶板及侧墙混凝土分段对称浇筑，侧墙混凝土浇筑速度应控制为不大于 1m/H。当混凝土达到要求的强度后，必须经监理工程师检查验证，确认支模架不再需要后方可拆除。支架拆除流程如图 4-62 所示。

搭设不占道临时支墩体系时，可根据施工需要，安排白天或夜间进行任意工序作业。D 下沉广场段在主体结构封顶后，采用结构内部盘扣支架体系进行支撑，支架自结构底板开始搭设，支撑至结构顶板及桥梁底部，为临时钢边桥分块拆除提供支撑条件。

占道范围临时支墩体系搭设：先进行 C20 基础梁施工，可根据施工需要，白天进行基槽挖掘夯实、钢筋及模板等作业，选择于夜间交通流量小的时间段临时占道进行混凝土浇筑作业。

4.2 临时钢便桥的快速拆除技术

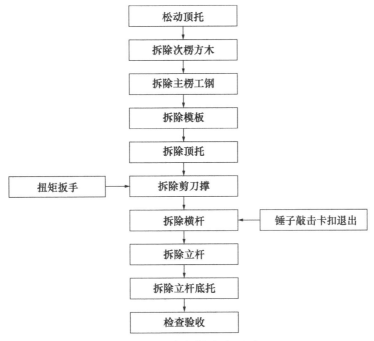

图 4-62 支架拆除流程图

待基础梁混凝土达到设计强度要求后,提前与交警部门联系,做好临时占道交通疏解的相关手续和搭设临时支撑的准备工作;实行临时交通疏解后,于作业时间段内完成该段临时支墩体系的立柱、上垫梁及纵横梁的安装施工;其余工作,如立柱连接杆件安装焊接、木板铺装等作业,安排在白天施工(图 4-63)。

图 4-63 临时支墩现场搭设示意图

待基础混凝土具备一定强度后,架设钢管支撑,每组钢管支撑采用异地拼装焊接完成,现场吊车吊装就位,在单跨桥梁下方每组支撑与基础钢板焊接稳固后,架设型钢横梁,考虑梁底与钢管支撑顶部空间不足,不具备吊车吊运条件,在箱梁底部左、右焊接各一处吊耳，采用两台5t松动葫芦进行提升，提升至钢管支撑顶部后安装焊接就位；人工安装ϕ219钢管，钢管与型钢横梁焊接固定，提前测取型钢横梁与梁底支架间隙，钢管与梁底及型钢横梁之间采用钢板垫设，垫设时，应保证密贴垂直，最后焊接固定（图4-64）。

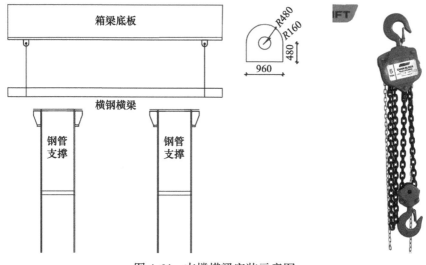

图4-64 支撑横梁安装示意图

5. 桥面设施拆除与箱梁切割

为保障拆除桥梁时安全、高效，减少梁体吊运质量，切割梁体前，应先拆除桥面的附属设施、挂件及护栏等，桥上挂件主要是交通设施、指示牌、管线等。影响箱梁拆除施工的桥面系及附属结构主要是路面铺装沥青混凝土层，桥面栏杆为钢结构（图4-65）。

图4-65 桥面沥青清理示意图

考虑吊装设备及吊装质量箱梁横断面切割分为单跨分块形式进行切割吊运，对箱梁横立面对半均分为两块进行切割，切割顺序为先纵后横向，先底板、后腹板、最后顶板的横缝切割顺序（图 4-66 和图 4-67）。

图 4-66 箱梁气割示意图

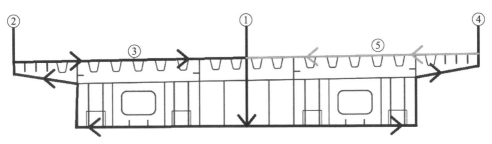

图 4-67 箱梁两段分块切割顺序图

6. 箱梁吊装选型

吊装箱梁时，采用梁下及桥侧站位，吊装设备选用 630t 履带起重机及 500t 汽车起重机，各跨箱梁吊装站位依照现场进行选取，确定站位后对地基进行验收，对不满足地基承载力要求的地方，需提前进行硬化加固。当采用 630t 履带起重机进行吊装时，履带下部需满铺 12m×1.5m 路基箱；当采用 500t 汽车起重机进行吊装时，吊车支腿选择 2.4m×6m 路基箱进行垫设；吊装站位满足设备选型、吊装高度、箱梁分块质量、吊装半径等要求。拆除箱梁时，分为四个区域进行，首先采用 630t 履带起重机进行二区箱梁拆除吊装，下一步采用 630t 履带起重机进行四区箱梁拆除吊装，同步采用 500t 汽车起重机进行一区箱梁拆除吊装，然后采用 500t 汽车起重机对钢便桥三区进行拆运。

分别根据 630t 履带起重机和 500t 汽车起重机吊装范围的最不利情况对起重机及吊索进行选型并验证，即验算吊装能力（最大起重量、最大分块尺寸、最大吊装半径）、吊装高度、碰撞主臂、地基承载力、验证吊耳选型、布设吊点以及选择吊装卡环、钢丝绳（图 4-68～图 4-75）。

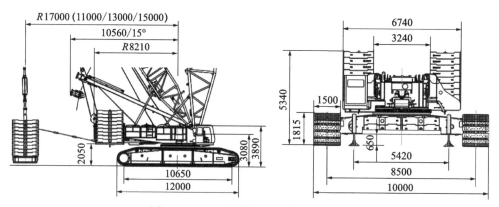

图 4-68 630t 履带起重机外形尺寸图

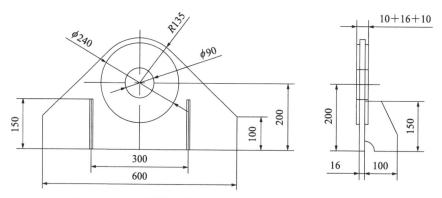

图 4-69 630t 履带起重机和 500t 汽车起重机吊耳大样图

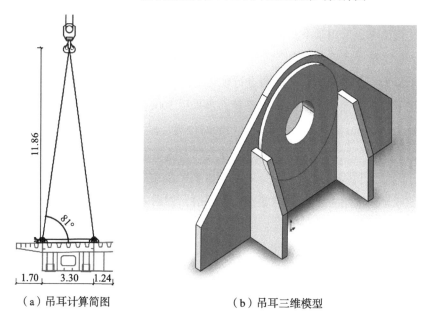

（a）吊耳计算简图　　　　（b）吊耳三维模型

图 4-70 吊耳计算简图与三维模型

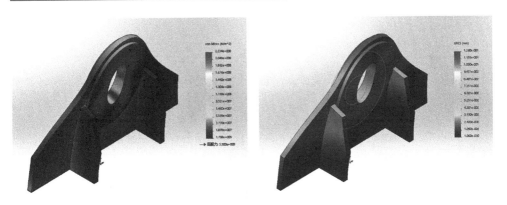

图 4-71 吊耳应力应变图

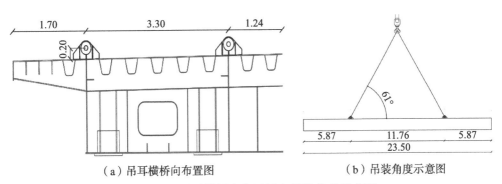

（a）吊耳横桥向布置图　　　　　（b）吊装角度示意图

图 4-72 吊耳横桥向布置图和吊装角度示意图

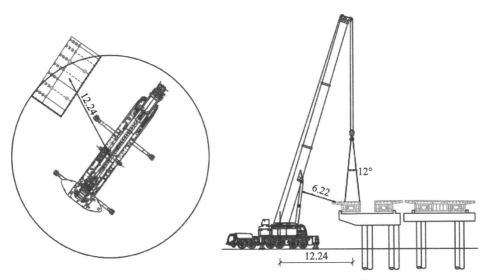

图 4-73 500t 汽车起重机最大起重量吊装工况图

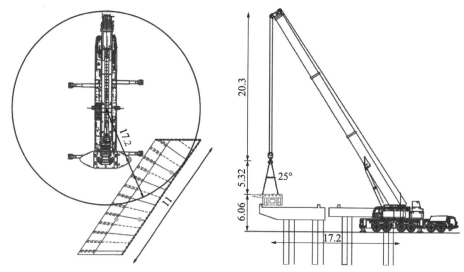

图 4-74　500t 汽车起重机最大分块吊装工况图

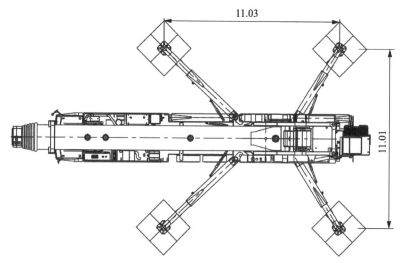

图 4-75　500t 汽车起重机外形尺寸图

7. 下部结构拆除

在单跨临时钢便桥拆除完成后，即可在桥墩周边搭设操作平台，在上部盖梁下方搭设支撑架体，盖梁跨越道路段，利用夜间 11 点半～次日 6 点之间通过交通疏解临时封闭单幅车道，拆除该车道范围盖梁，盖梁拆除支撑架体采用 $\phi 48$ 盘扣支架，步距 1.5m，顶托上方为主楞 10cm×10cm 方木，切割前必须复紧顶托座，盖梁拆除支撑架体在当夜搭设完成，盖梁拆除完成后，在次日早高峰前拆除，长度不大于 10.5m 采用单条盖梁整体吊装绳锯进行整体切割拆除；盖梁长度大于 10.5m 采用两块吊装，在盖梁中部增设一条切缝,底部切割线墩顶下 20cm 即可,切割先可采用斜缝切割方法,墩内侧较外侧底 20cm,切割完成后,采用 500t 汽车起重机整体吊装,吊运至平板车进行外弃,吊点设置及切缝示意见图 4-76。盖梁的平面图与立面图如图 4-77 所示。

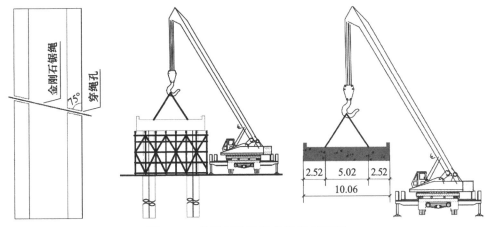

图 4-76　盖梁吊装及吊点设置示意图

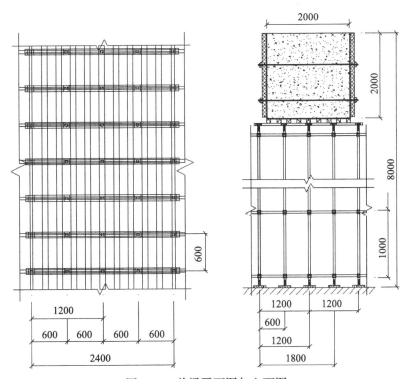

图 4-77　盖梁平面图与立面图

对盖梁拆除支架的验算包括以下内容：面板验算（强度验算、挠度验算、支座反力计算）、小梁验算（强度验算、挠度验算、支座反力计算）、主梁验算（抗弯抗剪验算、挠度验算、支座反力计算）、可调托座验算、立杆验算（长细比验算、风荷载计算、稳定性计算）、高宽比验算、架体抗倾覆验算、立杆支承面承载力验算（受冲切承载力计算、局部受压承载力计算）。

8. 墩柱及桩基拆除

墩柱及下部桩基采用金刚石绳锯进行切割拆除，割除长短以满足吊装调整即可，切割前，利用水钻在墩顶下30cm开孔，孔位沿圆柱墩中心线布置，孔径为120mm，作为吊装穿入孔吊装使用，剩余地面突起部分墩柱及桥台采用炮机就地破碎或采用人工风镐方法进行破碎，在破碎过程中，应做好安全防护措施，及时清理场地（图4-78）。

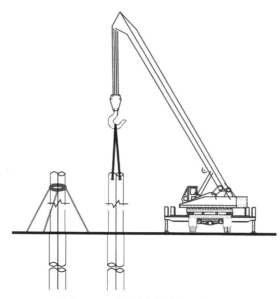

图4-78 墩柱拆除吊装示意图

9. 拆除构件运输

在拆除钢便桥前，拖车应摆放到位，提前安放好垫木，将梁块吊运至拖车上方，集中梁块重心压在车板中心左、右偏差不能超过5cm。采用3个5t手动葫芦将梁块与拖车绑紧，并在翼缘板下方每隔2m设置一个型钢垫块，以保证梁块在运输过程中的稳定性。封车捆绑时，钢丝绳及吊带应避开设备上的油管、管线等，接触面衬垫胶皮材料及仓角，钢结构与车板间要固定牢固，以防止运输途中的颠簸、滑脱（图4-79）。

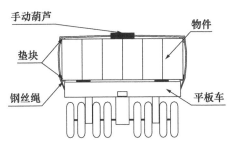

图 4-79 梁块运输过程中稳定措施示意图

4.2.5 监控量测方案与数据分析

1. 监测项目及精度要求

监测项目的确定原则如下：以确保工程安全，监控桥梁本身及周边环境的变形为原则。钢便桥拆除工程的监测项目及控制值要求见表 4-4。

监测项目汇总及控制值　　　　　表 4-4

序号	监测项目	判定内容	控制基准
1	有压刚性管线沉降	累计值和速率	累计值：20mm；速率：2mm/d
2	其他管线沉降	累计值和速率	累计值：30mm；速率：2mm/d
3	跨中沉降/挠度	累计值和速率	累计值：10mm；速率：4mm/d
4	墩柱差异沉降	累计值和速率	累计值：5mm；速率：2mm/d
5	支架及基础沉降	累计值和速率	累计值：20mm；速率：3mm/d
6	墩柱沉降	累计值和速率	累计值：10mm；速率：2mm/d
7	枢纽主体结构水平/竖向位移	累计值和速率	累计值：10mm；速率：2mm/d
8	枢纽主体结构裂缝	累计值	累计值：0.3mm
9	枢纽主体结构变形缝差异沉降	累计值	累计值：5mm

2. 监测实施过程

在施工过程中，应进行监控量测数据的实时分析和阶段分析。

实时分析：每天根据监测数据及时进行分析，发现工程结构、周边环境被监测对象等变形、受力异常时，应分析原因，并提交工程险情预警报告或工程监控信息卡；第一时间告知各参建单位相关监测信息，为施工决策和方案优化提供科学依据。

阶段分析：按阶段（本工程按周、月分阶段分析）总结监控量测数据的变化规律，对支护结构状态进行评价，提交阶段分析报告，指导后续施工。

根据监测数据的分析成果及时进行监控量测信息反馈，对工程结构、周边环境被监测对象的安全状态进行合理、科学的评价，并提出相应的工程对策与建议。其安全状态评价流程和监测信息反馈程序如图 4-80 所示。

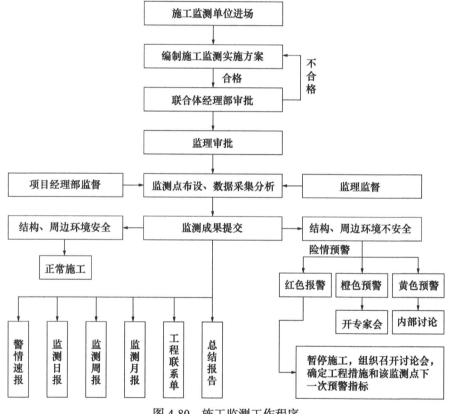

图 4-80　施工监测工作程序

3. 监测点布置

根据设计图纸要求及场地条件，黄木岗枢纽工程钢便桥拆除施工监测测点布置原则如下。

1）墩柱水平/竖向位移：在待拆除桥梁对应墩台帽梁处设置，垂直于车流方向每侧一个测点或根据现场观测条件确定。

2）支架及基础沉降：沿支架平台底托和基础设置，点间距为 15～20m。

3）跨中变形/梁体挠度：连续梁桥每跨中部、第一次切割线两侧布点等特征点位置；简支梁桥每跨中部布点。

4）吊机站位路面沉降：支腿处或沿四周每 5m 设置。

5）管线沉降：管线节点、转角点、位移变化敏感或预测变形较大的部位应布置监测点，测点布置间距为 10～15m。

6）枢纽主体结构测点：除已临时开通运营的北侧通道监测断面按 5m 布置外，其他 14、24 号线结构监测断面间距为 10m。

下文将以桥墩沉降与水平位移的监测数据为例，分析其变化规律。图 4-81 给出了桥墩监测点的示意图。其中，JGC-K 表示钢便桥的跨中沉降监测点，JGC-Q 表示钢便桥的桥墩沉降监测点，JGS-Q 表示钢便桥的桥墩沉降监测点。

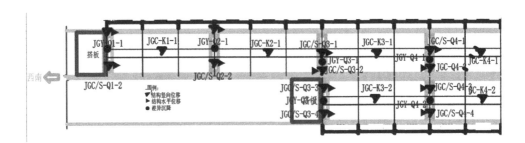

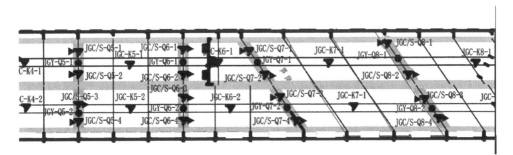

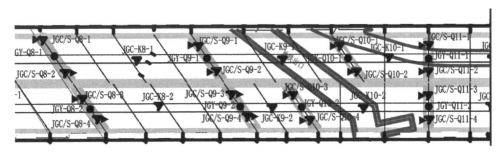

图 4-81 桥墩与跨中监测点布置示意图（一）

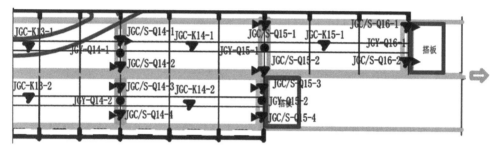

图 4-81 桥墩与跨中监测点布置示意图（二）

4. 桥墩沉降与水平位移监测数据分析

图 4-82 和图 4-83 给出了桥墩部分测点的沉降与水平位移监测图。从中可以得出以下结论。

1）同一监测点的沉降与水平位移随时间的推移虽然反复增大减小，但总体趋势增大。

2）随着监测点右移，沉降与水平位移的取值区间缩小。

3）钢便桥上、下两侧的监测点相较于中间监测点的沉降与水平位移更大，即随着监测点下移，沉降与水平位移呈先减小后增大的趋势。

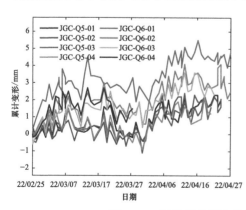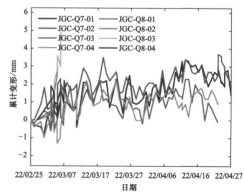

图 4-82 桥墩部分测点的沉降监测图（单位：mm）

4.2 临时钢便桥的快速拆除技术

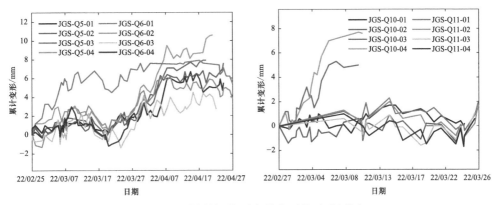

图 4-83 桥墩部分测点的水平位移监测图

4）监测点竖向方向的累计变形都小于10mm，满足监测要求，而水平位移有时大于10mm，但由于持续时间很短，且该时段位于拆桥末期，故可以保证施工的安全性。

4.2.6 安全保障措施

1. 实行安全教育

安全教育的内容如表 4-5 所示。

安全教育的内容表　　　　　　　表 4-5

类别	内容
安全思想教育	① 安全生产重要意义的认识，增强关心人、保护人的责任感教育； ② 党和国家安全生产劳动保护方针、政策教育； ③ 安全与生产辩证关系教育； ④ 职业道德教育
安全纪律教育	① 企业的规章制度、劳动纪律、职工守则； ② 安全生产奖惩条例
安全知识教育	① 施工生产一般流程，主要施工方法； ② 施工生产危险区域及其安全防护的基本知识和安全生产注意事项； ③ 工种、岗位安全生产知识和注意事项； ④ 典型事故案例介绍与分析； ⑤ 消防器材使用和个人防护用品使用知识； ⑥ 事故、灾害的预防措施，紧急情况下的自救知识，以及现场保护、抢救知识
安全技能教育	① 本岗位、工种的专业安全技能知识； ② 安全生产技术、劳动卫生和安全操作规程
安全法制教育	① 安全生产法律法规、行政法规； ② 生产责任制度及奖罚条例

2. 危险性较大分部分项工程控制要求验收

（1）验收标准

1）严格按照已审批通过的专项方案进行实施，并达到验收标准；

2）现场施工按照设计文件及相关规范、标准实施，并达到验收标准；

3）现场施工符合相关地方及单位下发的文件要求，并达到验收标准。

（2）验收程序

1）施工前达到相关管理单位施工前提条件和验收要求。

2）协作队伍施工完成每一道工序→项目质检工程师报验→检查合格报验专业监理工程师申请进入下道工序（检查不合格，继续整改，合格后再报验）→专业监理工程师检查合格方可进入下道工序。

3）对于工程项目的关键节点验收应满足地铁公司下发的相关文件。

（3）验收内容

1）根据方案要求对桥梁地基进行监测，并符合地基基础是否符合要求，否则应按要求进行地基加固，达到方案中的验算要求。

2）对支墩基础进行验收，支墩结构尺寸、预埋件、方位、标高、强度进行见证及验收。

3）对支撑体系材料进行进场验收，搭设及焊接进行验收，保证其满足方案要求。

4）对桥梁分块尺寸及大小进行验收及复核，不得超过方案验算要求。

5）对吊装设备、人员、司索进行进场验收，对吊装设备站位、分割分块进行复核验收，对吊装机具（卡扣、钢丝绳）进行检查，对吊装站位进行验收（站位地基、吊装半径、吊装高度、周边警示），对吊装安装进行验收（吊装设置、吊耳设置位置、吊耳焊接质量），保证满足要求。

4.2.7 环境保护管理措施

1. 扬尘控制措施

1）为了防止施工扬尘，施工现场每天应根据天气情况安排专人及时清扫洒水。对施工现场卸料后易产生的扬尘，立即采用有效措施洒水降尘。

2）为了防止扬尘，在施工区域配备一辆洒水车，每天上午、下午定时洒水。

3）清运垃圾、渣土时，应提前适量洒水，防止扬尘。

4）施工现场非操作面的裸露地面和长期闲置的裸露地面，应采用密目网全面进行覆盖。

5）对于施工现场的混凝土废渣，如短时期不清运，应及时进行覆盖。

2. 噪声污染控制措施

1）施工单位应对施工操作人员进行教育，对影响周边社区的噪声污染源实施动态控制。

2）施工现场执行《中华人民共和国建筑施工场界噪声限值》中的要求控制建筑施工场界噪声白天施工时使用各种施工机械、工具，其限值控制为 75dB，夜间施工限值为 55dB，22 点以后属于夜间施工。

3）施工前，应到工程所在的区建筑行政主管部门提出申请，经批准后方可进行夜间施工，同时做好周边居民工作，并公布施工期限。

3. 施工噪声控制措施

1）施工场界噪声符合《声环境质量标准》GB 3096—2008、《建筑施工场界环境噪声排放标准》GB 12523—2011 的要求。对于主要噪声源和卷扬机、空压机、起重机等噪声比较大的机械，应采用有效的吸声、隔声材料施做封闭隔声屏，控制施工噪声，同时尽可能避免夜间施工。

2）采取措施，保证在各施工阶段尽量选用低噪声的机械设备和工法。

3）夜间施工经批准领取夜间施工许可证，并严格按照市夜间施工有关规定执行。

4）噪声超标时，应采取措施，并按规定缴纳超标准排污费，对超标造成的危害，向受此影响的组织和个人给予赔偿。

5）确定施工场地合理布局优化作业方案和运输方案，保证施工安排和场地布局，考虑尽量减少施工对周围的影响，减少噪声的强度和敏感点受噪声干扰的时间。

6）在有电力供应时，不使用自备发电机，以减少噪声。

4. 水土保护措施

1）要在工程开工前完成工地排水和废水处理设施的建设，并保证工程的排水和废水处理设施在整个施工过程的有效性，做到现场无积水，排水不外溢，不堵塞，水质达标。

2）现场污水排放设沉淀池，对施工废水进行沉淀净化，并用于场地内运输道路的洒水降尘，沉淀池的大小根据排水量和所需沉淀时间确定。在生活区设置化粪池。

3）油料储存、使用、保管应派专人负责，防止油料跑出，滴漏污染土壤、水体。

5. 大气污染控制措施

1）对易产生粉尘、扬尘的作业面和装卸运输过程，制订操作规程和洒水降尘制度，在旱季和大风天气适当洒水，保持地面湿度。

2）严禁在施工现场焚烧任何废弃物和会产生有害气体、尘烟、臭气的物质，有毒、有害物质，要使用封闭和带有烟气处理装置的设备。

3）对于易飞扬的细颗粒散体物料，应尽量安排库内存放，散装物料露天堆放场要压实、覆盖。

4）拆除构造物时，要有防尘遮挡，适量洒水。

5）用符合烟尘排放规定的清洁燃气炉灶。优先选用电动机械，尽量减少内燃机械对空气的污染。禁止尾气超标的汽车上路行驶。

6. 固体废弃物控制措施

1）合理调配土方，减少回填土的堆放时间和堆放量，堆土场周围加护墙护板，表面用苫布遮盖。

2）教育施工人员养成的卫生习惯，不随地乱丢垃圾、杂物，保持施工现场的整洁。

3）对于生活垃圾，应随时处理或集中加以遮挡，妥善处理，保持场容整洁。

4）选择有资质的运输单位，及时清运施工弃土和淤泥渣土，建立登记制度，防止发生中途倾倒事件，并做到运输途中不撒落。

5）选择对环境影响小的出土口，运输路线和运输时间。

6）对于剩余料具包装，应及时回收、清退，对可再利用的废弃物回收利用，应及时清扫、清运各类垃圾，分类存放，不得随意倾倒，尽量做到每班清运，每日清运。

7）施工现场内应无废弃砂浆和混凝土，及时清运运输道路和操作面上的落地料，倒运砂浆、混凝土时，应采取防撒落措施。

7. 应急响应

当发生事故时，现场人员立即高声呼喊，通知现场其他人员，并马上拨打急救电话，并立即上报现场管理人员，现场值班管理人员应疏散人群，同时上报作业队领导小组。作业队获取事故报告后，应迅速评估险情，上报项目部应急救援抢险领导小组，启动应急预案，并按程序上报。

应急救援行动应满足以下优先原则：

1）员工和应急救援人员的安全优先；

2）防止事故扩散优先；

3）保护环境优先。

上报程序如图 4-84 所示：

接到事故报告后，相关部门应立即启动应急准备预案，组织有关人员、设备、设施及器材赶赴现场，采取有效措施抢救人员和财产，防止事态蔓延和扩大，与此同时，还应在事故发生后通过传真或电话立即报告至公司安质部、建设单位。任何单位和个人不得瞒报、缓报、谎报或者授意他人隐瞒、缓报、谎报事故。

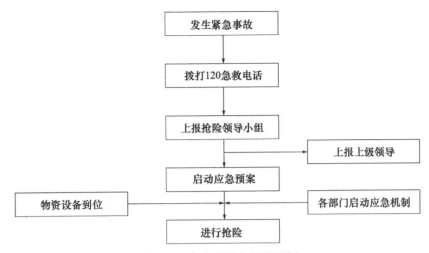

图4-84 安全事故上报流程图

第 5 章

既有车站大体量改造风险控制技术

5.1 工程概况

黄木岗交通枢纽工程位于福田区笋岗西路与华富路交叉处。枢纽主要施工内容包含轨道交通部分、道路交通部分、地下空间部分，即14号线黄木岗站；24号线黄木岗站及下穿7号线暗挖区间；既有7号线改造；笋岗西路地下空间及下沉隧道；华富路、泥岗路新建永久桥梁；拆除华富路、泥岗路既有钢便桥；地面道路工程及附属结构。枢纽概况图如图5-1所示。

图 5-1 枢纽概况图

14号线车站主体基坑长262m，标准段宽44.6m，核心区换乘节点位置宽81.2m。其中，14号线主体为地下三层结构，基坑深约31m，与7号线黄木岗站共用围护结构；核心区换乘节点为地下四层结构，基坑深约39m，顶板下南、北两侧设有下沉隧道。建成后，7号线黄木岗站与14号线形成同台换乘，与24号线上下换乘。14与24号线分别在1—1和2—2的断面图如图5-2所示。

既有7号线车站为叠侧式站台车站，全长232m，平面变截面，两端宽，中间窄，变截面处设置两道变形缝。7号线在A—A和B—B的断面图如图5-3所示。

1. 改造前的状况

黄木岗枢纽建成后，将实现7号线、14号线及24号线三线换乘（图5-4）。既有7号线黄木岗站，自身建设时受黄木岗立交桥影响，两端宽、中间窄，其使用功能和舒适程度受到一定影响；同时，7号线车站前期规划时未预留与14号线的全面换乘条件，为实现三线高效换乘，需对既有7号线进行改造。

5.1 工程概况

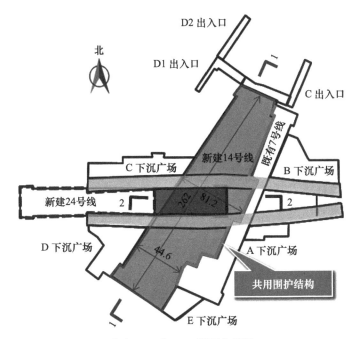

（a）1—1 和 2—2 断面位置图

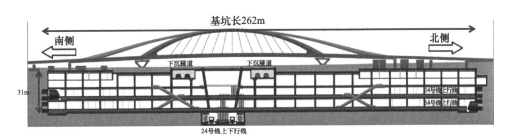

（b）1—1（14号线）断面图

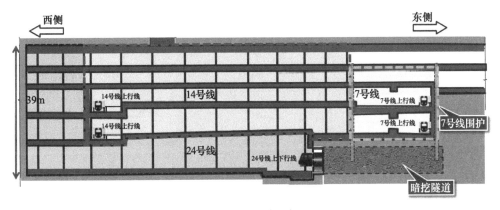

（c）2—2（24号线）断面图

图 5-2　14 与 24 号线分别在 1—1 和 2—2 的断面图

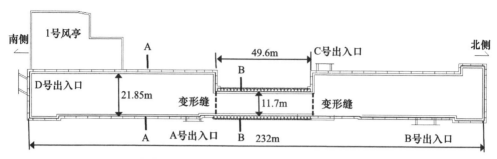

（a）A—A 和 B—B 在 7 号线站台的断面位置

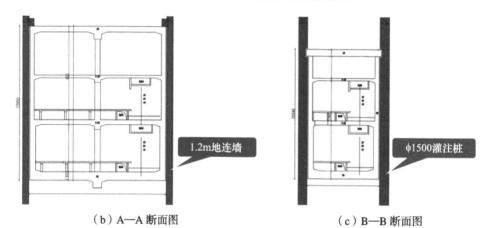

（b）A—A 断面图　　　　　　　　　（c）B—B 断面图

图 5-3　7 号线在 A—A 和 B—B 的断面图

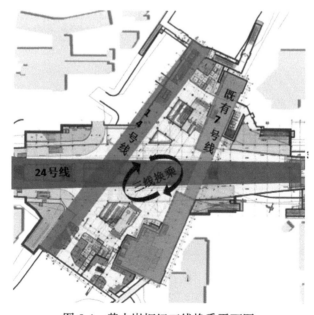

图 5-4　黄木岗枢纽三线换乘平面图

2. 改造范围

（1）顶板改造范围：7 跨、长 62.8m；

（2）东侧侧墙改造范围：负一层 7 跨、长 62.8m；

（3）西侧侧墙改造范围：负一层 17 跨、长 148.6m，负二层 15 跨、长 127.1m，负三层 13 跨、长 114.2m。共需拆除混凝土 9650m³，新建结构 6395m³。

7 号线改造平面与剖面图、站后负一层到负三层的改造平面图与断面图分别如图 5-5、图 5-6 所示。

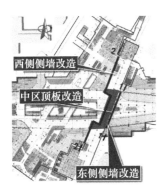

（a）7 号线改造平面图

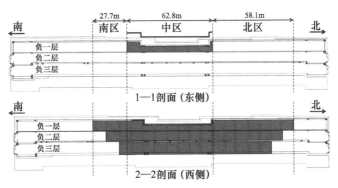

（b）7 号线 1—1 和 2—2 改造剖面图

图 5-5　7 号线改造平面与剖面图

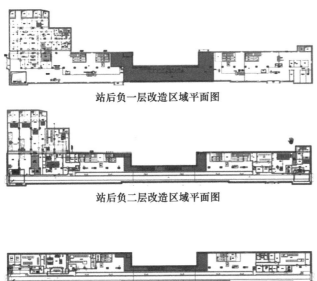

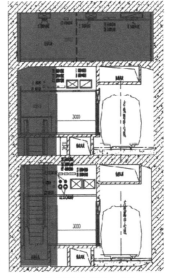

图 5-6　站后负一层到负三层的改造平面图与断面图

5.2 改造原则和方案

1. 改造原则

1）保证既有7号线车站的正常运营，尽可能减少施工对地铁运营的影响；

2）机电系统改造，按照"先新建后拆除、逐次功能转换"的原则，对土建改造影响范围的机电、系统管线、设施进行拆改；

3）土建改造，按照"先支撑、后拆除，跳仓分序、先柱后梁，逐次实现受力转换"的原则，确保结构的安全性和稳定性。

2. 改造方案

7号线改造总体分两期实施（图5-7）。

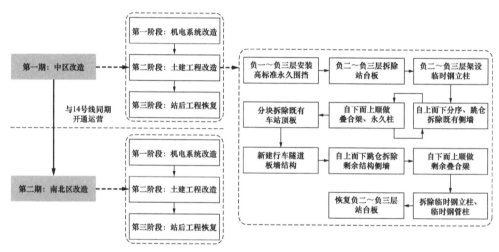

图 5-7 改造方案流程图

第1期：14号线开通前改造中区（下沉隧道范围内），分三阶段实施，第一阶段进行机电、系统改造，第二阶段进行土建工程改造，第三阶段进行站后工程恢复。

第2期：14号线开通后改造南、北区（下沉隧道范围外）。

由于7号线中区改造包括升板改造和连通改造两部分，故以其为例说明其施工工序（图5-8）。中区改造分为行车隧道段和中间斜柱段，设计考虑先进行行车隧道段改造，之后对中间斜柱段进行改造（图5-9）。改造完成后的东、西两侧纵剖面图如图5-10所示。

5.2 改造原则和方案

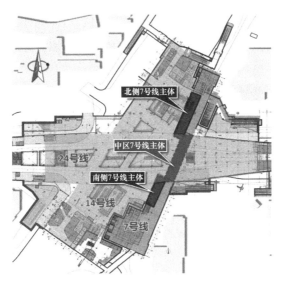

图 5-8　7号线改造区域平面图

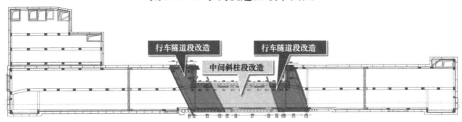

（a）7号线中区改造平面图

（b）7号线中区改造立面图

图 5-9　7号线中区改造

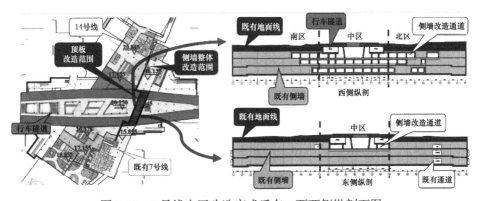

图 5-10　7号线中区改造完成后东、西两侧纵剖面图

中区改造先改造南、北车道段，后改造 V 型柱段。具体步骤如下。

第一步：做临时钢管柱，既有围护上升至临时支承墙，浇筑新顶板，如图 5-11 和图 5-12 所示。

第二步：既有 7 号线车站两侧对称开挖，盖挖逆作枢纽，预留改造接驳条件（图 5-12）。

第三步：站内围蔽，拆除站台板，架设临时支承体系（图 5-13）。

第四步：纵向利用时空效应，自上而下跳仓破除围护与侧墙，保留既有板墙支座（图 5-14）。

第五步：自下而上破除板墙支座，浇筑梁柱（图 5-15）。

第六步：破除既有顶板和东侧负一侧墙，浇筑车道板（图 5-16）。

第七步：拆除临时支承体系，恢复站台板（图 5-17）。

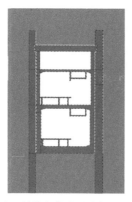 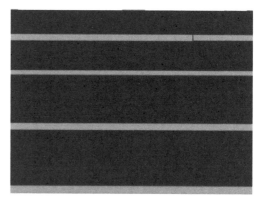

（a）7 号线主体改造前断面图　　　（b）7 号线主体改造前西侧纵剖面图

图 5-11　7 号线主体改造前

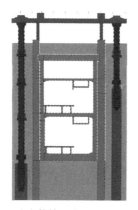 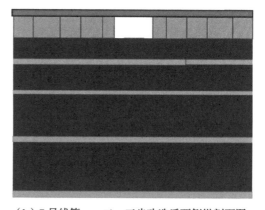

（a）7 号线主体第一步改造后断面图　　　（b）7 号线第一、二、三步改造后西侧纵剖面图

图 5-12　7 号线第一步改造后

5.2 改造原则和方案

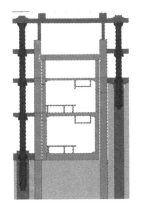 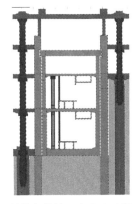

(a) 7号线主体第二步改造后断面图　　　　(b) 7号线主体第三步改造后断面图

图 5-13　7号线主体第二、三步改造后断面图

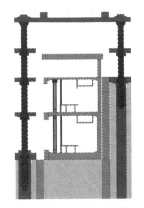 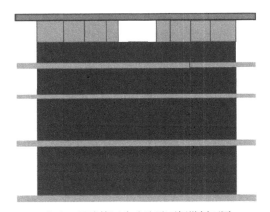

(a) 7号线主体第四步改造后断面图　　　　(b) 7号线第四步改造后西侧纵剖面图

图 5-14　7号线主体第四步改造

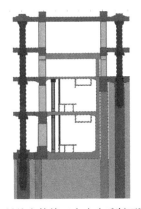 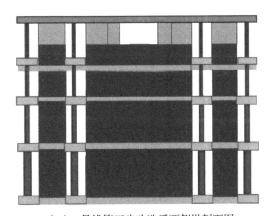

(a) 7号线主体第五步改造后断面图　　　　(b) 7号线第五步改造后西侧纵剖面图

图 5-15　7号线主体第五步改造后

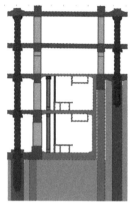
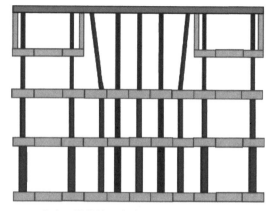

（a）7号线主体第六步改造后断面图　　　（b）7号线第六步改造后西侧纵剖面图

图 5-16　7号线主体第六步改造后

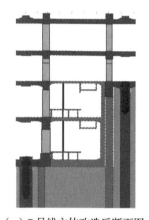
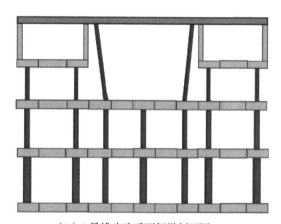

（a）7号线主体改造后断面图　　　　　（b）7号线改造后西侧纵剖面图

图 5-17　7号线主体改造后

5.3　工程要点

5.3.1　全封闭围挡施工

在7号线车站中区改造期间，地铁正常运营。负一层站厅层中部（78.5m）两端隔断，改造期间不通行，围蔽面积为970.8m²；负二层站台层保障正常乘车，全封闭围挡距站台门3m，围蔽面积为310.4m²；负三层站台层围挡距站台门3m，围蔽面积为296.5m²。为最大限度地减小对车站运营的影响，考虑到改造工艺，施工围挡全封闭，且需具有稳固、防火、防水、防尘、消声等特点（图5-18和图5-19）。

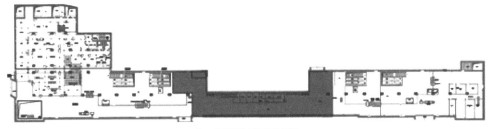

负一层围挡平面示意图

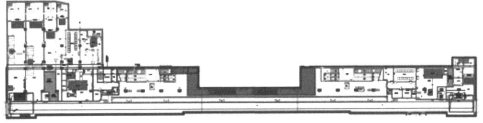

负二层围挡平面示意图

负三层围挡平面示意图

图 5-18 负一层到负三层的围挡平面图

（a）围挡安装示意图

（b）现场围挡安装

图 5-19 围挡安装

5.3.2 站台板拆除

负二、负三层围蔽完成,且施工通道打通后,进入站内进行站台板绳锯切割施工(图 5-20),切割混凝土块大小(宽 2.2m×长 1.5m)。

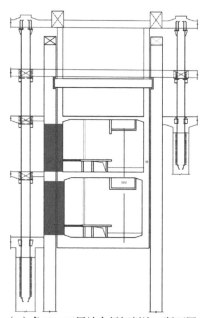

(a)负二、三层站台板切割施工断面图

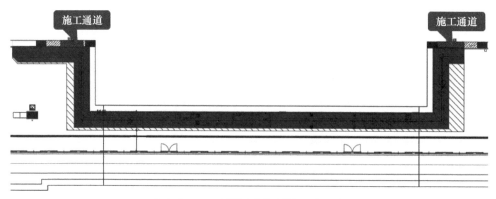

(b)负二、三层站台板切割施工平面图

图 5-20 负二、三层站台板切割施工

5.3.3 临时钢立柱架设

待站台板切割完成后,开始架设临时钢立柱支顶负一、负二层的结构板。钢立柱采用 ϕ609 钢管支撑,间距 2.5~3.0m,每层各布设 35 根;各层钢立柱上方设置双拼工 45b 系梁，下方设置自动伺服系统，改造过程中自动补偿，确保结构安全、可靠。临时钢立柱架设断面与平面图、现场施工图如图 5-21、图 5-22 所示。

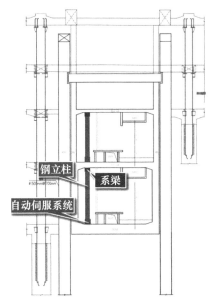

（a）临时钢立柱架设的断面图

（b）临时钢立柱架设的平面图

图 5-21　临时钢立柱架设断面与平面图

图 5-22　临时钢立柱架设的现场施工图

5.3.4 围护、侧墙拆除

拆除既有 7 号线侧墙时,根据是否保留接驳钢筋,有绳锯切割拆除与水刀破碎拆除两种方案。

绳锯切割拆除步骤如下(图 5-23):

1)采用直径为 50mm 的水钻在底部引孔;
2)顶部每间隔 1.5m 采用水钻进行引孔;
3)采用绳锯进行竖向切割,单块切割尺寸为 1.5m×0.8m×0.7m 或 1.5m×0.6m×0.9m,单重在 2.15t 以内;
4)采用叉车自下而上、分层取出混凝土块。

图 5-23 绳锯切割拆除侧墙

水刀破碎拆除步骤如下:新建叠合梁,需保留既有结构钢筋部位,采用水刀破碎拆除(图 5-24)。

(a)水刀执行机构　　　　　　　(b)高压泵站

图 5-24 水刀破碎拆除

5.3.5 顶板拆除

1）负一层中板铺设 PVC 防水板，搭设满堂支架支撑，挂设防护网；在中区中板四周砖砌挡水坎，集中处理切割废水；

2）架设吊车梁，先南北后中部，分批分块拆除顶板；

3）南北行车隧道段凿块尺寸为 0.3m×0.3m（单重 200kg），采用捯链提升，并用手动叉车将其搬运至中间段吊出；中间段凿块尺寸为 1.0m×0.5m（单重 1.4t），采用移动式吊车水平转运至吊装孔吊出。

拆除既有顶板的立面图、平面图和断面图如图 5-25 所示。

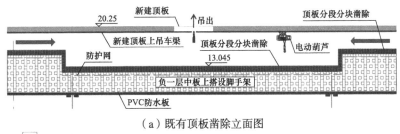

(a) 既有顶板凿除立面图

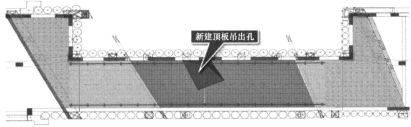

(b) 既有顶板凿除平面图

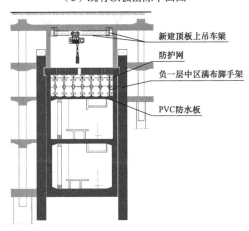

(c) 既有顶板凿除断面图

图 5-25 既有顶板拆除

5.3.6 新建行车隧道

1）架设 321 加强型贝雷梁，I22 型钢作分配梁，上搭盘扣矮支架，做行车隧道结构模板支撑体系。

2）施工期间，应加强对负一层中板、型钢梁的变形监测工作。

行车隧道施工平面布置图与断面图如图 5-26 所示。

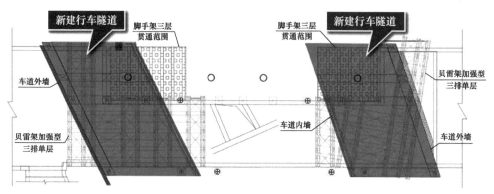

（a）行车隧道施工平面布置图

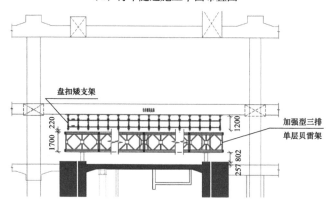

（b）行车隧道施工断面图

图 5-26 行车隧道施工

5.4 风险点监测

5.4.1 监测方案

1）7 号线黄木岗站中区改造的监测采用自动化监测，对于部分不能采用自动监测的区域，应辅以人工监测手段；对于轨行区，应采取自动化监测。

2）当第三方监测的实际变形值达到安全控制指标的60%时，预警；当达到安全控制指标的80%时，报警，立即启动应急预案，并采取有效措施确保地铁设施安全和运营安全。

监测项目、控制值及监测频率汇总如表5-1所示。

监测项目、控制值及监测频率汇总表　　　表5-1

序号	监测类别	监测项目	监测行频率	断面间距	仪器设备	控制值	备注
1	必测项目	结构水平位移	结构监测应贯穿于改造作业的全过程，直至作业完成，且监测数据趋于稳定后方可结束，施工期间不宜低于2次/d，关键工序期间2倍开孔范围内不宜低于4次/d	5m	全站仪	10mm，1mm/d	采用自动化监测，对于部分不能采用自动监测的区域，辅以人工监测手段
2		结构竖向位移		5m	电子水准仪全站仪	10mm，1mm/d	
3		变形缝差异沉降		5m	电子水准仪全站仪	4mm，1mm/d	
4		裂缝（总限值）		5m	游标卡尺	<0.3mm	
5		轨道高低轴向变形		5m	电子水准仪全站仪	<4mm/10m	轨行区应采取自动化监测
6		两轨道横向高差		5m	电子水准仪	<4mm	
7		三角坑高低差		5m	电子水准仪	<4mm/18m	
8		轨道扭曲变形		5m	全站仪	<4mm/6.25m	
9		轨距		5m	全站仪	+3mm，-2mm	

5.4.2 监测数据分析

建筑物沉降与水平位移测点布置如图5-27所示。其中，JGS表示车站结构的水平位移测点，JGC表示车站结构的沉降测点。W1～W19表示7号线中区改造的西侧，E1～E12表示7号线中区改造的东侧。

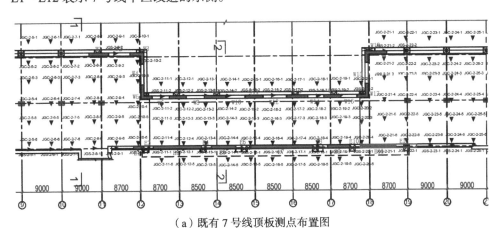

(a) 既有7号线顶板测点布置图

图5-27　沉降与水平位移测点布置图（一）

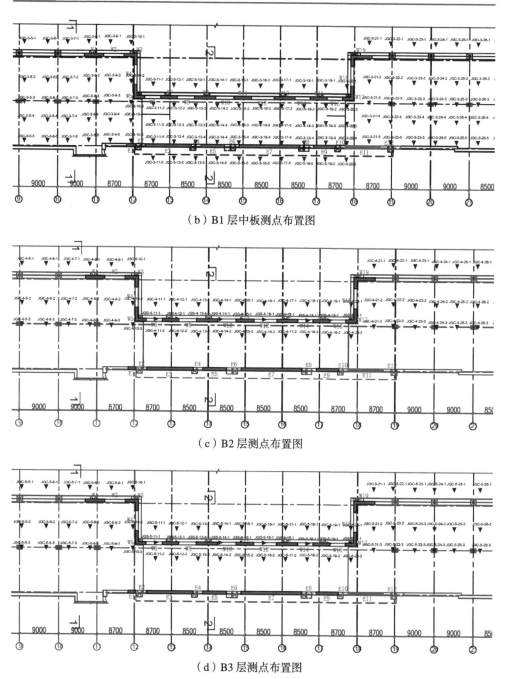

(b)B1层中板测点布置图

(c)B2层测点布置图

(d)B3层测点布置图

图 5-27 沉降与水平位移测点布置图（二）

1. 建筑物沉降监测数据分析

图 5-28 和图 5-29 给出了既有 7 号线顶板、B1 层和 B2 层的部分沉降监测数据图。从图中可以得出以下结论。

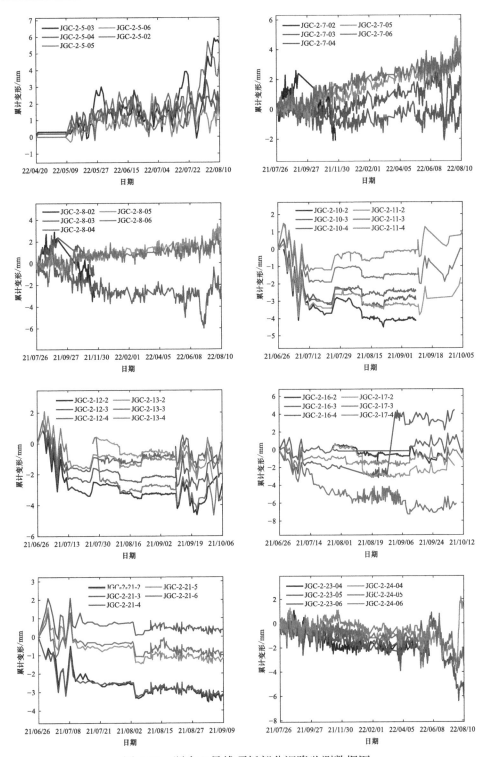

图 5-28 既有 7 号线顶板部分沉降监测数据图

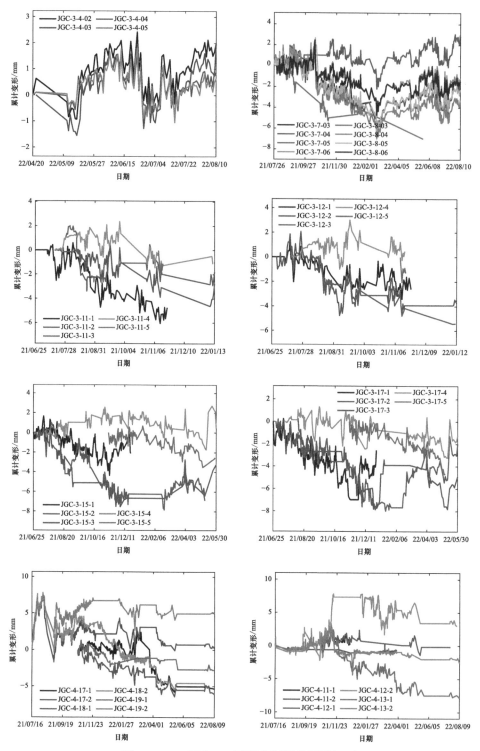

图 5-29 B1 层和 B2 层部分沉降监测数据图

1）监测点的沉降量不超过预警值 10mm，符合要求。

2）当监测点在改造区域的左侧时，累计变形为正。随着监测点逐渐向右，累计变形量由正变负逐渐减小。

3）当监测点在中区改造左侧时，随着监测点逐渐向下移动，累计变形量的绝对值有变小的趋势。当监测点在中区改造范围内时，这一趋势变得不再明显。

4）当监测点在中区改造左侧时，随着时间的推移，累计变形量有增大的趋势。当监测点在中区改造范围内时，随着时间的推移，累计变形量先急剧减小，而后趋于平稳。

5）相较于顶板，B1 和 B2 层累计变形的范围增大，且随着深度增大，中区改造范围内的平均沉降量增大。

2. 建筑物水平位移监测数据分析

图 5-30 给出了既有 7 号线顶板、B1 层和 B2 层的部分水平位移监测数据图。从图中可以得出以下结论。

1）监测点的水平位移未超过预警值 10mm，符合要求。

2）随着监测点逐渐向右，累计变形量随时间变化的上下幅度逐渐减小。

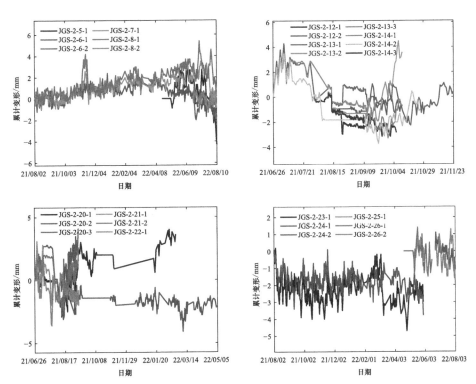

图 5-30　部分水平位移监测数据图（一）

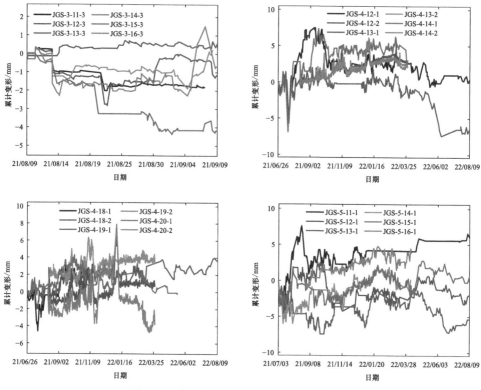

图 5-30 部分水平位移监测数据图（二）

3）当监测点在中区改造区域范围内时，不同的测点的水平位移开始并无显著差异，随着时间的推移，差异逐渐增大。当监测点在中区外侧时，这种差异进一步加大。

4）相较于顶板，B1 和 B2 层累计变形的范围增大，且随着深度增大，中区改造范围内的平均水平位移增大。

5.4.3 机器视觉技术在监测中的应用

如图 5-31 所示，分别采用机器视觉和自动化机器人对中区北侧顶板的位移进行监测。24 号线行车道上较早施工完成，与 V 型柱结构转换监测类似，将相机固定在 24 号线行车道板上，1 号标靶固定在行车道侧墙上作为基准标靶，2～5 号标靶布置在中区顶板北侧。由于相机视野中有行车道立柱，为避开立柱遮挡，2～5 号标靶相邻之间的间距分别为 3m、10m 和 2m，共计 15m。相机与 2 号标靶的距离为 20m，与 5 号标靶的距离为 25m。2 号和 5 号标靶对应位置的顶板下表面布置有棱镜，在负一层楼板上固定测量机器人进行监测，测量机器人的位置通过全站仪进行人工校准。

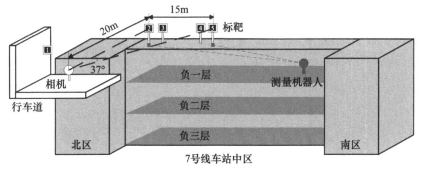

(a)传感器布置

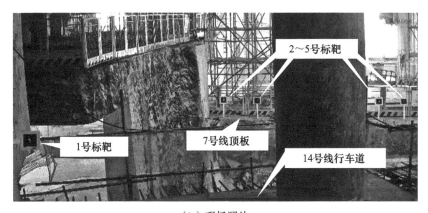

(b)现场照片

图5-31 中区顶板监测方案

图5-32为机器视觉的实测曲线。位于行车道侧墙的1号基准标靶的位移一直在2mm左右波动,位于既有车站顶板北侧的2~5号标靶随时间发生向下位移,最大位移值约为6mm,并且2~5号标靶的位移发展趋势一致,说明车站顶板在改造过程中产生整体下沉。2~5号标靶曲线波动幅度较大,最大振动幅度可达8mm,这是由于列车运营振动和施工扰动引起的。受振动影响,标靶4在第291h的位移达到-10.8mm,超过预警值10mm,但考虑到位移在超过10mm后会马上恢复,因此结构整体仍处于安全状态。图5-33为机器视觉和测量机器人实测的曲线对比。由于7号线顶板下缘、两侧侧墙和负一层板上缘布置了大量监测棱镜,测量机器人需逐一扫描,因此监测频率保持在3~5次/d,机器视觉数据为1次/min,图像中的曲线为按小时取平均后绘制的,机器视觉监测的实时性更好。两者实测的曲线在趋势和数值上均吻合良好。为了减小列车运营和车站改造施工对监测结果的影响,测量机器人主要在凌晨监测数据,因此其沉降值相对机器视觉测得的位移曲线整体略小一些,波动性也更小。

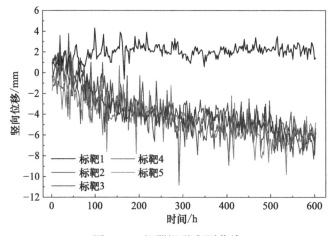

图 5-32 机器视觉实测曲线

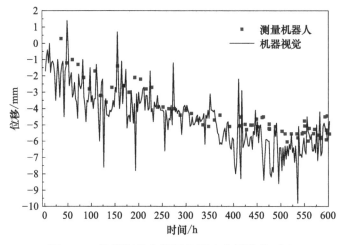

图 5-33 机器视觉和测量机器人实测位移对比

5.5 风险控制措施

1. 防火与降噪稳固措施

车站改造期间不中断运营。考虑改造施工各项工艺,施工围蔽采用全封闭防护,围蔽骨架利用既有车站上、下层结构板固定的组合型钢龙骨,围挡板采用双层钛合金消音板包裹骨架固定,中间空隙采用专业消音棉填充饱满,所有接缝处采用多道泡沫剂、结构胶进行密封处理,并在围蔽沿线底部砌筑防水挡墙;现场制作样板段,对其效果进行验证(图 5-34),邀请多位地铁集团领导现场观摩围蔽样板段及试验段,其稳固、防火、防水、防尘、消声等性能满足要求。

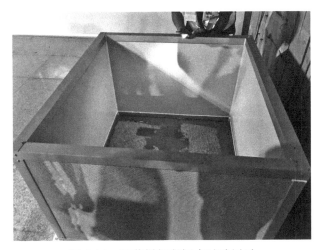

图 5-34 围蔽样板段闭水试验展示

2. 既有结构抗浮安全措施

改造期间,为避免车站结构上浮,采取如下措施(图 5-35):

1)既有顶板升做临时混凝土柱至新建顶板;

2)既有顶板搭设脚手架,顶紧至新建顶板;

3)在改造过程中,两侧在建基坑持续降水,做好水位监测。

(a)临时混凝土柱的现场施工　　　　(b)脚手架支顶的现场施工

图 5-35 既有结构抗浮施工

3. 站内防水措施

在改造拆除 7 号线黄木岗站的过程中,部分工艺采用绳锯切割及水刀破碎施工,施工过程中将产生大量泥水,为避免泥水流入运营区,特采取站内防水措施进行防护;拆除负一层及顶板前,对围蔽范围离壁沟孔洞进行防水砂浆封堵,采用板面全包覆盖 PVC 防水板,PVC 接缝采用热熔焊接进行防水,四周砌筑防水挡墙;切割负二、三层站台板及侧墙前,在站台板下方砌筑防水挡墙、防止泥水流入轨行区,在施工过程中,安排专人对泥水进行清扫且导流至14号线车站侧,并在14号线负三层中区板面设置三级沉淀池,对施工用水进行循环使用(图5-36)。

(a)PVC防水板铺设图

(b)挡水坎大样图

(c)三级沉淀池大样图

图5-36 站内防水设施

4. 绳锯及水刀切割防护措施

在改造过程中,绳锯断链及水刀冲击伤害是防护重点,进行绳锯切割时,采用定制挡板进行覆盖防护,防止链条断裂伤人;对水刀破碎机进行改造,在喷头部位安装定制的防护罩,有效控制高速水压的冲击方向(图5-37)。

5. 水平运输及吊装安全防护措施

7号线黄木岗站改造主要为拆除既有结构顶板及侧墙,针对不同部位选择不同的运输及吊装方法;侧墙拆除施工,利用叉车在切块底部插入分块取出,在取出前,采用钢丝绳将混凝土块固定于叉车上,确保混凝土块的重心与叉车的重心一致,按照设计允许总荷载下的线路进行运输,运输范围采用硬质护栏进行分流;在新建顶板下方预留的钢板焊接悬挂式吊车梁,利用金刚石绳锯切割既有车站中部顶板,利用悬挂式吊车水平运输,从新建顶板预留吊装孔吊出,在负一层中部全封闭范围内搭设支架,支架搭设完成后,在顶部挂设防护网作为防护措施。在吊运期间,禁止人员进入(图5-38)。

(a)绳锯防护罩

(b)水刀破碎执行机构防护图

图 5-37 绳锯及水刀切割防护示意图

(a)侧墙切块运输设备图

(b)移动式吊车

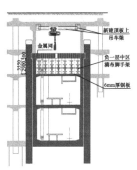
(c)顶板切割防护图

图 5-38 水平运输及吊装安全防护示意图

附 录

附录A V型柱－临时钢管柱体系转换变形中区监测原始数据

第21轴体系转换监测数据（2021年12月16日）　　　表A-1

测试项目	测点编号	第1次加载 （11:43）	第2次加载 （12:13）	第3次加载 （12:45）	第4次加载 （13:16）
V型柱 沉降/mm	LZC-V-20-1	0.00	−0.07	0.00	0.05
	LZC-V-20-2	−0.05	−0.18	−0.25	−0.22
	LZC-V-21-1	0.24	0.11	0.43	0.43
	LZC-V-21-2	−0.41	−0.41	−0.39	−0.10
	LZC-V-22-1	−0.30	−0.40	0.20	−0.90
	LZC-V-22-2	0.17	0.12	0.17	0.34
型钢梁跨中 沉降/mm	JGC-V20-1	0.55	−0.20	0.06	0.09
	JGC-V21-1	1.78	2.50	3.16	3.78
	JGC-V22-1	0.57	0.65	0.94	1.22
测试项目	测点编号	第1次卸载 （13:47）	第2次卸载 （14:16）	第3次卸载 （14:45）	总累计
V型柱 沉降/mm	LZC-V-20-1	−0.22	−0.48	−0.35	−0.35
	LZC-V-20-2	−0.32	−0.38	−0.38	−0.38
	LZC-V-21-1	−0.12	−0.90	−1.05	−1.05
	LZC-V-21-2	0.14	0.14	−2.01	−2.01
	LZC-V-22-1	−1.00	−0.50	0.80	0.80
	LZC-V-22-2	0.01	−0.08	−0.23	−0.23
型钢梁跨中 沉降/mm	JGC-V20-1	0.21	−0.53	−0.46	−0.46
	JGC-V21-1	−0.18	−6.58	−7.84	−7.84
	JGC-V22-1	0.50	−0.30	−0.57	−0.57

注：V型柱标号1代表南侧，2代表北侧，下同。

第22轴体系转换监测数据（2021年12月17日）　　　表A-2

测试项目	测点编号	加载1 （21:47）	加载2 （22:16）	加载3 （22:47）	加载4 （23:15）	加载5 （23:45）
V型柱 沉降/mm	LZC-V-21-1	−0.19	−0.04	−0.12	−0.13	0.29
	LZC-V-21-2	0.24	0.11	0.11	0.55	0.20
	LZC-V-22-1	−1.60	−1.20	−3.20	−4.30	−3.30

附录A V型柱-临时钢管柱体系转换变形中区监测原始数据

续表

测试项目	测点编号	加载1（21:47）	加载2（22:16）	加载3（22:47）	加载4（23:15）	加载5（23:45）
V型柱沉降/mm	LZC-V-22-2	0.14	0.28	0.27	0.43	0.55
	LZC-V-23-1	−0.09	−0.10	0.04	−0.10	0.12
	LZC-V-23-2	−0.11	−0.12	−0.04	−0.02	−0.08
型钢梁跨中沉降/mm	JGC-V21-1	−0.16	0.02	0.05	0.04	0.65
	JGC-V22-1	0.53	1.11	1.03	1.51	3.49
	JGC-V23-1	0.17	0.24	0.42	0.36	0.65
临时柱顶板沉降/mm	5	0.00	0.80	0.30	1.70	2.40
	6	−0.50	0.90	0.60	0.30	2.80
	7	0.40	0.90	0.30	1.70	2.30
	8	1.30	1.90	0.70	1.00	2.50

测试项目	测点编号	卸载1（00:18）	卸载2（00:44）	卸载3（01:15）
V型柱沉降/mm	LZC-V-21-1	−0.07	−0.21	−0.45
	LZC-V-21-2	0.36	0.16	−0.53
	LZC-V-22-1	−1.50	−2.70	−2.50
	LZC-V-22-2	−0.13	−0.80	−2.98
	LZC-V-23-1	−0.10	−0.02	−0.15
	LZC-V-23-2	−0.19	−0.33	−0.36
型钢梁跨中沉降/mm	JGC-V21-1	−0.07	−1.07	−4.34
	JGC-V22-1	0.29	−2.55	−13.65
	JGC-V23-1	0.23	−0.26	−1.12
临时柱顶板沉降/mm	5	−1.00	−3.60	−4.00
	6	1.00	−2.40	−2.60
	7	−0.90	−3.10	−3.90
	8	−1.30	−2.10	−3.30

第23轴体系转换监测数据（2021年12月29日） 表A-3

测试项目	测点编号	加载1（20:30）	加载2（21:02）	加载3（21:32）	加载4（22:02）
V型柱沉降/mm	LZC-V-22-1	−1.1	0.4	2.3	0.2
	LZC-V-22-2	−0.35	−0.31	−0.24	−0.25
	LZC-V-23-1	−0.3	0.35	0.28	0.26

续表

测试项目	测点编号	加载1 （20:30）	加载2 （21:02）	加载3 （21:32）	加载4 （22:02）
V型柱 沉降/mm	LZC-V-23-2	−0.16	0.22	0.11	−0.08
	LZC-V-24-1	−0.94	−0.26	−0.45	0.99
	LZC-V-24-2	−0.1	0.08	−0.03	0.01
型钢梁跨中 沉降/mm	JGC-V22-1	−0.78	0.07	−0.04	−0.12
	JGC-V23-1	1.07	2.62	1.98	2.08
	JGC-V24-1	−0.02	0.05	0	0.03
临时柱顶板 沉降/mm	9	2.2	4.7	4.3	3.3
	10	1.8	0.4	1.4	1.9
	11	−0.4	1.9	1.9	1.9
	12	0.8	2.4	3.8	3.7
测试项目	测点编号	卸载1 （22:30）	卸载2 （23:00）	卸载3 （23:30）	卸载4 （23:59）
V型柱 沉降/mm	LZC-V-22-1	−1.1	0.4	2.3	0.2
	LZC-V-22-2	−0.35	−0.31	−0.24	−0.25
	LZC-V-23-1	−0.3	0.35	0.28	0.26
	LZC-V-23-2	−0.16	0.22	0.11	−0.08
	LZC-V-24-1	−0.94	−0.26	−0.45	0.99
	LZC-V-24-2	−0.1	0.08	−0.03	0.01
型钢梁跨中 沉降/mm	JGC-V22-1	−0.78	0.07	−0.04	−0.12
	JGC-V23-1	1.07	2.62	1.98	2.08
	JGC-V24-1	−0.02	0.05	0	0.03
临时柱顶板 沉降/mm	9	2.2	4.7	4.3	3.3
	10	1.8	0.4	1.4	1.9
	11	−0.4	1.9	1.9	1.9
	12	0.8	2.4	3.8	3.7

第20轴体系转换监测数据（2021年12月31日）　　表A-4

测试项目	测点编号	加载1 （17:30）	加载2 （18:02）	加载3 （18:31）	加载4 （19:18）
V型柱 沉降/mm	LZC-V-19-1	−0.04	−0.13	−0.19	0.13
	LZC-V-19-2	−1.59	−0.17	−1.37	−1.47

续表

测试项目	测点编号	加载1（17:30）	加载2（18:02）	加载3（18:31）	加载4（19:18）
V型柱沉降/mm	LZC-V-20-1	0.15	0.12	0.26	0.27
	LZC-V-20-2	0.6	0.3	0.3	0.4
	LZC-V-21-1	−0.09	0.09	0.16	0.16
	LZC-V-21-2	−0.1	0.4	−0.1	−0.8
型钢梁跨中沉降/mm	JGC-V19-1	−0.4	−0.1	0.3	−0.1
	JGC-V20-1	0.95	1.31	1.47	1.93
	JGC-V21-1	0.25	0.32	0.4	0.6
临时柱顶板沉降/mm	13	0.4	0.8	0.4	0.7
	14	0.5	−0.1	1.0	1.8
	15	0.5	0.8	0.4	0.9
	16	0.8	1.0	1.0	1.8
	17	0.3	1.1	1.2	1.4

测试项目	测点编号	卸载1（19:45）	卸载2（20:05）	卸载3（20:29）	卸载4（21:02）
V型柱沉降/mm	LZC-V-19-1	−0.09	−0.21	0.07	0.16
	LZC-V-19-2	−1.33	0.37	0.5	−0.05
	LZC-V-20-1	−0.1	−0.67	−0.67	0.14
	LZC-V-20-2	−0.5	0.5	1.1	0.7
	LZC-V-21-1	0.1	−0.23	−0.13	−0.03
	LZC-V-21-2	−0.4	0.2	0.5	−0.2
型钢梁跨中沉降/mm	JGC-V19-1	0.3	0.1	0.3	0.7
	JGC-V20-1	0.34	−2.79	−2.35	1.36
	JGC-V21-1	−0.01	−1.78	−1.56	−0.1
临时柱顶板沉降/mm	13	1.1	0.1	0.5	1.0
	14	1.9	0.7	0.3	1.1
	15	0.3	−0.5	0	0.6
	16	1.0	−0.3	−0.5	1.6
	17	−0.5	−5.5	−6.3	−1.1

附 录

第19轴体系转换监测数据（2022年1月2日）　　　　表A-5

测试项目	测点编号	加载1 （08:40）	加载2 （09:06）	加载3 （09:35）	加载4 （10:05）
V型柱 沉降/mm	LZC-V-18-1	—	—	−1.36	0.32
	LZC-V-18-2	−0.1	−0.08	−0.12	−0.12
	LZC-V-19-1	0.32	0.38	0.44	0.66
	LZC-V-19-2	0.42	−1.47	−0.13	0.17
	LZC-V-20-1	−0.01	0	−0.03	0.12
	LZC-V-20-2	6.1	1.0	0.2	0.3
型钢梁跨中 沉降/mm	JGC-V18-1	0.7	0.65	0.51	1.0
	JGC-V19-1	1.2	2.2	1.3	1.1
	JGC-V20-1	0	0.14	−0.02	−0.08

测试项目	测点编号	卸载1 （10:35）	卸载2 （11:02）	卸载3 （11:32）
V型柱 沉降/mm	LZC-V-18-1	0.11	−0.45	−0.46
	LZC-V-18-2	0.23	−0.12	−0.06
	LZC-V-19-1	0.17	1.27	−1.28
	LZC-V-19-2	0.15	0.95	−0.76
	LZC-V-20-1	−0.06	−0.27	−0.25
	LZC-V-20-2	0	−0.5	0.1
型钢梁跨中 沉降/mm	JGC-V18-1	0.96	0.32	0.14
	JGC-V19-1	0	−3.6	−5.1
	JGC-V20-1	−1.38	−3.3	−3.12

第24轴体系转换监测数据（2022年1月3日）　　　　表A-6

测试项目	测点编号	加载1 （11:15）	加载2 （11:45）	加载3 （12:15）	加载4 （12:45）
V型柱 沉降/mm	LZC-V-23-1	0.19	0.3	0.36	0.48
	LZC-V-23-2	0.3	0.44	0.37	0.41
	LZC-V-24-1	0.39	0.39	0.25	0.58
	LZC-V-24-2	0.21	0.65	0.9	0.91
	LZC-V-25-1	1.8	0.7	1.3	1.8
	LZC-V-25-2	0.06	−0.11	0.1	0

续表

测试项目	测点编号	加载1（11:15）	加载2（11:45）	加载3（12:15）	加载4（12:45）
型钢梁跨中沉降/mm	JGC-V23-1	0.59	0.92	0.77	1.18
	JGC-V24-1	1.84	3.19	4.42	4.49
	JGC-V25-1	0.19	0.26	0.45	0.54

测试项目	测点编号	卸载1（13:15）	卸载2（13:46）	卸载3（14:15）
V型柱沉降/mm	LZC-V-23-1	0.35	−0.41	−0.75
	LZC-V-23-2	0.52	0	−0.12
	LZC-V-24-1	0.59	−0.49	−0.62
	LZC-V-24-2	0.99	0.21	−0.64
	LZC-V-25-1	2.4	1.2	1.4
	LZC-V-25-2	0	−0.68	−0.68
型钢梁跨中沉降/mm	JGC-V23-1	1.08	−1.17	−2.03
	JGC-V24-1	4.88	−1.61	−4.28
	JGC-V25-1	0.84	−0.39	−0.72

第25轴体系转换监测数据（2022年1月7日）　　　表A-7

测试项目	测点编号	加载1（09:40）	加载2（10:10）	加载3（10:40）
V型柱沉降/mm	LZC-V-24-1	0.26	0.33	0.31
	LZC-V-24-2	0.06	0.01	0.12
	LZC-V-25-1	0.9	−1.0	−0.7
	LZC-V-25-2	1.59	1.95	2.73
型钢梁跨中沉降/mm	JGC-V24-1	0.61	1.4	1.73
	JGC-V25-1	3.77	5.19	6.71

测试项目	测点编号	卸载1（12:00）	卸载2（12:28）	卸载3（12:57）
V型柱沉降/mm	LZC-V-24-1	−0.01	0.15	0.15
	LZC-V-24-2	0.04	0.12	0.11
	LZC-V-25-1	−0.3	−1.7	−1.8
	LZC-V-25-2	2.18	1.0	0.37
型钢梁跨中沉降/mm	JGC-V24-1	0.76	0.13	−0.17
	JGC-V25-1	4.42	1.46	0

附录B V型柱－临时钢管柱体系转换变形西区监测数据

第13轴体系转换监测数据（2022年4月10日） 表B-1

测试项目	测点编号	加载1（8:44）	加载2（9:27）
V型柱沉降/mm	LZC-V-12-1	2.9	2.9
	LZC-V-12-2	2.0	2.0
	LZC-V-13-1	3.3	2.4
	LZC-V-13-2	0.6	1.0
型钢梁跨中沉降/mm	JGC-V12-1	2.8	2.8
	JGC-V13-1	4.4	4.4
临时柱顶板沉降/mm	9	1.2	2.0
	10	1.4	1.0
	11	2.3	2.3
	12	2.0	2.0

测试项目	测点编号	卸载1（10:38）	卸载2（11:29）	卸载3（12:11）	卸载4（12:49）	卸载5（13:32）
V型柱沉降/mm	LZC-V-12-1	−0.2	−0.1	0.6	0.4	0.6
	LZC-V-12-2	0.7	1.2	0.8	0.3	0.2
	LZC-V-13-1	1.8	1.6	2.2	1.8	−0.6
	LZC-V-13-2	1.1	0.8	0.2	−0.1	−1.2
型钢梁跨中沉降/mm	JGC-V12-1	−0.2	−1.0	−1.3	−1.4	−1.4
	JGC-V13-1	3.6	2.4	2.6	2.5	−0.3
临时柱顶板沉降/mm	9	1.8	1.7	1.3	1.0	−2.2
	10	1.6	1.5	1.2	0.7	−2.3
	11	2.1	2.2	1.1	1.5	−2.0
	12	1.6	1.8	1.3	1.9	−1.7

第12轴体系转换监测数据（2022年4月14日） 表B-2

测试项目	测点编号	加载1（09:27）	加载2（09:59）	加载3（10:32）
V型柱沉降/mm	LZC-V-11-1	−0.3	−0.9	−0.1
	LZC-V-11-2	−0.1	−0.3	−0.3
	LZC-V-12-1	0.4	0.6	1.0

续表

测试项目	测点编号	加载1（09:27）	加载2（09:59）	加载3（10:32）
V型柱沉降/mm	LZC-V-12-2	0.2	0.9	1.3
	LZC-V-13-1	0.1	−0.1	0.3
	LZC-V-13-2	0.3	0	0.7
临时柱顶板沉降/mm	13	3.3	3.6	4.4
	14	0.1	0.8	1.8
	15	0.3	0.9	1.4
	16	−0.1	0.5	1.7
型钢梁跨中沉降/mm	JGC-V11-1	0	−0.2	0.5
	JGC-V12-1	0.6	1.3	2.4
	JGC-V13-1	−0.3	−0.9	−0.1

测试项目	测点编号	卸载1（11:55）	卸载2（12:44）	卸载3（13:21）	卸载4（13:51）	卸载5（14:21）
V型柱沉降/mm	LZC-V-11-1	−0.6	−0.8	−0.9	−0.7	−1.1
	LZC-V-11-2	0	−0.3	−0.3	−0.1	−0.7
	LZC-V-12-1	1.1	0.4	0.6	−0.8	−1.8
	LZC-V-12-2	1.6	1.3	1.1	0.9	0
	LZC-V-13-1	−0.2	0.7	−0.7	−0.1	0.3
	LZC-V-13-2	0.3	0.4	0	0.1	−0.5
临时柱顶板沉降/mm	13	4.3	4.1	3.4	2.5	1.5
	14	0.8	1.1	0.1	−0.5	−2.2
	15	2.5	2.0	1.4	0.6	−0.3
	16	1.2	0.5	−0.1	−1.8	3.3
型钢梁跨中沉降/mm	JGC-V11-1	0.3	0.4	0.1	0.3	0
	JGC-V12-1	2.1	0	−1.0	−1.7	2.6
	JGC-V13-1	−0.6	−0.8	−0.9	−0.7	−1.1

第11轴体系转换监测数据（2022年4月17日） 表B-3

测试项目	测点编号	加载1（08:54）	加载2（09:24）	加载3（09:49）
V型柱沉降/mm	LZC-V-10-1	−0.6	−0.2	0
	LZC-V-10-2	0.8	0.5	−0.3
	LZC-V-11-1	0.7	0.8	0.8

续表

测试项目	测点编号	加载1（08:54）	加载2（09:24）	加载3（09:49）
V型柱沉降/mm	LZC-V-11-2	1.0	0.5	0.8
	LZC-V-12-1	−0.5	−0.5	−0.3
	LZC-V-12-2	0.2	−0.2	0.3
临时柱顶板沉降/mm	17	2.1	2.2	2.5
	18	1.8	2.1	2.9
	19	1.0	0.9	1.5
	20	1.1	1.2	1.1
型钢梁跨中沉降/mm	JGC-V10-1	0.2	1.0	0.8
	JGC-V11-1	1.5	1.9	1.8
	JGC-V12-1	−0.2	−0.4	−0.2

测试项目	测点编号	卸载1（10:30）	卸载2（11:02）	卸载3（11:35）	卸载4（12:06）	卸载5（12:41）
V型柱沉降/mm	LZC-V-10-1	−0.3	−0.2	−0.6	−0.2	−0.3
	LZC-V-10-2	0.1	0.4	0.6	0.8	0.5
	LZC-V-11-1	0.7	0.4	−0.1	−1.0	−2.3
	LZC-V-11-2	0.9	0.5	−0.2	−1.1	−2.8
	LZC-V-12-1	−0.2	0	−0.4	−0.3	−0.6
	LZC-V-12-2	0.3	−0.1	−0.4	−0.2	−0.2
临时柱顶板沉降/mm	17	2.4	1.6	0.1	−2.3	−5.8
	18	2.6	2.2	0.4	−2.4	−5.3
	19	1.4	0.9	−0.6	−2.0	−5.0
	20	1.4	0.6	−0.2	−1.2	4.2
型钢梁跨中沉降/mm	JGC-V10-1	0.5	0.7	0.8	0.7	0.5
	JGC-V11-1	1.9	1.1	0.7	−1.5	−4.4
	JGC-V12-1	0.2	−0.3	−0.7	−0.9	−1.1

第10轴体系转换监测数据（2022年4月19日） 表B-4

测试项目	测点编号	加载1（08:47）	加载2（09:19）	加载3（09:51）
V型柱沉降/mm	LZC-V-9-1	0.4	−1.2	0.2
	LZC-V-9-2	−1.1	−1.0	−0.2
	LZC-V-10-1	1.8	1.6	2.1
	LZC-V-10-2	0.6	1.3	1.1

续表

测试项目	测点编号	加载1（08:47）	加载2（09:19）	加载3（09:51）
V型柱沉降/mm	LZC-V-11-1	0.3	0.3	0.3
	LZC-V-11-2	0	0.1	−0.2
临时柱顶板沉降/mm	21	1.1	2.8	2.7
	22	1.5	2.9	3.9
	23	0.8	2.5	3.1
	24	1.3	3.0	3.1
型钢梁跨中沉降/mm	JGC-V9-1	0.2	−0.2	0.4
	JGC-V10-1	1.0	2.5	2.7
	JGC-V11-1	−0.3	0	−0.3

测试项目	测点编号	卸载1（10:32）	卸载2（11:02）	卸载3（11:40）	卸载4（12:12）	卸载5（12:42）
V型柱沉降/mm	LZC-V-9-1	0.2	0	−0.1	−0.5	0.1
	LZC-V-9-2	−0.4	−0.3	−0.2	0.3	−0.7
	LZC-V-10-1	1.5	1.1	0.4	0.3	−1.5
	LZC-V-10-2	0.8	0.4	0.4	−1.5	−2.7
	LZC-V-11-1	0.1	0.1	0.2	0.2	−0.4
	LZC-V-11-2	−0.1	−0.1	0	−0.7	−1.0
临时柱顶板沉降/mm	21	2.0	0.9	−0.1	−3.3	−7.9
	22	3.5	2.5	1.4	−2.6	−7.5
	23	2.8	1.7	1.1	−0.9	−4.0
	24	3.0	1.9	1.3	0.4	0
型钢梁跨中沉降/mm	JGC-V9-1	−0.9	−0.5	−0.6	−0.8	−0.4
	JGC-V10-1	2.3	1.1	1.1	−0.8	−3.5
	JGC-V11-1	0	−0.2	−0.1	−0.6	−0.8

第9轴体系转换监测数据（2022年4月21日）　　表B-5

测试项目	测点编号	加载1（08:48）	加载2（09:24）	加载3（09:56）	加载4（10:27）
V型柱沉降/mm	LZC-V-8-1	—	−0.7	−1.0	−0.5
	LZC-V-8-2	−0.5	−0.8	−0.3	−0.1
	LZC-V-9-1	0.5	1.7	1.3	1.4
	LZC-V-9-2	0.1	0.6	0.7	0.7

续表

测试项目	测点编号	加载1（08:48）	加载2（09:24）	加载3（09:56）	加载4（10:27）
V型柱沉降/mm	LZC-V-10-1	0.4	0.4	−0.1	0.2
	LZC-V-10-2	−0.5	−0.6	−0.1	−0.5
临时柱顶板沉降/mm	25	−0.5	0.5	0.6	0.9
	26	0.6	1.8	1.6	1.7
	27	0.6	2.5	3.2	2.1
	28	0.7	1.6	2.2	2.1
型钢梁跨中沉降/mm	JGC-V8-1	−0.2	−0.4	1.1	1.4
	JGC-V9-1	0.8	0.8	2.0	1.7
	JGC-V10-1	−0.6	−0.9	−0.1	0

测试项目	测点编号	卸载1（11:30）	卸载2（12:16）	卸载3（12:51）	卸载4（13:25）	卸载5（14:00）
V型柱沉降/mm	LZC-V-8-1	−1.0	−0.9	−1.3	−2.1	−1.9
	LZC-V-8-2	−0.3	−0.7	−0.4	−0.6	—
	LZC-V-9-1	1.6	0.9	0	−1.0	−1.3
	LZC-V-9-2	0.1	0.2	−0.4	−1.2	−1.6
	LZC-V-10-1	0.4	0.1	−0.5	−0.4	−0.1
	LZC-V-10-2	−0.6	−0.6	−0.5	−0.1	−0.8
临时柱顶板沉降/mm	25	1.0	0.3	−0.1	−0.5	−1.5
	26	1.3	1.3	0	0.2	−1.5
	27	2.0	0.7	−0.7	−3.0	−4.7
	28	1.4	0.3	−1.1	−2.2	−3.8
型钢梁跨中沉降/mm	JGC-V8-1	1.3	1.3	0.8	1.2	1.0
	JGC-V9-1	1.2	−0.1	−0.4	−0.9	−3.1
	JGC-V10-1	0.5	0	−0.2	−0.4	−0.8

第14轴体系转换监测数据（2022年4月24日）　　表B-6

测试项目	测点编号	加载1（09:09）	加载2（09:40）
V型柱沉降/mm	LZC-V-13-1	0.2	−0.2
	LZC-V-13-2	0.8	1.7
	LZC-V-14-1	0.6	1.3
	LZC-V-14-2	−0.1	0.9

续表

测试项目	测点编号	加载1（09:09）	加载2（09:40）
V型柱沉降/mm	LZC-V-15-1	0.8	0.6
	LZC-V-15-2	0.9	1.2
临时柱顶板沉降/mm	5	1.2	4.2
	6	−0.2	3.0
	7	0.9	1.6
	8	1.7	1.8
型钢梁跨中沉降/mm	JGC-V13-1	−0.4	0
	JGC-V14-1	0.7	0.6
	JGC-V15-1	0.7	−0.1

测试项目	测点编号	卸载1（10:30）	卸载2（11:13）	卸载3（11:43）	卸载4（12:25）	卸载5（12:57）
V型柱沉降/mm	LZC-V-13-1	−0.1	−0.1	−0.6	−0.2	0
	LZC-V-13-2	−0.3	0.8	1.3	0.8	−0.2
	LZC-V-14-1	1.0	1.2	−0.5	−2.0	−2.1
	LZC-V-14-2	0.4	0.4	0.3	−2.1	−2.5
	LZC-V-15-1	1.2	0.5	0.1	−0.7	−0.6
	LZC-V-15-2	0.8	0.7	0.9	−0.1	−0.2
临时柱顶板沉降/mm	5	2.0	1.6	0.6	−1.5	−5.2
	6	1.6	0.5	−0.5	−2.9	−5.5
	7	0.8	1.0	−0.6	−2.2	−3.9
	8	2.4	1.7	1.1	−0.5	−4.1
型钢梁跨中沉降/mm	JGC-V13-1	0.3	−0.1	−0.9	−0.5	−0.4
	JGC-V14-1	1.1	1.8	−1.0	−2.2	−5.1
	JGC-V15-1	0	0.9	0.4	−0.2	−0.4

第15轴体系转换监测数据（2022年4月26日）　　表B-7

测试项目	测点编号	加载1（08:50）	加载2（09:20）	加载3（10:00）
V型柱沉降/mm	LZC-V-14-1	0.5	0.5	0.9
	LZC-V-14-2	−0.3	0.4	0.3
	LZC-V-15-1	0.8	0.6	1.3
	LZC-V-15-2	0.4	0.6	0.5

续表

测试项目	测点编号	加载1（08:50）	加载2（09:20）	加载3（10:00）	
V型柱沉降/mm	LZC-V-16-1	1.1	0.8	1.3	
	LZC-V-16-2	−0.1	−0.6	0.6	
临时柱顶板沉降/mm	1	0.2	0.7	0.9	
	2	0.8	1.5	1.8	
	3	1.1	1.9	2.3	
	4	1.0	1.5	1.8	
型钢梁跨中沉降/mm	JGC-V14-1	0.5	1.1	1.2	
	JGC-V15-1	−0.1	0.3	0.3	

测试项目	测点编号	卸载1（10:31）	卸载2（10:59）	卸载3（11:31）	卸载4（12:07）	卸载5（12:45）
V型柱沉降/mm	LZC-V-14-1	0.3	0.1	−0.3	−0.9	−1.0
	LZC-V-14-2	0.3	0.1	−0.4	−0.8	−1.0
	LZC-V-15-1	1.7	1.4	1.2	0	−0.8
	LZC-V-15-2	0.1	0.1	−0.9	−2.0	−2.5
	LZC-V-16-1	1.0	1.1	0.8	1.2	1.3
	LZC-V-16-2	0.5	0.4	0.2	0.3	0.6
临时柱顶板沉降/mm	1	1.1	0.5	0.2	−0.9	−1.1
	2	1.9	1.7	0.9	−0.3	−0.8
	3	2.2	1.9	1.2	−0.2	−1.0
	4	1.8	1.3	1.1	−0.7	−1.6
型钢梁跨中沉降/mm	JGC-V14-1	0.8	0.9	0.7	0.1	0.2
	JGC-V15-1	0.3	0.2	−0.8	−1.6	−2.0

第8轴体系转换监测数据（2022年5月3日） 表B-8

测试项目	测点编号	加载1（09:22）	加载2（10:02）	加载3（10:39）	加载4（11:13）
V型柱沉降/mm	LZC-V-7-1	−0.8	−0.3	0.1	0
	LZC-V-7-2	1.0	0.4	0.2	−0.3
	LZC-V-8-1	1.0	1.6	2.5	2.3
	LZC-V-8-2	1.4	1.6	1.8	1.9
	LZC-V-9-1	−0.1	0.4	0.3	0.6
	LZC-V-9-2	0	0.7	1.0	1.0

续表

测试项目	测点编号	加载1（09:22）	加载2（10:02）	加载3（10:39）	加载4（11:13）
临时柱顶板沉降/mm	29	0.7	1.2	2.1	1.1
	30	1.1	2.0	1.6	2.8
	31	1.6	2.1	2.0	2.4
	32	0.2	0.9	1.3	1.0
型钢梁跨中沉降/mm	JGC-V7-1	0.6	−0.1	0.2	−0.1
	JGC-V8-1	0.4	1.3	2.2	1.4
	JGC-V9-1	−0.5	0.4	0.2	0

测试项目	测点编号	卸载1（11:50）	卸载2（12:29）	卸载3（13:07）	卸载4（13:42）	卸载5（14:15）
V型柱沉降/mm	LZC-V-7-1	−0.9	0.5	−0.4	—	0.7
	LZC-V-7-2	1.0	−1.9	−2.6	1.9	−2.6
	LZC-V-8-1	11.6	0.3	0.5	−0.2	−0.9
	LZC-V-8-2	2.3	1.7	0	0.4	−0.3
	LZC-V-9-1	−0.2	1.1	−0.3	0.3	0.6
	LZC-V-9-2	0.5	0.9	1.1	−0.2	0.5
临时柱顶板沉降/mm	29	1.2	0	−0.4	−1.3	−3.2
	30	2.4	1.3	−0.9	−0.7	−2.1
	31	0.8	1.0	−1.6	−1.3	−1.5
	32	0.6	0.5	−1.2	−1.6	−2.7
型钢梁跨中沉降/mm	JGC-V7-1	−0.9	−0.5	−1.3	−0.5	−1.2
	JGC-V8-1	1.4	0.8	−1.0	−0.8	−2.3
	JGC-V9-1	0.2	−0.3	−1.2	−0.5	−0.7

第7轴第一批（4根临时柱）体系转换监测数据（2022年5月6日） 表 B-9

测试项目	测点编号	加载1（09:52）	加载2（10:30）
V型柱沉降/mm	LZC-V-6-1	0.2	0
	LZC-V-6-2	−0.2	0.2
	LZC-V-7-1	0.5	1.3
	LZC-V-7-2	0.3	1.0
	LZC-V-8-1	−0.3	−0.4
	LZC-V-8-2	−0.3	−0.2

253

续表

测试项目	测点编号	加载1（09：52）	加载2（10：30）			
临时柱顶板沉降/mm	33	0.2	0.8			
	34	0.2	0			
	35	0.7	0.7			
	36	0	0.6			
	37	0.7	1.7			
	38	0.4	1.8			
型钢梁跨中沉降/mm	JGC-V6-1	0	0.4			
	JGC-V7-1	−0.2	0.4			
	JGC-V8-1	−0.1	−0.3			

测试项目	测点编号	卸载1（17：56）	卸载2（18：32）	卸载3（20：04）	卸载4（20：38）	卸载5（21：07）
V型柱沉降/mm	LZC-V-6-1	0	0	−0.1	−0.2	0
	LZC-V-6-2	0	−0.3	−0.3	−0.1	0
	LZC-V-7-1	1.1	1.1	0	0.1	−0.5
	LZC-V-7-2	0.7	0.5	−0.4	−0.4	−1.2
	LZC-V-8-1	−0.7	−0.6	−0.7	−0.5	−0.3
	LZC-V-8-2	−0.2	−0.3	−0.1	−0.5	−0.5
临时柱顶板沉降/mm	33	0.6	0.3	0.4	0	0
	34	−0.1	−0.7	−1.8	−1.7	−1.5
	35	0	−0.7	−1.1	−1.4	−1.6
	36	0.5	0.5	−1.0	−0.7	−0.9
	37	1.0	0.8	−0.4	−0.7	−1.5
	38	1.3	1.0	−0.5	−1.2	−2.6
型钢梁跨中沉降/mm	JGC-V6-1	−0.1	0.1	−0.1	0	−0.2
	JGC-V7-1	−0.2	−0.3	−1.2	−1.0	−2.3
	JGC-V8-1	−0.6	−0.8	−0.6	−0.9	−0.7

第7轴第二批（2根临时柱）体系转换监测数据（2022年5月8日）　　表B-10

测试项目	测点编号	加载1（09：29）	加载2（10：03）	加载3（10：35）	加载4（11：16）
V型柱沉降/mm	LZC-V-6-1	−1	−2.2	−2.4	−2.2
	LZC-V-6-2	0.9	0.2	1.0	2.7
	LZC-V-7-1	0.4	0.6	0.6	0.1

续表

测试项目	测点编号	加载1（09:29）	加载2（10:03）	加载3（10:35）	加载4（11:16）
V型柱沉降/mm	LZC-V-7-2	−0.4	−0.7	0.5	0.8
	LZC-V-8-1	−0.8	−0.7	−0.2	0.3
	LZC-V-8-2	0.5	0.5	−0.4	−0.7
临时柱顶板沉降/mm	33	−1.1	−1.1	−1.9	−0.3
	34	1.1	−0.3	0.3	2.8
	35	0.5	0.9	0.7	1.6
	36	0.3	0.4	0.5	1.4
型钢梁跨中沉降/mm	JGC-V6-1	−1.0	0.8	2.6	3.7
	JGC-V7-1	1.0	0.1	1.0	1.5
	JGC-V8-1	1.0	0.5	0.1	0.2

测试项目	测点编号	卸载1（12:20）	卸载2（12:55）	卸载3（13:42）	卸载4（14:15）	卸载5（14:52）
V型柱沉降/mm	LZC-V-6-1	−3.1	−3	−3.1	−2.6	−4.0
	LZC-V-6-2	2.2	1.2	1.1	1.6	0.7
	LZC-V-7-1	0.5	−0.5	−0.4	0.9	0.3
	LZC-V-7-2	0.4	0.8	0.4	0.3	0.1
	LZC-V-8-1	0.5	0.3	0.2	−0.1	0.1
	LZC-V-8-2	0.7	0.8	0.3	0	−0.5
临时柱顶板沉降/mm	33	−1.9	−2.8	−3.0	−3.2	−3.3
	34	1.3	−0.3	0	−1.5	−1.9
	35	1.9	1.2	0.7	0.6	−0.2
	36	1.4	0.9	0	0.4	0.8
型钢梁跨中沉降/mm	JGC-V6-1	2.4	2.3	2.2	1.1	0.9
	JGC-V7-1	2.0	1.3	0.3	0.5	−0.7
	JGC-V8-1	0.6	1.2	1.0	0.6	0.7

第16轴体系转换监测数据（2022年6月26日） 表B-11

测试项目	测点编号	加载1（09:12）	加载2（10:12）	加载3（10:46）	加载4（11:18）
V型柱沉降/mm	LZC-V-15-1	−0.4	−0.1	0.4	1.1
	LZC-V-15-2	0.6	1.7	2.9	2.2

附 录

续表

测试项目	测点编号	加载1 (09:12)	加载2 (10:12)	加载3 (10:46)	加载4 (11:18)
V型柱 沉降/mm	LZC-V-16-1	0.8	1.2	0.9	0.9
	LZC-V-16-2	0.7	0.7	0.9	0.6
	LZC-V-17-1	0	−0.7	−0.6	0
	LZC-V-17-2	0.6	1.2	1.4	0.6
临时柱顶板 沉降/mm	48	1.1	0.8	1.3	1.7
	49	1.2	2.0	1.5	2.6
	50	1.4	0.5	1.6	2.3
	51	0.9	1.5	2.2	3.4
型钢梁跨中 沉降/mm	JGC-V15-1	−0.1	0	1.4	1.3
	JGC-V16-1	0.9	1.4	2.6	2.7
	JGC-V17-1	0.4	0.6	1.7	1.7

测试项目	测点编号	卸载1 (12:17)	卸载2 (12:52)	卸载3 (13:26)	卸载4 (14:04)	卸载5 (14:35)
V型柱 沉降/mm	LZC-V-15-1	0.3	0.7	−0.1	−0.1	−1.0
	LZC-V-15-2	2.0	2.3	3.3	1.6	−0.8
	LZC-V-16-1	−0.1	0.3	0.5	−0.9	−1.2
	LZC-V-16-2	0.6	−0.2	−0.2	−0.6	−1.7
	LZC-V-17-1	−0.7	−0.7	−1.2	−0.8	−0.9
	LZC-V-17-2	0.8	1.2	1.1	1.2	0.5
临时柱顶板 沉降/mm	48	1.3	0.5	−0.4	−0.9	−2.6
	49	2.7	0.9	−0.6	−1.2	−4.2
	50	0.7	0.7	−0.8	−1.6	−3.5
	51	2.0	−0.4	−0.8	−1.4	−5.2
型钢梁跨中 沉降/mm	JGC-V15-1	0.3	0.4	0	−0.3	−1.0
	JGC-V16-1	2.0	0.6	0.3	−0.7	−1.5
	JGC-V17-1	0.5	0.4	0.6	0.2	0.3

第17轴体系转换监测数据(2022年6月29日)　　表B-12

测试项目	测点编号	加载1(08:50)	加载2(09:28)	加载3(10:07)
V型柱 沉降/mm	LZC-V-16-1	0.2	−0.5	−1.0
	LZC-V-16-2	−0.4	0	−0.4

续表

测试项目	测点编号	加载1（08:50）	加载2（09:28）	加载3（10:07）
V型柱沉降/mm	LZC-V-17-1	−1.3	−1.0	−1.3
	LZC-V-17-2	0.7	−0.2	0.9
	LZC-V-18-1	0.4	0	0.1
	LZC-V-18-2	0.1	0.1	−0.7
临时柱顶板沉降/mm	44	1.0	1.2	2.4
	45	0.1	0.2	0.2
	46	—	0.1	−0.2
	47	0.4	0.6	0.6
型钢梁跨中沉降/mm	JGC-V16-1	1.6	1.2	0.6
	JGC-V17-1	1.5	1.6	1.9

测试项目	测点编号	卸载1（17:03）	卸载2（17:33）	卸载3（18:03）	卸载4（18:37）
V型柱沉降/mm	LZC-V-16-1	−0.2	−0.8	−0.7	−0.9
	LZC-V-16-2	−1.2	−1.6	−1.5	−1.9
	LZC-V-17-1	−0.8	−2.2	−1.9	−3.1
	LZC-V-17-2	0	−0.2	−0.5	−1.8
	LZC-V-18-1	−0.3	−0.4	0	−0.6
	LZC-V-18-2	−1.2	−0.5	0.3	−0.7
临时柱顶板沉降/mm	44	2.8	3.1	1.4	0.9
	45	0.3	0	−0.9	−2.6
	46	−1.1	−2.3	−2.5	−4.1
	47	0.1	0	−0.2	−1.9
型钢梁跨中沉降/mm	JGC-V16-1	0.3	0.3	−0.2	−1.0
	JGC-V17-1	2.3	1.3	0	−1.2

参 考 文 献

[1] 朱合华，丁文其，乔亚飞，等．简析我国城市地下空间开发利用的问题与挑战[J]．地学前缘，2019，26（03）：22-31．

[2] 夏诗画，李科，丁浩．既有人防结构电力改造对邻近建筑的影响研究[J]．地下空间与工程学报，2017，13（S1）：373-377．

[3] 张芳，周曦．从地下空间利用到地下空间整合城市——巴黎中心区 Les Halles 两次改造与启示[J]．现代城市研究，2014，29（12）：29-38．

[4] Bernick M, Cervero R. Transit Villages in the 21st Century[M]. McGraw-Hill New York, 1997.

[5] Peter Calthorpe, The Next American Metropolis: Ecology, Community, and the American Dream[M]. New York: Princeton on Architectural Press, 1993.

[6] 王一鸣．TOD 导向下城市轨道交通站点地区规划研究[D]．济南：山东建筑大学，2017．

[7] 彭亚茜．日本轨道交通与城市综合体的衔接空间便捷性研究[J]．现代城市研究，2020（07）：83-91＋130．

[8] 曹哲静．城市商业中心与交通中心的叠合与分异：基于复杂网络分析的东京轨道交通网络与城市形态耦合研究[J]．国际城市规划，2020，35（03）：42-53．

[9] 陈基伟．境外地下空间开发利用经验及对上海的启示[J]．科学发展，2019（12）：83-89．

[10] Qian Q. Present state, problems and development trends of urban underground space in China[J]. Tunnelling and Underground Space Technology incorporating Trenchless Technology Research, 2016, 55：280-289.

[11] 山琳．适用于市域快线特征的交通衔接与TOD研究[J]．都市快轨交通，2020，33（06）：27-33．

[12] 孔荣．轨道交通项目 BOT＋TOD＋EPC 模式的思考[J]．都市快轨交通，2016，29（03）：60-64＋90．

[13] 黄宏伟，黄栩，Schweiger F. H. 基坑开挖对下卧运营盾构隧道影响的数值模拟

研究［J］. 土木工程学报，2012，45（3）：182-189.

［14］郑刚，刘庆晨，邓旭. 基坑开挖对下卧运营地铁隧道影响的数值分析与变形控制研究［J］. 岩土力学，2013，34（5）：1459-1468.

［15］Chen R P, Meng F Y, LI Z, et al. Investigation of response of metro tunnels due to adjacent large excavation and protective measures in soft soils[J]. Tunnelling and Underground Space Technology, 2016, 58: 224-235.

［16］陈拴，吴怀娜，陈仁朋，等. 上方长距离基坑开挖引起的共线隧道变形研究［J］. 上海交通大学学报，2021，55（6）：698-706.

［17］叶跃鸿. 地下通道施工引起下卧地铁隧道上浮规律及控制措施研究［D］. 杭州：浙江大学，2017.

［18］庞小朝，黄俊杰，苏栋，等. 深圳地区原状花岗岩残积土硬化土模型参数的试验研究［J］. 岩土力学，2018，39（11）：4079-4085.

［19］余刚. 花岗岩残积土结构性表征及硬化土模型参数分析［D］. 武汉：华中科技大学，2019.

［20］牛浩. 考虑小应变刚度的花岗岩残积土力学试验研究及工程应用［D］. 泉州：华侨大学，2017.

［21］林乔宇. 厦门花岗岩残积土 HSS 模型参数的研究及工程应用［D］. 泉州：华侨大学，2019.

［22］谢晟伟. 残积土地层长距离基坑开挖卸载致下卧隧道变形机制研究［D］. 长沙：湖南大学，2020.

［23］郝冬雪. 孔扩张理论研究及自钻式旁压试验数值分析［D］. 大连：大连理工大学，2008.

［24］郝冬雪，陈榕，栾茂田，等. 自钻式旁压试验推求土性参数的研究进展［J］. 计算力学学报，2011，28（3）：452-460.

［25］刘小生，汪小刚，马怀发，等. 旁压试验反演邓肯－张模型参数方法研究［J］. 岩土工程学报，2004，26（5）：601-606.

［26］RANGEARD D, HICHER P Y, ZENTAR R. Determining soil permeability from pressuremeter tests[J]. International Journal for Numerical Analytical Methods in Geomechanics, 2003, 27(1): 1-24.

［27］广东省住房和城乡建设厅. 建筑地基基础设计规范：DBJ15—31—2016［S］. 北京：中国建筑工业出版社，2017.

［28］Pun W K, Ho K K S. Analysis of triaxial tests on granite saprolite performed at Public

Works Central Laboratory (Discussion Note DN 4/96) [Z]. Hong Kong: Geotechnical Engineering Office, Hong Kong Government of the Special Administrative Region, 1996.

[29] Benz T. Small-strain stiffness of soils and its numerical consequences[M]. Stuttgart: University of Stuttgart, 2006.

[30] 王卫东, 王浩然, 徐中华. 上海地区基坑开挖数值分析中土体 HSS 模型参数的研究 [J]. 岩土力学, 2013, 34 (6): 1766-1774.

[31] 梁发云, 贾亚杰, 丁钰津, 等. 上海地区软土 HSS 模型参数的试验研究 [J]. 岩土工程学报, 2017, 39 (2): 269-278.

[32] 李连祥, 刘嘉典, 李克金, 等. 济南典型地层 HSS 参数选取及适用性研究 [J]. 岩土力学, 2019, 40 (10): 4021-4029.

[33] 顾晓强, 吴瑞拓, 梁发云, 等. 上海土体小应变硬化模型整套参数取值方法及工程验证 [J]. 岩土力学, 2021, 42 (3): 833-845.

[34] Santos J A, Correia A G. Reference threshold shear strain of soil. Its application to obtain a unique strain-dependent shear modulus curve for soil[C]//15th International Conference SMGE. Istanbul: A.A. Balkema, 2001.

[35] Ng C W W, Pun W K, Pang R P L. Small strain stiffness of natural granitic saprolite in Hong Kong[J]. Journal of Geotechnical and Geoenvironmental Engineering, 2000, 126(9): 819-833.

[36] Ng C W W, Wang Y. Field and laboratory measurements of small strain stiffness of decomposed granites[J]. Soils and Foundations, 2001, 41(3): 57-71.

[37] Wang Y, Ng C W W. Effects of stress paths on the small-strain stiffness of completely decomposed granite[J]. Canadian Geotechnical Journal, 2005, 42(4): 1200-1211.

[38] Ng C W W, Leung E H Y. Determination of shear-wave velocities and shear moduli of completely decomposed tuff[J]. Journal of Geotechnical and Geoenvironmental Engineering, 2007, 133(6): 630-640.

[39] 尹松, 孔令伟, 张先伟. 炎热多雨气候影响下残积土小应变刚度特性试验研究 [J]. 岩土工程学报, 2017, 39 (4): 743-751.

[40] 庞小朝. 深圳原状全风化花岗岩的试验和本构模型研究 [D]. 北京: 中国铁道科学研究院, 2011.

[41] Yu H S, Houlsby G T. Finite cavity expansion in dilatant soils: loading analysis[J]. Geotechnique, 1991, 41(2): 173-183.

［42］Ajalloeian R, Yu H S. Chamber studies of the effects of pressuremeter geometry on test results in sand[J]. Geotechnique, 1998, 48(5): 621-636.

［43］洪开荣．近2年我国隧道及地下工程发展与思考（2017—2018年）［J］．隧道建设（中英文），2019，226（5）：710.

［44］陈湘生，徐志豪，包小华，等．中国隧道建设面临的若干挑战与技术突破［J］．中国公路学报，2020，33（12）：1.

［45］何小波．卢赛尔体育场钢结构V型柱施工技术［J］．施工技术，2020，49（20）：37.

［46］郭俊杰，周波，黄嘉，等．重庆德辉体育馆V型斜柱柱根过渡节点设计［J］．建筑结构，2021，51（S1）：1623.

［47］Wan H, Yuan R, Chen A. Numerical simulation and application of unloading clearance element method for temporary bracing of long-span orthogonal space truss structures[Z]. Barcelona, SPAIN: 2019.

［48］Shao J, Wang Z, Tao G. Research on the unloading process of long-span steel roof and the design of temporary bracing structure[J]. Advanced Materials Research, 2010, 163/164/165/166/167: 251.

［49］Zheng J, Hao J P. Mechanics simulation and analysis of the main palaestra of the world university games during the unloading process[J]. Advanced Materials Research, 2012, 594/595/596/597: 657.

［50］Cui X, Ye M, Zhuang Y. Performance of a foundation pit supported by bored piles and steel struts: A case study[J]. Soils and Foundations, 2018, 58(4): 1016.

［51］李赵九．拱盖法暗挖地铁车站主体与附属结构支护体系转换施工技术研究［J］．现代隧道技术，2019，56（增刊2）：638.

［52］程鹏，高毅，于少辉，等．结构分割转换工法结构体系安全性分析［J］．隧道建设（中英文），2019，39（3）：435.

［53］李洋，高毅，于少辉，等．结构分割转换工法在地下车库建设中的应用研究［J］．隧道建设（中英文），2019，39（3）：488.

［54］秦学锋，侯文崎，林泓志，等．多重体系转换对大跨无柱地下空间结构力学行为影响［J］．铁道科学与工程学报，2021，18（10）：2703.

［55］林泓志，侯文崎，秦学锋，等．大跨度无柱地下车站临时支撑卸载方案优化与现场监测［J/OL］．建筑结构学报：1［2022-02-23］．